지중해의 성자
다스칼로스 1

THE MAGUS OF STROVOLOS
by Kyriacos C. Markides
Copyright ⓒ Kyriacos C. Markides, 1985
All rights reserved.

Korean translation copyright ⓒ 2007 by Inner World Publishing Co.
Translated and published in the Korean language by arrangement with
Marlene Gabriel Agency through Eric Yang Agency, Seoul

이 책의 한국어판 저작권은 에릭 양 에이전시를 통한
Marlene Gabriel Agency와의 독점계약으로 정신세계사가 소유합니다.
저작권법에 의하여 한국 내에서 보호를 받는 저작물이므로
무단 전재와 복제를 금합니다.

지중해의 성자
다스칼로스 1

키리아코스C. 마르키데스 지음/이균형 옮김

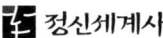

지중해의 성자 다스칼로스 1
ⓒKyriacos C. Markides, 1985

키리아코스 C. 마르키데스 짓고, 이균형 옮긴 것을 정신세계사 정주득이 2007년 12월 30일 고쳐 펴내다. 정신세계사의 등록일자는 1978년 4월 25일(제1-100호), 주소는 03965 서울시 마포구 성산로4길 6 2층, 전화는 02-733-3134(대표 전화), 팩스는 02-733-3144, 홈페이지는 www.mindbook.co.kr, 인터넷 카페는 cafe.naver.com/mindbooky이다.

2024년 7월 16일 펴낸 책(개정판 제16쇄)

ISBN 978-89-357-0294-7 04840
      978-89-357-0293-0 (전3권)

개정판을 내면서

『지중해의 성자 다스칼로스』(전3권)를 드디어 완간하여 애독자들 앞에 내놓게 되어서 무척 기쁩니다. 그 제1권은 1991년에『스트로볼로스의 마법사』란 제목으로 나왔고 2002년에는 제2권『사랑의 마법사』가 나왔습니다. (이때 제1권은〈영혼의 마법사〉로 다시 나왔습니다.) 그러다가 이번에 3권과 함께 전권을 새로운 제목으로 다시 내게 된 것입니다.

이 책이 이처럼 오랜 세월의 우여곡절을 겪게 된 이유는, 이 책을 읽은 독자들은 후속편을 빨리 내달라는 독촉전화를 끈질기게 걸어오며 열띤 반응을 보였지만 이상하게도 판매량은 전혀 그 열기를 따라가지 못해서 저희를 무척이나 망설이게 했기 때문입니다. 사실 이 책에는 '해리 포터'식의 황당무계한 판타지가 아니라 이 시대에 실제로 벌어지고 있는 놀랍고도 흥미로운 이야기들이 무진장 담겨 있는데도 말입니다. 그래서 저희는 '마법사'라는 표현이 서가에서 잠재독자들의 눈길을 지나쳐 가버리게 한 원흉이 아닌가 하고 고심한 끝에 다시 제목을 바꿨습니다.

사실, 실존인물인 이 책의 주인공은 '마법사'라는 누명을 쓴 성자입니다. 그는 진정 위대한 신유가이자 신비가이자 영적 스승이지만 무엇보다도 지혜롭고 깊은 사랑의 행위로써 모든 이웃을 품어 안아 그들의 삶을 바꿔놓는, 드러나지 않은 진정한 성자입니다. 단지 그의 깊고 신비한 세계를 이해하지 못하여 두려워하고 가까이 다가가지 못한 사람들이 그를 '마법사'라고 부른 것일 뿐입니다.

  그리하여 이 책도 이제는 마법사라는 '누명'을 벗고 합당한 이름으로서 당신의 손에 쥐어지게 된 것입니다. 단단히 준비하십시오. 매우 유익하지만 전혀 낯선 세계로의 아찔한 여행이 시작될 테니까요. 참고로, 이 책의 주인공 다스칼로스는 1995년에 세상을 떠났고, 3권의 또 다른 주인공이자 그의 제자인 코스타스가 지금도 키프로스에서 그의 뒤를 이어서 봉사와 가르침을 펴고 있다고 합니다.

편집부 씀

지은이의 말

이 책의 내용은 한 신유가(神癒家)와 그의 측근 인물들에 대한 현상 조사로 보아야 할 것이다.

이것은 초심리학 연구가 아니다. 나는 심령 현상의 진위를 실험적으로 입증하는 데 이 책의 초점을 두지 않았다. 대신 나는 주인공들이 경험하는 세계를 가능한 한 정확하게 옮겨 놓으려고 애썼다. 그러나 이것은 내가 수동적인 관찰자의 입장을 고수했다는 뜻이 아니다. 독자들이 곧 발견하게 되겠지만 나는 그들의 조직 내부로부터 그들의 세계를 이해하기 위한 노력의 하나로 이 신유가들의 모임에 적극적으로 참여했다.

이 책에 나오는 인명은 역사적인 인물과 나의 가족의 이름을 제외하고는 모두 가명이다. 이 밖에는 이 책의 내용 어느 부분도 허구적인 창작이 아니다. 이 자료들은 1978년 여름, 1978년 12월부터 1979년 9월까지, 그리고 1981년과 1983년의 여름 등 네 기간에 걸쳐서 수집된 것이다. 이 책이 나오기까지 여러 모로 도와주신 분들, 특히 다스칼로스와 그의 가까운 사람들께 깊은 감사를 표한다. 그들과 함께 했던 나의 작업은 진정 사랑의 노작이었다. 참다운 의미에서 이 책은 그들의 것이다.

차례

개정판을 내면서 5
지은이의 말 7

1. 스트로볼로스의 마법사 The Magus of Strovolos ·········· 11

2. 나치의 망령을 쫓아내다 Exorcising the Nazi Spirits ·········· 31

3. 염체가 운명도 바꾼다 Elementals ·········· 57

4. 초능력의 증거들 The Authenticity of Experience ·········· 85

5. 업(카르마) Karma ·········· 107

6. 마법사의 지나온 삶 Memories ·········· 125

7. 죽음에서 환생까지 From Death to Rebirth ·········· 147

8. 신과의 만남 *Encountering the Logos* 183

9. 우주의 비밀 *Cosmology* 201

10. 지구의 수호자 *The Guardians of Planet Earth* 235

11. 악마의 정체 *Tales of Possession* 257

12. 영혼의 의사, 신유가(神癒家) *Healing* 275

13. 기적의 실체 *Materialization and Dematerialization* 303

14. 남은 이야기들 *Afterthoughts* 335

옮긴이의 말 *350*

1
The Magus of Strovolos

스트로볼로스의 마법사

다스칼로스는 소문처럼 악마적인 마법사가 아니라,
자신을 '신유가(神癒家)', 즉 '영혼의 의사'로
생각하고 있는 비범한 영적 스승이었다.
그의 삶의 관심사는 주변 사람들의 고통을 덜어주고,
'참자아'를 찾는 이들을 돕는 일이었다.
"내가 행하는 기적이라고 불리우는 치유는
실은 성령께서 행하신 것이다.
나는 그 초지혜(超智慧)를 전하는
하나의 통로에 불과하다."

나는 스피로스 사티에 대해서 어릴 적부터 알고 있었다. 이 섬나라 안에서 으뜸가는 저승세계 전문가라는 그의 명성은 나에게 호기심과 환상, 공포가 뒤범벅된 인상을 심어 놓았다. 우리 교구의 목사는 어린 우리들에게 이 '악마의 힘'을 지닌 '스트로볼로스의 마법사'를 가까이하지 말도록 주의시켰다. 우리는 죽은 사람들의 영혼이 우글거린다는 그의 집과 귀신 들린 사람들, 그리고 귀신 쫓는 의식에 관한 무시무시한 이야기에 눈을 동그랗게 뜬 채 귀를 기울이곤 했다. 그의 이름은 곧 신비주의 그 자체였고, 죽은 어머니를 만나보고 싶은 소망과 용기를 가진 사람이라면 누구나 그의 집 문을 두드리기만 하면 되었다. 이것이 내가 1960년 키프로스를 떠나 미국으로 향할 때까지 스피로스 사티에 대해서 가지고 있던 인상의 전부였다.

그로부터 거의 20년이 지난 지금까지 나는 어린 시절 공상 속에 그려보기만 했지 직접 만나본 적은 없었던 이 사나이에 대해서 거의 까맣게 잊고 있었다. 이 '스트로볼로스의 마법사'에 대한 호기심이 다시 일어나게 된 것은 1978년 여름, 키프로스에 들렀을 때였다. 문헌학자인 옛친구를 우연히 만나 이야기를 나누었는데 그녀는 자신이 판사인 남편과 함께 '진리를 탐구하는 사람들의 모임'이라는 반(半) 비밀 단체에 속해 있노라고 자랑스럽게 말했다. 그리고 이 수수께끼 같은 이교 단체를 이끄는 스승은 놀랍게도 다름 아닌 '스트로볼로스의 마법사'라는 것이었다. 나는 즉시 그를 만나보고 싶다는 뜻을 밝혔다.

8월이 끝나갈 무렵 나는 스피로스 사티를 만나기 위해 친구와 함께 니코시아(키프로스의 수도) 근교의 스트로볼로스로 차를 몰았다. 우리 집에서 불과 3킬로미터밖에 떨어지지 않은 곳에 살고 있었던 이 신비에 싸인 사나이를 만나게 되기까지 18년이라는 세월을 미국에서 보내야 했다니 이 얼마나 얄궂은 일인가? — 나는 속으로 이렇게 생각하고 있었다. 나는 그의 명성으로 미루어 보아 근엄한 성격에 험상궂은 얼굴을 한 사나이를 만나게 되리라고 머릿속에 그리고 있었다. 그러나 나의 이러한 선입견은 완전히 빗나가 버렸다. 그는 키가 큰 60대 중반의 인정 많은 할아버지 같은 모습이었으며, 정부에서 제공하는 국민주택에서 검소하게 살고 있는 은퇴한 공무원이었다. 반 미치광이 공갈 마법사가 아니라 그림 그리기와 고전음악을 즐기고 유머 감각이 뛰어난, 원기왕성하며 지극히 종교적인 사람을 만나게 된 것이다. 그는 자신을 신유가[1] 즉 영혼의 의사로 생각하고 있었으며, 그의 말에 의하면 그의 삶에 있어서의 주된 관심사는 자기 주변 사람들의 고통을 덜어주는 것이다. 또 자아를 발견하려는 여행에 관심이 있으며, 그런 여행을 떠날 준비가 되어 있는 사람들을 돕는 일이라고 했다.

"우리는 전에 만난 적이 있어!" 처음 만났을 때 그는 오른손으로 이마를 짚으면서 이렇게 말했다.

"저는 기억이 나지 않는군요." 친구의 소개가 끝나자 나는 손을 내밀고 웃으면서 대답했다.

"만난 적이 있어!" 그는 자신있게 머리를 끄덕였다. 그리고 우리를 그의 작은 거실로 안내하여 앉게 했다. 그가 아마도 나를 다른 사람과 혼동한 것일 거라고 생각하고 나는 그의 말을 이내 잊어 버렸다.

'다스칼로스' — 친구는 그를 이렇게 불렀다 — 는 우리에게 커피를 권하며 나의 가계(家系)에 대해서 물었다. 그것은 인구 50만을 겨우 넘는 키프로스의 흔한 관습으로, 이곳에서는 따져 올라가다 보

---

[1] 신유가 神癒家: 심령치료사. 초자연적인 힘, 영적인 방법으로 병을 치유하는 능력을 가진 사람.(옮긴이 주)

면 누구든지 '뼈가 걸리지' 않는 사람이 없는 것이다. 대답을 하고 나서 나는 그의 인생과 그의 가르침에 관해 묻기 시작했다. 놀랍게도 다스칼로스는 이야기를 즐기는 사람이라 나의 질문에 거침없이 대답해 주었다. 게다가 그는 2주일에 한번씩 열리는 모임에 나도 참석하라고 초청해 주었다. 그 첫번째 만남을 통해서 나는 그의 가르침이 기독교 신비주의와 인도의 종교가 혼합된 내용이라는 것을 알았다. 카르마[2]의 개념, 즉 그의 말로 '인과응보의 법칙'과 환생설(還生說)이 가르침의 주된 내용을 이루고 있는 것 같았다. 그의 세계는 나에게 사뭇 신비하고 색다른 것이었지만 그가 원시적인 의미의 무당이 아니라, 매우 지적이며, 알아들을 수 있는 말을 한다는 사실을 발견하고는 다스칼로스에 대한 나의 호기심은 한층 강렬해졌다.

"저는 당신이 행하셨다는 기적적인 치유에 관한 이야기를 들었습니다. 그런 기적을 제가 직접 목격할 기회가 있을까요?" 나는 다스칼로스에게 솔직히 그 '기적'이라는 말을 받아들이기 힘들었다고 털어놓았다. 그리고 덧붙여서 인류학 문헌들 속에는 무당이나 심령치료술사들이 보여준 기이한 현상들에 대한 기록이 얼마든지 있다고 말해 주었다. "하지만 저는 그런 현상들을 제 두 눈으로 직접 보아야만 확신을 가질 수가 있겠습니다."

"무엇보다도……" 다스칼로스가 미소를 띠면서 말했다. "자네가 전해들었다는 치유는 사실 내가 행한 것이 아니고 성령께서 행하신 것이라네. 나는 그 초지혜(超智慧)를 전하는 하나의 통로에 불과하

---

[2] 카르마karma: 업業. 인과응보의 법칙. 이후로 자신의 존재의 양태를 결정하게 되는, 한 사람의 행위와 생각과 느낌의 총합. 각자는 자신의 카르마, 운명을 만들어낸 데 대해 전적인 책임을 가지고 있다. 해탈한다는 것은 카르마를 초월했다는 뜻을 내포한다.

지. 자네가 직접 보든 보지 않든 이른바 그 기적이라는 것은 내가 행하는 것이 아니란 말일세. 자네가 그 기적을 직접 보게 되는 것이 신의 뜻이라면 자네도 보게 될 테지. 하지만 우리가 기적이 일어나라고 명령할 수 있는 건 아니라네."

그날, 떠나기 전에 다스칼로스는 다음날 오후 스토아[3]에서 자기 제자들과 함께 하는 모임에 나도 참석할 수 있도록 초청했다. 스토아란 그의 집 뜰 뒤에 따로 떨어져 있는 작은 방으로, 그는 거기서 제자들을 가르쳤다. 스토아는 두 부분으로 나누어져 있었는데, 강의를 하는 넓은 곳과, 다스칼로스가 명상과 기도를 하는 밀실로 되어 있었다. 밀실 안에는 성모와 그리스도를 담은 성화, 종교적인 기물들과 흰 양초 등이 놓여 있었다. 제단 위에는 은제 컵이 하나 놓여져 있고 그 옆에는 날 없는 칼이 십자가에 기대어져 있었다. 나중에 알게 되었지만 바로 이 날 없는 칼이 다스칼로스의 모임에서는 아주 커다란 상징적 의미를 지니고 있었다.

다음날 나는 그의 초청에 응하여 다스칼로스를 만난 적이 없는 아내 에밀리와 함께 모임에 참석했다. 정식 모임이 시작되기 30분 전에 우리가 도착했을 때 다스칼로스는 치료를 막 끝내고 지친 모습으로 마치 키프로스의 푸줏간에서 쓰는 것과 비슷하게 생긴 가죽 앞치마를 두른 채 팔걸이 의자에 앉아 있었다. 그 옆에는 소박한 모습의 마을 사람 하나가 행복한 미소를 띠고 앉아 있었다.

"저기 의심 많은 도마[4]가 오시는구먼!" 나와 에밀리가 방 안으로 들어서는 모습을 보며 다스칼로스가 익살맞게 소리쳤다. "10분만 일

---

3 스토아 stoa: 기둥이 많은 그리스식 건축물. 이 책에서는 다스칼로스가 제자들을 가르치는 장소의 대명사로 쓰인다. (옮긴이 주)

찍 왔어도 기적을 볼 수 있었을 거야." 다스칼로스는 그 환자가 1950년대 반식민 지하항쟁 기간 중 영국군에게 얻어맞은 뒤로 20년 동안이나 척추병을 앓아 왔다고 설명해 주었다.

"이젠 괜찮아." 그가 자신있게 선언했다. "이제 엑스레이를 찍어 보면 완전히 나아 있을 거야."

내가 그의 병세에 대해서 묻고 있는 중에도 농부는 연신 믿기지 않는다는 듯한 표정으로 행복한 웃음을 짓고 있었다. 그는 그토록 여러 해 동안 시달려 온 고통이 언제 그렇게 감쪽같이 사라져 버렸는지, 이제는 어쩌면 이렇게 거뜬한지 신기하다면서 내 질문에 대답해 주었다. "좀 연구해 볼 시간이 있었으면 좋겠는데…… 하지만 내일 미국으로 돌아가야 하니……" 내가 중얼거렸다.

"보답을 해드려야 할 텐데요?" 잠시 후 마을 사람이 물었다.

"물론 하셔야죠." 다스칼로스가 대답했다. "꼭 내가 시킨 대로 하세요. 적게 드시고 비타민을 섭취하세요. 그게 보답이죠." 마을 사람이 고집을 부렸지만 다스칼로스는 자신의 봉사에 대한 어떠한 대가도 극구 사양했다.

모임이 시작될 시간이 가까워지자 다스칼로스는 마치 어떤 신비한 에너지를 충전받은 것처럼 활력을 되찾았다. 짤막한 기도를 드린 후, 그가 강의를 시작했다. 그가 말했다. 인간은 영원한 존재, 성원소[5]로부터 방사된 존재로서, 절대자 속에 내재된 인간의 원형(原型)인 '인간 이데아'[6]를 통과하는 순간부터 형상을 띠게 되며 존재하게 된다. '인간 이데아'를 통과하는 순간부터 우리는 환생의 쳇바퀴 속으로

---

4 도마Thomas: 의심이 많았던 예수의 제자. 예수가 부활하여 제자들 앞에 나타나자 그것이 사실인지 예수의 몸에 난 상처를 만져서 확인했다. (옮긴이 주)

발을 딛게 되는 것이다. 그 궁극적인 목표는 지상에서의 누적된 경험을 거쳐 근원으로 다시 돌아가는 것이다.

다스칼로스는 이어서 마음은 온 우주를 형성시키고 있는 초실재(超實在)라고 했다. 또한 우리 인간은 마음을 질료로 하여 '염체'[7]를 만들어낸다는 것이다. 우리는 자신의 생각과 감정으로 이러한 염체들을 만든다. 이것들은 일단 방사된 후에는 독립적인 존재가 되어 같은 주파수로 '진동'하는 주변의 것들에 영향을 미칠 수 있게 된다.

이러한 용어들은 우리에게 전혀 생소한 것이었다. 따라서 그의 이야기를 이해하기는 어려웠다. 나는 다스칼로스가 사용하는 어휘들과 그의 세계관을 이해하기 위해서는 그를 자주 만나 토론하는 수밖에 없음을 알게 되었다.

1978년 가을학기 강의를 위해 내가 미국의 메인으로 돌아가 있는 동안 에밀리와 아이들은 키프로스에 남아 있었다. 나는 1979년 봄학기 동안 연구휴가를 얻었기 때문에 크리스마스까지는 키프로스에서 가족과 다시 만날 계획이었다. 이 휴가로 우리는 9개월 동안 키프로스에서 지낼 수 있을 것이고, 그것은 키프로스의 고유 문화 속에 다시 흠뻑 젖어들 수 있는, 그리고 옛친구들과 새로운 친구들과의 우정

---

5 성원소聖元素;holy monad: 절대자를 구성하는 모나드. 각각의 모나드는 수많은 빛줄기를 방사하는데 이 빛이 각기 다른 원형原型들을 통과하여 각각의 형체와 현상적 존재를 만든다. 이 방사된 빛이 '인간 이데아'를 통과하면 한 사람의 인격이 만들어진다. 동일한 모나드에 속하는 사람들끼리는 각별한 친화력을 가지게 된다.

6 인간 이데아idea of man: 절대자 안에 있는 불변의 원형. 성원소로부터 방사된 빛이 인간의 원형적 이데아를 통과하면 그로부터 인간의 존재가 비롯된다.

7 염체念體;elementals: 인간이 방사하는 느낌(정념)이나 생각(사념)을 염체라고 한다. 염체는 그것을 방출한 사람과는 무관하게 제각기 고유한 형체와 수명을 가진다.

을 일깨울 수 있는 좋은 기회가 될 것이다. 또 나는 국제적 테러 문제에 대해 이미 수집된 자료를 토대로 논문을 완성할 계획을 세우고 있었다.

그러나 내 마음 한구석에는 스피로스 사티가 숨어 있었다. 그와의 짧은 만남으로 호기심이 발동한 나는 그후 샤머니즘과 의료외적인 치유에 관한 책들을 탐독했다. 학기 중에 덕 보이드(Doug Boyd)가 쓴 『뇌성(Rolling Thunder)』이라는 제목의 아메리카 인디언 주술사에 관한 책을 읽으면서 나는 연구휴가 기간 동안 스피로스 사티에 관한 자료를 수집해서 한 권의 책을 쓰고 싶은 생각에 문자 그대로 마음이 흔들렸었다. 테러 문제에 관한 논문은 좀 뒤로 미루어도 되리라는 생각이었다.

그러나 그가 과연 나에게 자신의 제자 이상의 다른 역할을 허락해 줄지에 대해서는 자신이 없었다. 그가 사람들 앞에 드러나는 것을 좋아하지 않는다는 것을 나는 알고 있었다. 하지만 나는 이미 그와 어느 정도 친분이 깊어졌다고 생각하고 있었으므로 그가 반대하지는 않으리라는 희망을 가져볼 수는 있었다. 우선 그에게 편지와, 키프로스의 정치적, 사회적인 전망을 주제로 쓴 나의 책을 한 권 우송했다. 나는 편지에 나의 희망에 대해서는 언급하지 않고 다만 '당신이 키프로스 문제에 대해 관심이 많으신 것 같아서 이 책을 보내드립니다. 12월에 뵙겠습니다'라고만 썼다.

키프로스에 돌아온 다음 날 나는 문헌학자 친구를 만나서 나의 희망을 털어놓았다.

"너무 기대하지는 말아요." 그녀는 나에게 주의를 주었다. "다스칼로스는 자신에 대해 글을 쓰는 것을 누구에게도 허락하지 않을 거예요. 그는 인터뷰하는 것조차 싫어하니까요."

　그녀의 경고에 실망은 했지만 나는 그래도 나의 운을 시험해 보리라고 생각했다. 나는 석 달이 넘도록 다스칼로스를 만나지 못했고 가능한 한 빨리 그와 다시 만나고 싶었다. 내가 그의 집에 도착했을 때 그는 마침 치료 중이어서 분주했다. 거실의 문은 닫혀 있었지만 그의 목소리를 뚜렷이 들을 수 있었다. 문간에 앉아서 기다리는 동안 다스칼로스는 환자의 피부병이 신경성이며 그것을 치료하려면 환자 자신의 태도 변화가 있어야 한다고 진단해 주고 있었다.

　"도대체 그동안 어딜 갔다 왔나?" 그가 환자를 문 밖으로 바래다 주기 위해 나오다가 나를 발견하고는 이렇게 외쳤다. 실망스럽게도 그는 내가 지난 넉 달 동안 미국에 있었다는 사실을 기억하지 못하는 모양이었다.

　"제 편지 못 받으셨나요?" 약간 당황한 채로 내가 물어 보았다.

　"무슨 편지?" 나의 책 같은 것은 본 적도 없는 양 그가 대꾸했다.

　"이 책 말씀인가요?" 그의 제자로 보이는 한 청년이 서랍을 열어서 나의 책을 꺼냈다.

　"맞아요, 바로 그 책입니다."

　"저 책을 자네가 썼다는 건가?" 다스칼로스가 책을 가리키며 외쳤다.

　필시 그는 그 책의 내용이 무엇인지 들여다보려고 하지도 않았고 지은이가 누군지조차도 알아볼 관심이 없었던 것이다. 나는 자존심이 상했다. 그에 대한 책을 쓰는 것을 그가 허락하리라는 기대는 그 순간 요원해지는 것 같았다. 하지만 나는 순조롭지 못한 상황에도 불구하고 일단 한번 밀어붙여 보기로 결심했다.

"앞으로 9개월 동안 키프로스에서 지내게 될 겁니다. 학교에서 연구휴가를 얻었지요. 그리고……"

"연구휴가가 뭔가?" 말을 가로채며 그가 물었다. 내가 설명을 해주자 그는 믿어지지 않는다는 듯 고개를 저었다. 그가 놀리듯이 눈썹을 치켜뜨며 말했다.

"그러니까 자네는 그렇게 오랫동안 일을 않고도 봉급을 꼬박꼬박 받아먹는다는 말씀이지? 그런 여가를 가질 수만 있다면 얼마나 멋질까?" 그가 젊은 제자 쪽을 돌아보았다.

연구휴가는 방학과는 다르다고 항변할 기회도 주지 않고 그는 느닷없는 질문으로 나를 민망하게 만들었다.

"그건 그렇고." 그가 치근거리는 목소리로 나지막하게 말했다. "괜찮다면 자네가 얼마를 받고 있는지 말해 줄 수 있겠나?" 나는 심기가 불편해졌지만 그는 나의 심기를 전혀 개의치 않는 듯했다. 사람들은 그런 종류의 질문은 좀처럼 하지 않는 법이다.

"그러죠." 나는 침을 삼키고 나서 나의 봉급 액수를 말해 주었다.

"그렇게나!" 그가 놀라서 고개를 저으며 탄성을 질렀다. 나는 황급히, 액수가 많아 보일지 몰라도 그것은 미국의 수준으로는 평균치에도 못 미치는 액수라고 더듬거리며 설명했다. 그는 이해를 못 하는 듯했다. 그의 반응은 나로 하여금 마치 내가 사회의 기생적인 계층에 속하는 사람이나 되어 버린 듯한 느낌을 갖게 만들었다. 그 순간 나는 내 친구의 충고가 지혜로웠음을 깨달았다. 그 모든 실제적인 목적에도 불구하고 내가 그에 대한 책을 쓰게 될 가능성은 전혀 없다고 생각되었다. 다스칼로스는 나를 전혀 진지하게 대해 주지 않았다.

"저는 이번 휴가 기간을 이용해서 당신에 관한 책을 한 권 쓰고 싶습니다." 나는 마음을 가다듬은 후 용기를 내어 말했다. 어떤 대답이 돌아오리라는 것은 불을 보듯 훤하지만.

그는 몇 분 동안이나 한마디 말도 없이 깊은 생각에 잠긴 듯했다.

"나에 대해 책을 쓰겠다니, 내게 뭐 그리 대단한 게 있던가?" 그가 차분한 목소리로 물었다.

나는 영어권, 특히 미국의 많은 사람들이 인생에 대한 그의 말에 흥미있게 귀를 기울일 것이라고 대답했다.

"하지만 내가 가르치는 것이 나 자신의 가르침은 아니야." 그가 두 손을 펴보이면서 힘주어 말했다. "나는 요하난과, 다른 보이지 않는 스승들의 중개자일 뿐이지."

"요하난이 누굽니까?"

요하난은 다름 아닌 『요한복음』을 쓴 예수의 제자 요한이며 그가 자신의 육신을 통해서 말한다고 다스칼로스는 설명했다.

"그가 나에게 임하는 중에 파동이 너무나 강렬해서 그의 가르침을 전달하는 나의 물질적인 두뇌가 견디기 힘든 때도 있지. 그런 경우에 나는 아예 내 육신을 벗어나와 요하난이 내 육신을 완전히 빌리도록 놔두고 제자들 틈에 앉아 그의 이야기를 듣지. 이만하면 내가 왜 그 가르침들을 빙자해서 명성을 누릴 수 없는지를 알겠나?"

다스칼로스는 잠시 말을 멈추고 나를 뚫어질 듯이 쳐다보았다. "우리의 영적인 길에서 명성이란 한낱 함정일 뿐이야." 그는 마치 나와 자신에게, 명성의 뒤에 도사리고 있는 위험을 경고하는 것처럼 말했다. "나는 이름없는 한 평범한 인간으로 남아 있어야만 하네."

이것이 내 계획의 끝장이라고 생각하면서 나는 자신을 단념시키고 있었다. 그러나 생각을 채 추스르기도 전에 다스칼로스가 나를 놀라게 만들었다.

"자네가 원한다면 그 가르침들에 대해서 책을 써도 되네. 단 그 명성이 나에게로 돌아오지 않는다는 조건으로." 그가 조용히 말했다. 나는 기뻐서 최대한 그의 익명성을 보장하겠노라고 약속했다. '다스칼로스' 는 실은 그리스인들이 선생님을 지칭할 때 쓰는 흔한 호칭인 것이다.

"당신의 세계에 대해서 글을 쓸 수 있도록 허락해 주셔서 정말 고맙습니다. 하지만 왜 저에게 그걸 허락하시는지 이상하군요. 지금까지 당신은 인터뷰조차 한 번도 승낙하신 일이 없다고 들었는데요."

그가 웃으면서 나를 뚫어지게 바라보았다. "그보다도, 자네는 환생을 믿는가?" 그의 단도직입적인 질문에 나는 잠시 놀라서 뭐라고 대답해야 할지 모르고 있었다. 사회학자가 되기 위해 공부하는 과정에서 나는, 회의론자가 될 것이며 정답이 없는 것으로 간주되는 철학적인 의문은 피할 것을 배웠다. 그러한 의문은 신빙성 있는 관찰을 위해서는 필수적인 객관성과 공정성을 흐려놓는 것으로 믿도록 훈련받았던 것이다.

"저로서는 믿거나 의심하거나 할 근거를 갖고 있지 못합니다. 하지만 언제든지 설득당할 준비는 되어 있습니다." 나는 플라톤에서부터 신지학자들과 블라바츠키[8] 여사에 이르기까지, 시대에 걸친 논쟁에서 언제나 환생을 옹호하는 쪽의 주장을 더 설득력 있게 받아들였노라고 말했다.

다스칼로스는 나의 대답에 진지하게 고개를 끄덕이며 수긍했다. 그

---

8 헬레나 페트로브나 블라바츠키 Helena Petrovna Blavatsky: 신비주의를 연구하는 국제적 단체인 신지학회神智學會를 창설한 소련 태생의 여성 신비가. (옮긴이 주)

리고 나의 질문에 대답하기 위해 말문을 열었다.

"우리는 이번에 처음으로 만난 것이 아닐세." 그는 자못 심각하게 말했다. "우리는 전생을 통해서 네 번씩이나 서로 만났었어." 나는 그의 표정에서 약간 섬뜩한 것을 느꼈다. 반면에 나의 얼굴은 어리둥절하고 믿을 수 없다는 표정이었을 것이다.

"이번 생에서의 우리의 만남은 우연이 아니야. 자네가 정치나 신비주의에 관심을 가지게 된 것도 마찬가질세. 자네는 한때 인도에서 살았었어. 나는 요기였고 자네와 나는 서로 아는 사이였지. 그 생에 있어서 자네의 주된 관심사는 서로 싸우는 몇몇 종족들 사이의 중재 역할을 하는 것이었네. 하지만 자네는 너무 무능했어." 다스칼로스는 웃음을 터뜨리면서 말을 이었다. "의도야 좋았지만 오히려 자네가 전쟁을 일으킨 결과가 되어 버렸으니까 말이야."

"스페인 사람들이 무어족을 이베리아 반도로부터 몰아내었던 스페인의 이사벨라 여왕 시대에 자네는 또 한번 정치적인 소용돌이에 휩쓸려 들었지. 자네의 어머니는 무어인이었고 아버지는 스페인 사람이었어. 자네는 두 종족 사이에서 중재를 시도했지만 또다시 실패했지. 자네는 그 때문에 목숨을 잃을 뻔했다네."

"신비주의에 대한 자네의 관심은 자네가 몇 번 태어난 적이 있는 티베트에서 싹튼 것이야. 자네는 진리를 찾고자 하는 구도열에 사로잡혀서 라마교단을 전전하며 방랑했다네. 이번 생에서 자네의 라마 사원은 자네가 가르치고 있는 대학인 셈이야."

그의 마지막 말에 나는 웃음을 감출 수가 없었다. 메인 대학이 내 현생의 라마 사원이라는 생각은 아주 기발했다.

"자네는 전생에 몇 번이나 깨달음에 거의 도달했었어." 그가 나의 얼굴을 찬찬히 들여다보면서 말을 이었다. "하지만 자네는 결정적인 순간마다 습관적으로 뒤로 물러서곤 했다네."

"어떻게 말입니까?"

"자네는 다른 세속적인 관심사에 주의를 돌려 버렸어. 그건 그렇고……" 다스칼로스는 나에게 내 전생의 역사를 음미해 볼 틈도 주지 않고 갑자기 말머리를 돌렸다. "내가 자네에게 야코보스를 소개했나?"

조용히 이야기를 듣고 있던 청년이 미소를 지었다.

"야코보스는……" 다스칼로스는 나를 한층 더 놀라게 해주려는 듯 천연덕스럽게 말했다. "4,000살이야."

"믿어지질 않는군요. 한 스무 살도 안 돼 보이는데요." 나는 웃으면서 대꾸했다.

다스칼로스는 자신과 야코보스는 수천 년 전부터 알고 지낸 '오랜 친구' 사이라고 우겼다.

"제가 만일 밖에서 그런 이야기를 한다면 누가 저를 제정신으로 봐주겠습니까?"

다스칼로스는 웃음을 터뜨리면서 나의 무릎을 쳤다. 그는 젊은 제자를 바라보면서 말했다. "직접 경험하면서도 자신의 능력이 진짜인지 의아해하는 사람들이 우리들 중에도 있지. 얘는 이제 열아홉 살밖에 되지 않았어. 그런데 그도 종종 자신의 경험이 사실이었는지를 의심하지. 나도 그만한 나이에는 그런 의심을 가졌으니까."

"논리가 때로는 우리를 혼란에 빠뜨려요." 야코보스가 마치 소리를 내어 생각하듯이 중얼거렸다.

"논리, 논리……" 다스칼로스가 참을성을 잃은 것처럼 고개를 저으며 말했다. "논리에 집착하면 멀리 갈 수가 없어. 논리라는 건 어떤 특정한 시대와 장소에서 성행하고 있는, 어떤 판에 박은 사고방식 이외에는 아무것도 아니야. 우리의 관심사는 시간과 공간을 초월한 로고스, 이성, 진리일 뿐이야."

그리고 그는 밤마다 몇몇 제자들과 함께 '보이지 않는 구원자'[9]가 된다고 말해 주었다. 그들은 유체이탈,[10] 즉 육체를 벗어나서 먼 곳으로 여행하는 능력을 발휘하여 그곳에서 봉사를 한다는 것이다. 유체이탈을 할 수 있는 사람들은 그의 가장 숙련된 제자들로서, 그들의 내부 비밀모임에 입문한 것을 상징하는 제복인 흰 수도복을 받은 사람들이었다.

"나를 도와주는 보이지 않는 구원자들과 함께 우리는 이란, 터키 등 중동의 전역을 돌아다니지. 우리의 일에는 국경도, 인종도, 종교도 없다네."

유체이탈은 어떻게 하는 것인지를 물어 보자 그가 대답했다. 인간은 상식적으로 생각하는 것과는 달리 단지 하나의 신체만 가지고 있는 것이 아니라 세 개의 신체를 가지고 있다는 것이다. 그는 이렇게 말했다. 우리는 육체[11] 이외에도 심령체[12]와 이지체[13]를 가지고 있다. 각각의 신체들은 물질적 차원, 심령적 차원, 이지적 차원 등 상이한

---

9 보이지 않는 구원자invisible helper: 심령계와 이지계에 살고 있는 존재들로서 육안에는 보이지 않는다. 또한 물질계에 살고 있으나 유체이탈을 하여 물질계, 혹은 다른 차원계에 살고 있는 사람들을 도와주는 스승들도 함께 일컫는다.

10 유체이탈exomatosis: 자의적으로 육체를 이탈해 다른 차원계에서 온전한 의식을 가지고 살다가 육신으로 되돌아올 수 있는 능력. 몸을 이탈한 상태에서 경험한 것을 모두 기억할 수 있다는 뜻을 내포한다.

존재의 차원에서 살고 있다. 세 개의 신체는 우리의 '현재인격'[14]을 반영한다. 현재인격은 곧 '영구인격'[15]인 내면의 자아가 바깥으로 표현된 것이다. 물질적인 신체가 죽은 후에도 우리는 '심령-이지체'를 지닌 채 심령계[16]에서 산다. 그의 말에 의하면 숙련된 신비가들은 자신의 의지에 의해서 완전한 자아의식을 지닌 채 심령-이지체의 상태로 여행하여 유체이탈 중의 경험을 고스란히 의식한 채 육신으로 돌아올 수가 있다는 것이다.

---

11 육체 gross material body : 자아의식을 지닌 현재인격을 형성하고 있는 세 가지 신체 중의 하나. 일반적인 우리의 육신. 인간의 전인격 중 거친 물질계, 즉 3차원 세계에서 영위되는 부분. 가장 낮은 차원으로 표현된 자아. 그 중추는 명치에 위치한 차크라에 있다.

12 심령체 psychic body : 자아의식을 지닌 현재인격을 구성하고 있는 세 가지 신체 중의 하나. 감각과 정서의 신체로서 그 중추는 심장에 위치한 차크라에 있다. 심령체는 4차원계인 심령계에서 존재한다. 심령체의 형상은 나머지 두 신체, 즉 육체, 이지체와 동일하다.

13 이지체 理知體 ; noetic body : 자아의식을 지닌, 현재인격을 구성하고 있는 세 가지 신체 중의 하나. 생각의 신체로서 그 중추는 정수리에 위치한 차크라에 있다. 이지체는 5차원계인 이지계에 존재한다. 그 모습은 나머지 두 신체와 동일하다(이러한 신체의 다중적인 구조와 그 구분에 관해서는 심령과학에 관한 많은 책에 언급되어 있다. 이 책에 나타나는 '심령체'나 '이지체'와 같은 조금은 생소한 용어들은 흔히 통용되고 있는 아스트랄체, 멘탈체 등과 대동소이한 개념으로 쓰이고 있다. ― 옮긴이 주).

14 현재인격 present personality : 일반적으로 인식되어 있는 개념으로서의 개인의 인격. 육체와 심령체와 이지체로 구성되어 있다. 현재인격은 가장 낮은 차원으로 표현된 우리의 자아로서, 끊임없이 진화해 가고 있으며 영구인격과 합일하려는 성향을 지니고 있다.

15 영구인격 permanent personality : 우리의 각 생에서의 경험이 기록되고 생과 생 사이에 전달되는, 우리 자신의 일부. 우리 내면의 자아.

16 심령계 psychic world : 4차원계. 아스트랄계와 비슷함. 심령계에서는 공간의 제약이 극복된다. 즉, 심령계에 사는 사람은 순간적으로 먼 거리를 여행할 수 있다. 이지계 理知界는 5차원계로서 이지계에서는 공간과 시간이 초월된다. 멘탈계와 비슷하다. 즉 이지계에 사는 사람은 시간과 공간을 가로질러서 여행할 수 있다.

다스칼로스는 이야기를 계속했다. 세 가지 신체는 제각기 에테르로 이루어진 겹몸, 즉 에테르 복체[17]를 가지고 있다. 이것은 에너지의 장(場)으로서 세 개의 신체가 생명력을 유지하고 서로 연결되어 있도록 해준다. 에테르의 생명력은 과학자들이 앞으로 발견해야 할 우주의 에너지인데 이것이 있음으로 해서 병의 치유가 가능한 것이다. 이 에너지는 차크라[18], 즉 신성한 바퀴라고 불리는 어떤 심령-이지적 중추를 통해서 각각의 신체 속으로 흡수된다.

다스칼로스는 이것이 내가 앞으로 언젠가 진리 탐구의 길에 나선 후에는 몸소 경험할 수 있는 진리라고 말했다.

그는 천천히 말을 이었다. "이런 이야기는 사람들 앞에서 하지 않는 게 좋을 거야. 물의를 일으키게 될 테니까."

나는 미국에서 신비주의에 대한 관심이 점차 고조되고 있고 사람들도 그런 이야기에 그리 흥분하지는 않을 거라고 말했다.

"미국에서는 그럴지도 모르지만 키프로스에서는 그렇지 않아."

"무슨 뜻인지 알겠습니다." 나는 머리를 끄덕였다. 다스칼로스는 이곳의 교회가 그를 파문시키려고 온갖 수단을 가리지 않았던 일을 빗댄 것이다.

---

17 에테르 복체複體:etheric double: 인간의 세 가지 신체를 살아 있게 하고 서로 연결시켜주는 에너지의 장. 육신의 세포 하나하나가 그에 대응되는 에테르 복체를 가지고 있다. 치유를 가능케 하는 것은 이 에테르 복체가 지니고 있는 에테르 생명력이다. 우주는 이 에테르의 에너지로 충만해 있다. 이 에너지는 한 사람에게서 다른 사람에게로 전달될 수 있고 차크라를 통해서 흡수된다.

18 차크라chakra:사람의 에테르 복체에 있어서의 심령-이지적 중추로서 이 차크라를 통해서 인간은 자신의 생명을 유지해 나가기 위한 에테르 생명력을 받아들인다. 신비가들은 심령-이지 차원의 능력을 얻기 위해서 자신의 차크라를 여는 특수한 훈련과 명상수행을 한다. 투시능력을 가진 사람에게는 이 차크라가 회전하는 원반 모양으로 보인다고 한다.

다스칼로스가 갑자기 물었다. "자네가 이 책을 쓰고 싶어하는 이유를 말해 주겠나?"

나는 그것에 대해서는 이미 설명이 된 것으로 생각하고 있었으므로 그의 느닷없는 질문에 놀랐다.

"저로서는 당신이 살고 있는 세계가 실재하는지의 여부를 알 도리가 없습니다. 하지만 당신이 지금까지 들려주신 그 세계에 대한 이야기에 마음이 끌리는 것은 어쩔 수가 없군요. 당신이 경험하고 있는 세계를 가능한 한 정확히 묘사해 낼 수 있는 좋은 책을 써 보고자 하는 것이 제 욕심이라는 것을 부인한다면 저는 위선자가 되겠지요. 그리고 당신과 같은 체험을 해볼 수 있는 방법을 배우고 싶기도 합니다. 당신이 시키시는 대로 명상수행을 하고 사물의 진정한 본질에 대한 당신의 가르침을 이해하기 위해 노력할 각오가 되어 있습니다."

"그 밖엔?" 다스칼로스가 부드럽게 말하면서 나의 얼굴을 진지하게 바라보았다. 나는 내 대답이 그에게 만족스럽지 못했다는 것을 깨달았다.

"글쎄요……." 나는 다스칼로스의 내심이 무엇인지 궁금해하며 약간 당황한 채로 대답했다. "제가 수행을 쌓아 심령-이지계의 능력을 가지게 된다면 신유가가 되어 이웃들에게 봉사하고 싶습니다."

"좋았어!" 다스칼로스가 외쳤다. 그리고는 만족스러운 표정으로 의자에 등을 기대었다. "우리의 이웃에 대한 봉사, 이것이 우리의 생에 있어서의 사명이야. 기억해 두게. 추수할 곡식은 많지만 추수할 사람은 없다는 것을." 그가 손으로 나를 가리키면서 말이 이었다. "자네는 사회학의 지식으로 특별한 봉사를 할 수 있을 거야. 자네는 인류가 평화와 조화로움 속에서 살 수 있는 아름다운 세계를 만들 수 있을 거야."

"열심히 해보겠습니다." 나는 초이상주의적인 그의 말에 담긴 뜻이 무엇인지는 전혀 헤아리지 못한 채 그저 순진하게 대답했다.

그는 이어서 중동 전역이 폭력과 재난으로 신음하고 있으며 그 어느 때보다도 시급한 대책이 요구되고 있다고 말했다. 그는 각처에서 도덕적 기준이 무너져 내리고 야만적인 행위와 불의가 판을 치고 있다고 슬픈 얼굴로 탄식했다.

나는 그날 저녁 집으로 돌아와서 앞으로 수개월, 그리고 그 이후로 전개될 나와 그와의 관계의 성격을 가늠해 볼 수 있게 해준 이 만남에 대해 곰곰이 생각해 보았다. 그의 질문에 대한 나의 꾸밈없는 대답이 다스칼로스의 세계를 연구하려면 어떤 접근방식이 적절할 것인지를 뚜렷이 마음속에 떠올릴 수 있게 해주었다.

이번의 만남 이전부터도 나는 다스칼로스의 모임을 연구하는 데 도식적인 사회학적 접근방법은 적당하지 않으리라는 생각을 품고 있었다. 그러한 연구방식은 나에게는 훨씬 더 중요하고 매력적인 사람들에 대한 의문을 뒷전으로 미루어 버리도록 강요할 것이다. 그 대신에 나는 그야말로 몸으로 뛰어드는 관찰자가 되고 싶었다. 나 자신이 그의 제자가 되어 그의 체험 속으로 뛰어들어가 그 속에서 그의 세계를 들여다보려는 노력 없이는 다스칼로스가 체험하고 있는 실재의 세계를 이해하기란 불가능하다. 나는 그의 세계의 객관적인 진위에 대해서는 아무런 선입관을 개입시키지 않고 그 자신의 언어로 그와 대화하기로 결심했다. 다스칼로스의 세계를 설명하기 위해서 나의 이론을 동원하지 않고 그가 그 자신의 언어와 자신의 인식의 범주 안에서 자신의 세계를 설명하도록 함으로써 현상학적인 접근을 하는 것이 더 적절하리라는 생각이었다. 그러므로 연구자로서의 나의 욕심은 학술 탐사와 관찰 등의 활동을 통해서 닦은 나의 경험을 토대로, 한 뛰어난 영적 스승의 인생과 일, 우주관을 사회적 의식의 표면으로 부상시켜 보고자 하는 것이었다.

2
Exorcising the Nazi Spirits

나치의 망령을 쫓아내다

"사람들은 나약함으로 인해 자신이 만든
염체에 의해 빙의를 당한다.
빙의가 일어나려면 빙의될 사람이
그에게 붙으려는 존재와 뭔가 비슷한
인자를 갖고 있어야만 한다.
즉 자신의 의식이 그에게 들러붙으려는
어떤 것과 비슷한 파동으로 진동할 때에만
빙의가 가능하다."

나는 아침 일찍 일어나 연구 노트를 펴고 작업을 시작했다. 4시에 다스칼로스가 제자들과 모임을 가지는 시간 전까지는 그를 만날 수가 없었다. 그는 몇 가지 할 일이 있어서 오후에나 만날 수 있을 거라고 전날 말했었다.

8시쯤에 전화가 왔다. 내 누님의 친구인 마로였다. 그녀는 자기의 친구들이 다스칼로스를 만날 수 있도록 내가 주선해 줄 수 있겠느냐고 물어 보았다. 그들은 유태인인데 이스라엘로부터 방금 도착했다고 했다. 친구의 딸이 아주 심각한 정신이상에 걸려 있다는 것이었다. 의사들도 속수무책이었고 많은 의학박사들을 찾아다녔지만 소용이 없었다고 했다. 어느 날 악령들이 그녀를 못살게 구는 꿈을 꾸기 전까지 그녀는 지극히 정상적이었다고 했다. 그 이후로부터 그녀는 그들의 목소리를 환청하고 꿈마다 그들을 보았다. 상태는 갈수록 악화되어 가고 있었기 때문에 누군가의 도움이 절실했다. 이 처녀는 어머니와 함께 키프로스의 숙모 집에 와 있었다. 마로는 내가 그들을 그날 당장 다스칼로스에게 소개시켜 줄 수 없느냐고 물었다.

이리저리 수소문한 끝에 마침내 다스칼로스와 통화를 할 수 있었다. 우리는 11시 반에 만나기로 약속했다. 두 시간 후면 일을 마치리라는 그의 말이었다. 마로는 약속시간 조금 전에 친구와 함께 우리 집에 도착했다. 그녀는 나에게 세 사람의 유태인을 소개했다. 어머니와 딸과 숙모였다.

그들은 서툰 영어로 말했는데 뭔가 조급한 듯하여 긴 이야기는 하기가 어려웠다. 처녀는 겉보기에는 정상적인 듯했지만 깊은 슬픔과 불안이 담긴 표정을 읽을 수 있었다.

다스칼로스의 집까지는 차로 15분 거리였다. 마로는 함께 가지 않았다. 그녀는 '이런 종류의' 일에는 겁이 나서 아예 근처에 가기도 싫다고 했다. 그녀도 다스칼로스의 명성을 알고 있지만 온몸이 오싹하다는 것이었다.

다스칼로스는 아테네 대학에서 의학 공부를 하는 그의 가까운 제자 로이조스와 함께 있었다. 나는 세 여인에게 각자 자기소개를 하도록 했다. 그리고 다스칼로스에게 이 방문의 성격을 간단히 설명했다.

그는 팔걸이 의자에 편안히 앉아서 처녀의 모습을 주의깊게 바라보았다.

"아가씨는 가슴속에 부적을 걸고 있군. 육각별 모양인가 본데?" 그가 말했다.

세 여인이 일순 놀라는 표정을 지었다. 처녀의 어머니가 억양이 강한 영어로, 아닌게 아니라 그의 말대로 딸이 옷 속의 앞가슴에 한 유태교 랍비가 딸을 위해 만들어준 다윗의 별 모양 부적을 하고 있다고 말했다. 다스칼로스가 보여준 이 영능에 그들은 안도하는 눈빛을 보였다. 그는 그 처녀 하다스에게 일어난 일을 설명하도록 했다. 어머니와 숙모의 도움을 받아서 처녀는 '그들'이 찾아올 때마다 자신의 몸은 죽고 영혼은 그들에게 끌려가는 것처럼 느낀다고 말했다. 이런 일이 일어날 때마다 그녀는 허파와 뒷머리에 통증을 느낀다는 것이었다.

"저는 정상이 아녜요." 그녀는 그렇게 결론을 내렸다. "이 악마들은 한순간도 저를 가만히 놔두질 않아요."

"왜 자신이 정상이 아니라고 하죠?" 다스칼로스가 말을 낚아챘다. "아가씨는 자신에게 일어난 일을 분명히, 알아들을 수 있게 설명하고 있잖아요."

"애 엄마가 그렇게 믿고 있다니까요. 그건 모두 애 엄마의 머릿속에서 일어난 일일 뿐이라구요." 숙모가 흥분해서 말했다.

나는 다스칼로스가 이 진단에 별로 수긍하지 않는다는 것을 알 수 있었다. 그는 질문을 계속했다.

"그 영들에게 그들이 누구며, 아가씨에게서 무엇을 원하는지 물어 보았나요?"

"아뇨."

"아가씨는 몇 살이지요?"

"스물여섯이에요." 나는 그녀가 스무 살도 안 되는 줄 알았다.

"종교는?"

"유태교요."

"눈을 감아 봐요." 그녀가 다스칼로스의 말을 못 알아들은 듯했다. 그녀의 숙모가 히브리말로 통역을 했다. 하다스는 기꺼이 협조하겠다는 듯한 태도로 다스칼로스가 자기 얼굴을 주시하고 있는 동안 눈을 감고 있었다. 몇 분 후 그녀가 눈을 뜨자 다스칼로스는 다시 이야기하기 시작했다.

"내 도움을 원한다면 하다스 양이 진실로 하느님을 믿는지를 말해 줘야만 해요."

"믿어요, 정말이에요." 처녀가 열성적으로 대답했다.

"됐어요! 하느님을 믿지 않는다면 도와줄 수가 없을 뻔했어." 하면서 다스칼로스는 그녀의 이상에 대한 자신의 진단을 말해 주었다.

"당신의 딸은," 그가 어머니를 향해서 말했다. "귀신 들린 것이 아닙니다." 그리고는 나를 향해 말을 이었다. "염체에 사로잡힌 것도 아니야." 그리고 마지막으로 하다스를 향해서 말했다. "하다스 양을 괴롭히고 있는 자들의 모습과 목소리들은 착각이 아녜요. 그들은 인간이야. 나치 당원들이지." 나는 세 유태 여인들의 얼굴이 공포에 질린 모습을 보았다. 그는 말을 이었다. "그들은 두 사람의 영인데 연합군의 함부르크 폭격 때 죽은 부부입니다. 그들은 대학살에 직접 관계했고 많은 유태인들을 고문했습니다. 그들은 유태인에 대한 증오심을 저승까지 품고 갔습니다. 그래서 그들은 하다스 양과 심리적 파동이 동조(同調)되었을 때 하다스 양에게 빙의[19]한 것입니다.

남자는 하다스 양의 태양신경총(명치) 부분, 여자는 성선(性腺) 부분의 차크라를 점령하고 있지요. 하지만 뇌 부분의 차크라는 빼앗지 못했습니다. 그들은 이런 식으로 벌써 네 명의 유태 여인들을 정신병자로 만들었어요. 하지만 겁낼 필요는 없어요. 오늘 우리가 그들을 떼내어 쫓아 버릴테니까. 아가씨의 종교가 유태교이니까 유태교 신비주의의 의식을 따르기로 하지요."

그리고 나서 그는 로이조스를 위층의 침실로 보내어 그가 침대 곁에 두고 있는 작은 조각상인 '흰 독수리'를 가져오게 했다. 나중에 알고 보니 그것은 고대 신비주의의 한 상징물로서 그의 백마술[20]을 상징하고 있었다. 그는 로이조스에게 또 은으로 된 육각별을 가지고 오게 했는데 이것은 한 유태교 신비가가 그에게 선사한 것이었다. 그 한가운데에는 히브리어로 모세의 십계명이 새겨져 있었다. 다스칼로스는 로이조스에게 그것들을 가지고 오는 동안 양팔을 가슴 앞에 교차시키

---

19 빙의憑依: 죽어서 떠도는 뭇 영들이나 악령이 살아 있는 인간 속으로 들어와 몸을 차지해 버리는 것.(옮긴이 주)

20 백마술白魔術: 신성하고 선한 목적을 위한 마술. 반대로 흑마술黑魔術은 악마적인 것, 악한 목적을 위한 것이다.(옮긴이 주)

고 한 손에는 독수리를, 다른 손에는 육각별을 들라고 지시했다. 그리고 그동안 로이조스는 말을 한마디도 하면 안 된다고 했다.

로이조스가 위층으로 올라가고 다스칼로스는 준비를 시작했다. 먼저 흰 양초를 하나 밝히고 촛불 옆의 탁자 위에다 한 컵의 물을 놓았다. 그리고는 흰 종이와 여러 가지 색깔의 색연필을 가져왔다. 그는 밀실에서 날 없는 칼을 가져와서는 입을 맞추고 그것을 종이 위에다 놓았다. 로이조스가 지시받은 대로 조용히 엄숙한 모습으로 돌아오자 다스칼로스는 조각상을 받아 촛불 옆에 놓고 다른 손에 육각별을 들었다.

"이리 와요." 그가 처녀에게 말했다. 그녀가 일어서서 테이블 곁으로 다가갔다.

"히브리어를 읽을 수 있나요?"

"예." 처녀가 다소곳이 대답했다. 다스칼로스가 육각별을 힘있게 쥐고 팔을 뻗어 그녀의 얼굴 앞에 갖다대었다. 그리고 그녀에게 십계명을 큰 소리로 읽게 했다. 그것이 끝나자 육각별을 그녀에게 주며 오른손에 그것을 꼭 쥔 채 가슴에 대고 앉아 있도록 했다.

"나를 따라 해요." 그가 명령했다. "샬롬 알레헴, 샬롬 알레헴."

"샬롬 알레헴, 샬롬 알레헴." 처녀가 더듬거리는 목소리로 따라 했다. 나는 다른 두 유태 여인들의 표정에서 그 히브리 단어에 대한 경외의 빛을 읽었다.

다스칼로스는 테이블 앞에 앉아 날 없는 검에 입을 맞추고 하다스도 따라 하게 했다. 그리고 하다스에게 자신이 알고 있는 기도문을 히브리어로 외우라고 지시했다. 그녀가 기도문을 외우고 있는 동안 다스칼로스는 계속 "샬롬 알레헴, 샬롬 알레헴"을 중얼거리며 날 없는 검과 붉은 색연필을 사용해서 선을 그어 몇 개의 육각별 비슷한 도형을 거의 겹쳐지게 그렸다. 그의 동작은 느리고 단호했다. 몇 분 후에 그는 '샬롬 알레헴' 하는 주문을 그치고 여전히 붉은 선을 그으면서 천천히 말하기 시작했다. 나는 그가 무슨 말을 하는지는 알아들을 수가 없었다. 다만 그의 입술이 움직이는 것만을 볼 수 있었다. 로이조스는 다스칼로스의 뒤에 서서 단조로운 목소리로 "샬롬 알레헴"을 외면서 그가 선을 긋고 있는 모습을 주시하고 있었다. 하다스는 별을 가슴에다 꼭 댄 채로 기도문을 외면서 다스칼로스가 시킨 대로 촛불을 들여다보고 있었다. 다른 두 여인은 긴 의자 위에 나란히 앉아 서로 손을 붙잡은 채 눈물젖은 눈으로 일어나고 있는 일을 지켜보고 있었다. 그것은 인상적인 장면이었다. 그때만큼은 다스칼로스는 키프로스의 희랍인 주술사라기보다는 한 사람의 랍비와도 같이 보였다. 유태 여인들의 긴장을 풀어주고 치료의식에 그들도 의미를 가지고 참관할 수 있도록 하기 위해서 그는 유태교 신비주의의 의식을 따른 것이다. 추측하건대 그녀가 만약 이슬람교도였다면 그는 같은 작업을 위해 수피즘(회교 신비주의)의 의식을 따랐을 것이다.

"너희들은 기독교인이 아니야. 너희들은 돼지야, 너희들에겐 동정의 여지도 없어!" 그가 촛불을 노려보며 손을 그 주위로 돌리면서 준엄하고 큰 목소리의 영어로 말했다. 촛불은 좀 이상하게 움직이고 있었다. (나는 그가 이렇게 하는 것을 몇 번 본 적이 있었다. 다스칼로스는 간혹 두세 발짝 떨어진 거리에서 촛불을 노려보면서 손바닥을 펴서 떨듯이 빠르게 좌우로 움직였다. 그렇게 하면 불꽃은 가느다랗고 길게 올라가 그을음을 내고는 했다. 그러다가는 금방 꺼질 듯이 요란하게 깜박거리는 것이었다. 불꽃은 다스칼로스의 손놀림에 반응하는 듯했다.) 그는 촛불 위로 손을 휙 뻗어 마치 불꽃을 잡는 듯한 시늉을 했다. 그는 아무도 알아들을 수 없는 말을 중얼거리며, 마치 종이 위에다 무엇을 던져넣는 듯한 시늉과 함께 그림 위에서 주먹을 펴는 것이었다.

촛불을 노려보면서 의식을 행하는 동안 다스칼로스는 무엇을 부인하듯이 고개를 흔들었다. "꽤나 끈질기군." 그는 우리에게 그 일이 만만치 않음을 알려주려는 듯이 말했다. 그가 큰 목소리로 준엄하게 거듭 말했다. "너희는 기독교인이 아니야. 나는 이제 유태교인이야! 샬롬 알레헴."

다스칼로스는 이렇게 촛불 앞에서 20분을 보냈다. 전에 보았던 이와 비슷한 의식보다 약간 오랜 시간이었다. 마침내 일을 끝냈을 때 그의 얼굴에는 만족감과 안도의 빛이 떠올라 있었다. 나는 그가 일을 마치자 촛불도 더 이상 깜박거리지 않는 것을 발견했다.

하다스가 계속 기도문을 되뇌고 있는 동안 다스칼로스는 흰 종이를 삼각형으로 접었다. 그리고는 접은 종이의 한쪽 끝에 불을 붙였다. 로이조스는 여전히 "샬롬 알레헴"을 중얼거리면서 다스칼로스에게서 불붙은 종이를 받아서 밖으로 가지고 나가 별도의 그릇 속에 던져넣어 완전히 타게 했다. 다스칼로스는 처녀에게 직접 촛불을 끄게 하고 '자화(磁化)'된 물을 마시도록 했다.

"이제부터는 걱정할 게 아무것도 없어요." 그가 권위 있는 태도로 단언했다. "이제 그들은 하다스 양이나 다른 사람들을 해칠 수 없어요. 그들은 둘 다 정신이 돌아올 때까지 편안히 쉴 수 있는 곳으로 가 있거든. 아직도 머리가 무겁게 느껴질지도 모르지만 걱정할 필요는 없어요. 차차 사라질 후유증일 뿐이니까. 그들은 다시는 하다스 양의 오라[21]를 점령할 수가 없어요. 다시금 텔레파시를 통해서 영향력을 행사하려고 들지도 모르지만 하다스 양을 사로잡을 수는 없어요. 만일 그들이 가까이 있는 듯이 느껴지거든 여기서 외웠던 그 기도문을 외면서 흰 양초를 켜고 촛불을 바라봐요. 그렇게 하기만 하면 그들은 겁이 나서 달아나 버릴 테니까."

그리고 나서 다스칼로스는 팔걸이 의자로 돌아왔다. 그는 지쳐 있는 듯했다. 세 살 난 그의 손자 마리오스가 그 사이에 방으로 들어와서 할아버지의 무릎 위로 기어올라 가슴에 머리를 기대었다. 다스칼로스는 손자의 머리를 부드럽게 토닥여 주었다. 잠시 말없이 앉아 있다가 그가 압도당한 듯 멍하니 앉아 있는 세 여인을 향해서 말했다. "참 놀라운 일이지요, 안 그래요? 사람들은 그들의 증오심을 무덤 속까지 품고 간답니다."

내 옆에 앉은 하다스의 숙모가 나의 귀에다 대고 그에게 얼마의 대가를 지불해야 하느냐고 나지막하게 물었다. 사실 그들은 그것 때문에 자리에서 일어나지 못하고 기다렸던 것이다. 나는 기다렸다는 듯이 진담 반, 농담 반으로 대꾸했다. "그에게 직접 물어 보시지 않구요?" 그러고는 다스칼로스에게 우리가 나눈 말을 옮겨 주었다.

"제게 신세진 것은 아무것도 없습니다." 그의 한결같은 대답이었다. "『구약성서』의 시리아 왕에 대한 이야기를 기억하십니까? 문둥병에 걸렸다가 히브리의 선지자를 찾아가서 나았던 왕 말입니다." 이 유태 여인들은 『구약성서』를 잘 모르는지 미안한 표정을 지었다. 다스칼로스가 간단히 이야기해 주었다.

---

21 오라aura: 생명체의 미묘한 상태를 반영하는 보이지 않는 빛. 생명체 주위를 둘러싸고 있으며 그 모습을 킬리언 사진기로 촬영할 수 있다고 함. (옮긴이 주)

"시리아의 왕이 그 선지자에게 사례를 어떻게 해야 할 지를 물으니 그가 이렇게 대답했습니다. '필요 없습니다. 주님의 은총은 돈으로 갚을 수가 없습니다.' 하지만 그의 제자 중 하나가 탐욕이 생겼습니다. 그래서 왕이 수행원들을 거느리고 떠나자 그들을 뒤따라가서 왕에게 그 선지자가 마음이 바뀌었노라고 말했습니다. 왕은 그에게 황금을 주었습니다. 그러나 선지자는 어떤 일이 일어났는지를 이미 알아차리고 제자가 돌아오자 말했습니다. '왕의 문둥병이 네게로 옮아왔구나.' 제자는 정말 문둥병에 걸렸습니다. 우리는 우리의 것이 아닌 것으로 그 대가를 받을 수가 없는 것입니다."

내가 끼어들었다. "다스칼레[22], 그러면 그 선지자가 제자를 저주한 것입니까?"

"그렇지 않아, 선지자는 선한 사람이었고 제자를 사랑했지. 그는 단지 돌아올 결과를 알고 있었던 것뿐이야. 제자가 문둥병에 걸리게 된 것은 자신의 탐욕 때문이었지 선지가가 그렇게 만든 것은 아니라네."

잠시 후에 그가 다시 입을 열었다. "신유가가 자신의 것이 아닌, 생명력을 주는 성령의 에테르를 가지고 돈을 요구한다는 것은 이해할 수 없는 일이에요. 거저 얻은 것은 거저 주어야만 하는 겁니다." 그가 이렇게 결론을 맺었다.

짤막한 교훈을 얻고 나서 세 여인은 일어나 고맙다는 뜻을 표하고 나와 함께 나섰다. 집을 나오면서 숙모는 나에게 다시 한번 그가 정

---

[22] 다스칼레 Daskale: 그리스어의 어미 변화에 따른, '다스칼로스'의 부르는 이름. '키리아코스'를 '키리아코'로, '코스타스'를 '코스타'로, '야코보스'를 '야코보'로 부르는 경우도 마찬가지이다. (옮긴이 주)

말 돈을 받지 않는지를 다짐하듯 물어 보았다. 그녀에게는 아무래도 그것이 믿어지지 않았던 것이다. 나는 그녀에게 구약의 이야기를 다시 상시시켜 주고 차에 올랐다.

1주일 후에 나는 그 유태 여인들을 찾아갔다. 하다스가 그 이후로 좀 어떤지를 알고 싶었던 것이다. 나는 이미 마로를 통해서 그날 이후로 환청이 들리지 않는다고 하더라는 말을 전해 들었었다. 게다가 그녀는 남자친구와 춤도 추러 갔고 더 이상 혼자서 길을 걸어다니는 것이 두렵지 않다고 했다는 것이다.

"모두가 매우 행복해 보였어요." 마로는 이렇게 말했었다.

그날은 하다스가 어머니와 함께 이스라엘로 돌아가기 하루 전이었다. 지난번과는 달리 그녀는 말이 꽤 많아져서 나에게 자신의 체험을 자세히 설명해 주기를 마다하지 않았다. 어머니와 숙모가 함께 있었다. 세 사람 모두 기뻐하는 모습이었다.

"하다스, 정확히 당신에게 무슨 일이 일어난 것인지 말해줄 수 있겠어요?" 내가 물었다. 가끔 어머니와 숙모의 도움을 받아가면서 하다스는 자신이 겪은 시련에 대해 이야기를 시작했다.

"저의 이상은 4년 전, 어머니가 루마니아로 여행가 계셨을 동안에 시작되었어요. 하루는 밤에 친구와 함께 외출을 했습니다. 그 남자친구와 약간의 다툼이 생겨서 나는 그를 버려두고 집으로 와버렸어요. 집에 와서 저는 샤워를 했습니다. 침대로 갈 때 무엇인가가 머릿속으로 들어오는 것을 느꼈습니다. 저는 몹시 흥분했지요. 나 자신이 변해 버린 것처럼 느껴졌어요. 병원에 가니 의사는 단지 신경과민이라고만 했습니다. 그는 약을 줬어요. 어머니가 루마니아에서 돌아오셔서 나를 여러 의사들에게 데리고 다니셨습니다. 그들도 모두 내가 신경과민에 시달리고 있다고 할 뿐이었지요. 저는 약을 많이 먹고도 잠을 잘 수가 없었습니다. 그래서 저는 한 랍비를 찾아갔지요. 그 랍비는 악령과 같은 것이 저에게 들어와 있으니까 기도를 해야만 한다고 했습니다. 저는 기도를 시작했는데 매일 아침 먹은 것을 전부 토해 내기 시작했습니다."

"그때까지는 목소리 같은 것은 들리지 않았었나요?" 내가 물어 보았다.

"처음엔 들리지 않았어요. 하지만 저는 두 개의 세계에서 살고 있는 꿈을 꾸었어요. 이 세계와 지하의 또 다른 세계 말이예요. 그 랍비가 저에게 40일이 지나면 어떤 굉장히 크고 여러 색깔이 섞인 누런 것을 토해낼 거라고 말해 주었어요. 그는 그 이후에 내가 자신의 모습을 되찾게 될 것이라고 말했는데 실제로 그런 일이 일어났습니다. 저는 날마다 구토를 했고 40일째 되는 날, 저는 많은 양을 토해내고 다시 좋아진 느낌이었습니다. 저는 친구와 함께 놀러 가서 새로 남자친구를 사귀었지요. 하지만 또 다시 다투고 헤어졌습니다. 저는 굉장히 흥분했습니다. 이번에는 견디기가 더 힘들었어요. 제 친구들은 모두 결혼해 버렸기 때문에 저는 매우 외로웠거든요. 내 기억에 무엇인가가 내 몸 속으로 들어온 것은 소파에 누운 채 잠이 들어 있었을 때였어요. 그 느낌은 다리에서 시작해서 허파 속으로 들어왔어요. 그것이 내 속을 꿰뚫고 들어오는 것을 느꼈지만 목소리 같은 것은 들리지 않았어요. 그 이후로 그것이 저를 괴롭히기 시작했습니다. 저는 많은 랍비들을 찾아가서 일어난 일을 이야기했습니다. '넌 그냥 흥분상태에 빠진 거야. 잊어 버려.' 그들은 이렇게 말했습니다. 그것은 너무나 괴로운 일이었어요. 하지만 저는 그것이 단지 정신적인 이상일 뿐이니까 잊어 버리면 될 거라고 자신에게 다짐하고 잠을 청했습니다. 그런데 이번에는 목 밑에서 목소리가 들리기 시작했고 곧 머릿속으로 옮아 왔습니다. 목소리는 꿈속에서 저에게 이렇게 말했어요. '네가 살고 있는 세상에서 너는 남들과 같은 인생을 살 수가 없어. 우리는 너를 세상으로부터 떼어놓을 테다. 그리고 너를 고문해서 미치게 만들어 놓을 거야. 너를 우리의 세계에다 가둬 놓고 이곳에서 결혼시켜 주마.'"

"그들이 당신을 다른 세계에서 결혼시켜 줬나요?" 내가 물었다.

"예, 그랬어요. 그들은 저를 턱수염을 기른 키가 큰 남자와 결혼하게 했습니다. 그는 전에 한번도 본 일이 없는 남자였어요. 그를 이제 다시 만난다면 알아볼 수 있어요. 그를 너무나 잘 알거든요! 그리고 그들이 저에게 이렇게 말했어요. '우리가 너를 이곳에서 결혼시켰으니까 넌 세상에서는 결혼할 수가 없어.' 매일 아침 깨어날 때마다 저는 어머니의 침대로 가서 애원했습니다. '제발 절 구해 주세요. 아주 끔찍한 일이 저에게 일어나고 있어요. 구해 주실 수 있어요?' 어머니는 절 구해 주실 수가 없었지요. 아무도요! 저는 그 목소리가 나를 만신창이로 만들어가고 있는 것을 느꼈어요. 저는 어쩔 줄을 몰랐어요. 다른 정신과 의사를 찾아갔습니다. '잘못된 건 아무것도 없어.' 그가 말했어요. '네 마음속에서 일어난 일일 뿐이야.'"

그래서 딸을 입원시켰는데 그녀는 일주일 후에 도망쳐 나왔다고 하다스의 어머니가 말을 받았다.

"그들은 나에게 아주 독한 약을 주었어요." 하다스가 이야기를 이었다. "척추가 아프기 시작했어요. 움직이는 것도 힘이 들었어요. 게다가 목소리는 끊임없이 저를 고문했어요. 어머니는 나를 다시 다른 의사에게 데리고 갔지만 그는 제가 다른 사람들과 똑같이 정상이라는 것이었습니다. 저는 그 의사를 규칙적으로 찾아갔지만 그도 나를 구해 주지 못했습니다."

"의사에게 지금 당신이 설명하는 것처럼 당신의 처지를 자세히 설명해 줬었나요?" 하고 내가 물어 보았다.

"아뇨, 나는 그런 일에 대해서는 마음이 열려 있는 사람들에게만 말했어요. 저는 랍비를 다시 찾아갔습니다. 그는 '그것에 대한 생각을 그치지 않으면 너는 미치고 말 거야'라고 했습니다. 하지만 그건 불가능했어요. 밤마다 그들은 나를 찾아왔어요. 그들은 내가 자살하기를 원했습니다. 지금 그 목소리는 더 이상 들리지 않아요. 이젠 나의 몸이 해방된 기분을 느껴요. 하지만 완전히 낫지는 않았습니다. 머리가 텅 빈 것 같거든요."

나는 다스칼로스가 후유증이 좀 있을 것이지만 차차 사라질 것이라고 한 말을 상기시켜 주었다. 어머니는 딸이 많이 달라졌다고 말했다. 다른 사람들도 동의했다. 나는 그들에게 시간을 내준 데 대해 감사하고 작별 인사를 했다.

다음에 내가 할 일은 다스칼로스를 만나 이번에는 그의 입을 통해 다시 설명을 듣는 것이었다. 다음날 아침 나는 버스를 타고 스트로볼로스로 갔다. 도착했을 때 다스칼로스는 몇 명의 방문객과 함께 있었고 그들이 떠날 때까지 나는 스토아 안에서 기다렸다. 조금 있다가 그들이 떠난 후 나는 거실로 건너가서 다스칼로스를 만났다. 내가 그 유태인 처녀가 아주 좋아졌더라는 이야기를 했지만 그는 놀라는 기색도 없이 시큰둥했다. "알고 있네." 그가 무심하게 대꾸했다. 그는 자신의 능력에 대해서 확신을 가진 신유가였으므로 그 효과를 확인해 볼 필요를 느끼지 않는 듯했다. 그가 하다스에게 "이젠 다 나았어요." 하고 말했을 때 그는 단순히 그녀를 안심시켜 회복이 잘 되게 하려고 정신적인 암시를 준 것이 아니었다. 객관적으로 말해서 악령은 쫓겨났기 때문에 그녀는 나았고 그러니 이제는 아무것도 두려워할 필요가 없다는 것을 자신이 절대적으로 확신하고 있었던 것이다. 나는 그가 어떤 기만적인 술수를 부리고 있는 것이 아니라는 것을 확신할 수 있었다.

나는 하다스에게서 들었던 이야기를 그에게 시시콜콜 옮겨 놓으려고 하지 않았다. 그냥 그녀를 만났는데 건강해졌더라고만 말해 주었다. 나는 다스칼로스에게 이제 그 귀신추방 의식에 대해 자세히 설명해 달라고 청했다.

그가 입을 열었다. "그런 일은 몇 번 경험이 있네. 지금까지 예닐곱 명의 유태인들이 왔었는데 그들을 모두 빙의 상태에서 구해 줬지." 다스칼로스는 팔걸이 의자에 몸을 기대면서 말을 이었다. "이번의 경우는 생전에 어떤 상황이나 사람들에 대해 잔인한 증오심을 품은 채로 죽어서는 심령계로 완전히 들어가지 못하고 있는 사람들의 경우야. 그들은 에테르 차원의 물질계와 심령계 사이를 방황하고 있었던 거야. 그들은 자신들이 이 물질계와 관계를 맺을 수 있는 위치에 있다는 사실을 발견했지. 그 방법은, 이 지상에 살고 있는 사람 중에서 어떤 공포심이 있다거나 혹은 그들의 영이 그 몸속으로 들어가기에 용이한 어떤 심리적 상태에 있는 사람에게 빙의하는 것이야."

"제가 알기로는 악마나 염체에 의해서 빙의되는 수도 있다고 들었는데요?"

"물론이지! 한데 그것이 악마였건 염체였건 죽은 사람이었건 간에 빙의란 것은 다 그럴 만한 이유가 있어야만 일어날 수가 있는 거야. 말하자면 어떤 사람의 의식이 자신에게 들러붙으려고 하는 귀신이나, 혹은 다른 어떤 것과 비슷한 파동으로 진동할 때에만 일어난다는 말이야.[23] 달리 말하자면 그 사람도 또한 남을 해칠 만한 잠재적인 소질을 가지고 있어야만 한다는 거지."

"다스칼레, 당신은 그 유태인 처녀가 그러한 소질을 갖고 있었다는 뜻으로 말씀하시는 건가요?"

"그 처녀는 어떤 공포증세를 가지고 있었고, 만일 모르고 내버려 두었다면 그것이 남을 해치는 형태로 발전되었을 수도 있지. 그러니까 빙의가 일어나려면 빙의될 사람에게 뭔가 비슷한 인자가 있어야만 하는 거야. 그 나치당의 영들은 오랫동안 애쓴 끝에 이 처녀의 몸을 뺏을 수 있는 단계에 도달했던 것이고 그래서 성공한 것이라네. 이 악령들은 그녀를 자멸로 몰아가고 있었어. 그것은 그녀가 만들어낸 염체가 되돌아온 것이 아니야. 또 그녀를 해치고자 하는 흑마술사가 보낸 염체도 아니라네. 자네 말대로 빙의는 죽은 사람이나 악마나 염체에 의해서 일어나는 거야. 그중에서도 가장 상대하기가 힘든 빙의는 죽은 사람에 의한 빙의야. 그들은 유난히도 끈질기거든. 그들을 돌려보내는 일은 쉽지가 않아요. 게다가 그들은 파멸시키거나 없애버릴 수도 없어. 그들은 영원한 존재이기 때문에 파멸되지 않지. 그점이 어려운 점이야. 말하자면, 염체들은 내가 없애 버릴 수 있고 또 그럴 권리가 있지. 그것이 아무리 무섭고 위력적이라고 하더라도 말이야. 이번의 그 영들이 얼마나 끈질겼는지 자네도 봤겠지?"

---

23 이런 표현에 익숙하지 못한 독자는 우리 의식의 활동상태를 뇌파의 형태로 관측할 수 있다는 사실을 상기하면 이해하기 쉬울 것이다. (옮긴이 주)

필경 그는 내가 자기와 같은 투시능력을 갖고 있지 않은 사람이라는 사실을 깜박 잊고 내가 고개를 끄덕여 주기를 바랐던 모양이었다. 내가 "보다니요, 뭘요?"하고 대답했을 때 그에게는 내가 아주 멍청해 보였을 것이 틀림없다.

"자네는 그들이 그녀에게서 떠나지 않겠다고 버티는 것을 보지 못했나? 내가 내쫓아도 그들은 다시 돌아오곤 했어. 그들을 불 위로 지나보내는 데 아주 힘들었지."

"그래서 촛불이 이상하게 흔들렸나요?"

"그렇지. 나는 내가 그들을 불의 원소 속으로 지나보냄으로써 그들을 떼어놓고 그런 다음에 에레보스[24]에 밀어넣으려고 했던 거야."

"어디요?" 나는 한번도 들어본 적이 없는 말에 놀라 반문했다.

"에레보스로 말이야." 그가 강조하듯이 말했다. "그것은 일종의 정신적인 심연인데 그렇게 하는 것은 벌을 주려고 하는 것이 아니야. 그것은 말하자면 일종의 망각과 비슷한 상태로서, 이곳에서 그들은 기억을 모두 잊어버리고 나중에 의식을 되찾았을 때는 아무것도 기억을 못하게 되지. 자네도 물질계와 심령계, 이지계 등 여러 세계 사이를 갈라놓고 있는 것은 바로 이 심연, 즉 에레보스의 장막이라는 것을 알게 될 거야. 사람이 그곳에 들어가면 아무런 기억도 없어지고 다만 자신이 존재한다는 사실만 알게 된다네. 우리는 깊은 잠 속에서 자주 그곳에 빠지지. 고대 희랍인들은 그것을 '물앙금'이라고 했다네. 사악하게 진동하는 영혼을 망각 속에 집어넣는 데는 요긴한 곳이지."

"하지만 카르마는 잃어 버리지 않을 테죠?"

---

24 에레보스Erevos: 그리스 신비주의 용어. 죽은 사람이 저승으로 가기 전에 지난다는 땅 밑의 어두운 곳.(옮긴이 주)

"물론 잃어 버리지 않지. 그들은 인생의 경험을 통해서 자신의 빚을 갚기 위해서 다시 내려오게 될 거야. 에레보스는 '신의 자비'의 한 표현일 뿐이지. 그래서 나는 그들을 에레보스 안에 가두어 두려고 했던 거야. 이제 그들은 깊은 잠과 같은 상태에 빠져 있지. 그들은 아무런 욕망도 없고 누구를 해칠 힘도 가지고 있지 못해. 그러니까 그 유태인 처녀는 아무것도 두려워할 게 없는 거지. 하지만 그들이 너무나 오랫동안 그녀를 사로잡고 있었기 때문에 그녀의 잠재의식은 상당히 교란되어 있어. 그들이 저지른 짓이 그녀의 기억 속에 아직도 남아 있단 말이야. 자네는 아마 이렇게 물을지도 모르지. 내가 왜 그녀도 기억을 망각해 버리게 해주지 않았냐고 말이야. 만일 그렇게 했다면 매우 위험하게 될 거야. 그녀는 스스로 그러한 기억들을 조금씩 지워가야만 한다네. 그리고 그녀는 이제 자신을 방어할 수 있는 상태에 있고 그녀 안에서 이 가짜 염체[25]를 만들어 놓은 것은 그들이었다는 것을 깨달을 수 있게 되었어. 하지만 만약 내가 대신 이 기억들을 하나씩 지워 주었다면 내가 그녀의 인격에 혼란을 일으키는 결과가 되었을 거야."

"그러니까 당신 말씀은 이 처녀가 다시 그 목소리를 들을지도 모르지만 그것은 그녀의 경험이 남겨 놓은 염체에 지나지 않는다는 것이지요? 그리고 당신이 그녀에게 외우라고 했던 기도문은 그러니까 그들이 가까이 있는 듯이 느껴질 때마다 그러한 염체를 지워 버리기 위한 것이었구요."

"맞았어! 이 가짜 염체들을 조금씩 지워 나가기 위해 그녀가 할 수

---

25 가짜 염체: 그녀 스스로의 생각으로 만들어진 것이 아니라 그들이 그녀의 생각 속에 들어와서 일으켜 놓은 장난이라는 뜻인 듯함.(옮긴이 주)

있는 한 가지 방법으로서 그렇게 가르쳐 준 거지."

"일종의 자기암시로군요."

"그렇지, 바로 그거야. 그런데 자기암시란 게 뭔가? 어떤 특수한 목적을 위해 의식적으로 염체를 만드는 것이야. 그러니까 그녀는 자신을 완전히 고치는, 자신의 능력에 알맞은 방법을 가지게 된 거지. 예수님도 씨앗을 금방 뿌린 땅에 잡초가 나도 당장 잡초를 뽑아서는 안 된다고 하셨네. 잡초와 함께 뽑혀 버리지 않도록 씨앗이 싹터서 어느 정도 뿌리를 내린 후까지 기다려야만 하는 거야."

"다스칼레, 당신이 그 영들에게 말할 때 '너희들은 기독교인이 아니야, 너희들은 돼지야'라고 하셨는데 그 밖의 또 다른 말을 하셨나요?"

"그럼, 많은 말을 했지. 의념을 통해서 말이네. 나는 그 영들과 마음속으로 의사소통을 할 수 있으니까. 내가 소리 내어 말했던 것은 환자인 유태인 처녀로 하여금 내가 그들을 어떻게 규정하는지를 알도록 하기 위한 것이었지. 나는 양쪽으로 작업을 하고 있었던 거라네."

"그들에게 그 밖에 또 어떤 말을 하셨나요?"

"그들 중 하나가 이렇게 말했어. '너는 기독교인이잖아, 유태인들을 편들 것이 뭐 있어? 그들은 기독교의 적이야. 우리도 기독교인이야.' 그래서 내가 말해 주었지. '너희들은 기독교인이 아니야. 너희들은 기독교의 미덕은 모조리 짓밟아 뭉개고 있잖아?' 그들이 계속 우겨댔지. '우린 기독교인이야!' 나는 그들이 전쟁 당시 광신적인 개신교도였다는 것을 알아내었네.

그래서 나는, 그들은 기독교인이 아닐 뿐만 아니라 예수님께서 돼지 떼 속으로 쫓아내어 파멸시켰던 귀신들처럼 그들도 돼지라는 것을 그들이 깨닫도록 상황을 몰고 갔던 것이지."

"다스칼레, 당신이 그들을 에레보스로 밀어넣었다는 것은 당신이 그들을 그곳으로 데려갈 천사의 염체를 만들어냈다는 말씀인가요?"

"맞았네."

"그리고 그렇게 하기 위해서 그들을 불의 원소 속으로 통과시켰나요?"

"물론 그렇지. 그리고 나 자신도 의식의 차원에서 불을 통과했어. 그래야 그들을 최면상태에 빠뜨려 에레보스로 데려갈 수 있거든. 지금 그들이 가 있는 곳은 3중의 에레보스라네. 첫번째는 에테르의 에레보스로서 그들은 그곳을 뚫고 물질계로 내려올 수가 없지. 두번째는 심령계의 에레보스로서 그들이 더 높은 곳으로 올라갈 수 있도록, 우리가 양심이라고 부르는 것을 그들 속에 일깨워줄 수 있는 정신적인 환경을 제공해 주지. 세번째의 것은 이지계의 에레보스로서 그들을 안정시키고 이성을 되찾게 하여 자신들의 생각과 행위가 얼마나 사악한 것이었나를 깨닫게 하지. 내가 그들을 완전한 망각의 에레보스에 던져놓았더라면 그들에게는 아무런 도움이 되지 않았을 거야. 나는 그들을 구체적인 사건들에 대한 기억을 망각하는 에레보스에 데려다 놓았지만 양심은 작용할 수 있도록 조건부로 깨어 있게 해놓은 거야. 나는 그들의 증오와 반감 등의 파동을 사랑까지는 못 되어도 너그러움과 동정으로는 바꾸어 놓았네. 그러니까 내가 그들 속으로 보낸 이 염체가 그 두 사람에게 작용하고 있을 거야. 이 일이 단지 유태인 처녀만을 위한 것이 아니라 동시에 그 두 나치당원들을 위한 의식이었다는 사실을 알겠나? 나는 벌을 내리는 천사와 같은 염체를 심어준 거야. 그러나 그것은 처벌만을 위해서 진짜 벌을 내리는 것이 아니라 그들이 자신들의 상황을 내면으로부터 깨닫게 해주는 염체였던 거야. 이젠 좀 이해하겠나? 나는 그들의 마음속에 세 가지 차원의 파동을 가진 염체를 주입시킨 거야. 첫번째 차원은 내가 말한 대로 에테르의 차원으로, 그들이 다른 인간의 신체조직을 빼앗지 못하도록 한 것인데 그것은 보통 허파나 지라에 해당하지. 그들은 그곳을 통해서 들어간다네. 심령-이지 차원의 에레보스에서는 구체적인 기억은 잊어 버리지만 그 상황은 잊어 버리지 않아."

"그게 구체적으로 무슨 뜻인가요?"

"달리 말하자면 '다른 사람을 증오하고 죽이려고 했으니까 나는 나쁜 인간이었어' 하는 기억은 남아 있지. 그리고 구체적인 사건들과 장소와 이름과 주변 상황 등의 기억, 그런 것들은 심령-이지계의 에레보스에 떼어놓고 우리는 역할을 뒤집는 거야. 그들의 상념 속에서 그들은 이제 괴롭히는 자가 아니라 괴롭힘을 당하는 자가 되어 그들을 해치려는 사람들로부터 쫓기는 입장이 되는 거지. 내가 상황을 뒤집어 놓은 것을 알겠나? 이것이 요컨대 카르마가 끊임없이 하고 있는 일이라네. 그들은 자신이 누구인지는 자세히 알지 못해. 그들은 그저 대역으로서 살고 있는 거야. 마치 아이들이 영화를 보고 나서 꿈속에서 주인공이 되어 활약하듯이. 아이는 온갖 경험을 하고 깨어나지만 꿈속에서 자신이라고 생각했던 사람에 대해서는 기억하지 못하지. 인간의 특성 중 하나는 자신이 동정을 느끼거나 혹은 두려워하는 사람의 배역과 자신을 동일시하는 것이라네. 그래서 이번의 경우에 나는 그들이 유태인을 죽인 독일인이었다는 기억을 지워 버렸던 거야. 그렇게 함으로써 그런 민족주의적인 깊은 감정도 남아 있지 않도록 말이야. 그 대신 나는 시간이 지나면서 그들을 박해자에서 박해당하는 사람으로 바꾸어 놓을 염체를 그들 속에 심어 놓은 거야. 그 박해자는 실제의 사람이 아니고 염체에 지나지 않지. 그래서 나는 그것을 벌을 내리는 천사라고 부른다네. 그것이 그들의 양심을 일깨워서 선악을 분별할 줄 알고 선행의 의미를 발견하도록 깨우쳐줄 거야. 이것이 카르마의 작용원리지."

"그들은 일종의 연옥[26]과 같은 곳에 있는 모양이군요."

"맞았어, 나는 그들 자신이 만들어낸 연옥으로 그들을 이끌고 갈 상황을 마련해 준 거야. 신의 뜻이 그들을 그곳으로 데려갈 것이라네. 내가 그들에게 카르마를 만들어 주는 것이 아니라는 말이지. 나는 단지 그들이 머물러야만 할, 그들이 스스로 만들어 놓은 상황 속으로 빨리 들어가도록 이끌어 주는 것일 뿐이야. 그것을 그들이 상대적으로 지옥이라고 생각하든지 연옥이라고 생각하든지 그것은 그들의 일이야. 그것은 그들이 지어냈고 따라서 그들이 그것에 대해 전적으로 책임이 있는 것이지. 그렇지만 만일 내가 그들이 그 처녀에게 머물러 있도록 내버려 두었다면 그들은 그녀를 파멸시켰을 뿐만 아니라 그들도 악한 카르마를 짓느라고 귀한 시간을 허비하게 되었을 거야. 그리고 십중팔구 다른 사람들도 불행하게 만들었을 테지. 한데, 내가 한 가지 말해 주지. 이렇게 빙의되는 사람들은 흔히 생각하듯이 악인들에게 고난당하는 성자와 같은 사람들은 아니라는 사실이야. 사람은 자신을 해치는 악한 사람과 비슷한 그 무엇을 내면에 가지고 있지 않고선 괜히 그런 해를 당한다고는 나는 믿지 않아. 무슨 뜻인지 알겠나? 하지만 어떤 사람도, 어떤 상황도 우리가 심판해서는 안 되네.

---

[26] 연옥: 기독교 교리에서 말하는, 신의 은총 속에서 죽은 자가 천국에 들어가기 전에 일시적으로 머물며 생전에 지은 죄를 고난을 통해서 정화시키는 곳.(옮긴이 주)

그 대신 우리는 악이 변화하도록 도와주고 인간의 가슴속에서 파괴성을 몰아내어 그 자리에 창조성과 자비와 선한 뜻이 싹틀 수 있는 환경을 마련해 줘야 하네. 그러니까 이런 일을 하는 사람은 누구든지 먼저 자신의 정치, 사회, 종교적인 편견과 감정을 버려야만 하지. 그는 그런 문제들로부터 초연히 떨어져서 모든 경우를 공정하고 객관적으로 순리에 따라 평가해야만 하는 것이야. 예를 들어 내가 만일 독일인들의 편을 들고 유태인에 대해 반감을 가지고 있었더라면 그 처녀를 도와주지 못했을 거야. 왜냐하면 만일 사람이 어느 한편에 호감이나 반감을 가지고 있으면, 그것을 용서한다거나 비난할 핑계로 삼기가 십상이거든. 자네가 보듯이 진리의 탐구자로서 우리의 일은 그 형태가 여러 가지야. 흑마술과 싸우고 귀신을 쫓고 환자를 고쳐 주고 불의와 싸우고 사악한 염체와 싸워서 그것들을 해체시키고 그 대신 자비로운 염체를 보내는 일, 이 모든 일이 보이지 않는 구원자들의 의무 중 일부야."

"다스칼레, 붉은 색연필로 육각별을 그린 것은 무슨 의미였나요?"

"내가 사용했던 의식은 유태교 신비주의로부터 따온 것이었기 때문에 그것을 그렸지. 나는 유태인인 그 처녀에게 가장 적합하고, 또 큰 영향을 미칠 수 있는 방법을 택했던 거야. 물론 육각별은 우리의 상징물이기도 하지만."

"그런데 정확히 말해서 당신이 그 선들을 긋고 있을 때 어떤 일이 일어나고 있었던 건가요?"

내가 좀더 캐물었다.

"보지 못했나? 나는 말로써, 혹은 마음속으로 이야기를 하고 있었지. 우선 나는 그 영들을 붙잡아다가 그들을 내가 보내려고 하는 곳에 데려다 놓으려고 했던 거야. 그리고는 그들을 상징적인 감옥에 가두어 놓아 반항하지 못하도록 했지. 자네도 알듯이 공간은 육체에게만 존재한다네. 그렇다면 심령-이지체에게는 어떨까? 공간은 관념상으로만 존재하지. 그래서 나는 상징적인 감옥을 만들어 거기에다 그들을 가두었던 거야. 그리고는 그들을 처녀에게서 끌어내어 내가 보내고자 했던 곳에다 데려다 놓은 거지. 즉 육각별을 태움으로써 그들을 풀어서 에레보스에다 던져넣었던 거야. 그리고 이 상징적인 감옥이 물질계에 남아 있지 않도록 하기 위해서 이것도 역시 불의 원소를 통과시켜야 했어. 물론 신비의식은 매우 복잡해. 예컨대 이집트 신비주의에서는 다른 의식절차를 따라야 하지. 기독교도 마찬가지야."

"다스칼레, 제 생각에 당신이 그날 그 처녀에게 행했던 의식을 할 수 있는 사람이 거의 없을 것 같은데, 그녀는 당신을 만나지 못했다면 절대로 낫지 못했을까요?"

"아니야, 이스라엘에는 그녀를 구해 줄 수 있는 랍비들이 있어."

"그러니까 당신은 사실, 그날 한 사람의 유태교 랍비가 되었던 것이로군요."

"맞아. 그렇게 되지 않고서는 도움을 줄 수가 없는 거야. 자네가 봤듯이 나는 그녀에게 나와 함께 히브리어로 기도하자고 했지. 내가 기독교인이라는 사실은 중요하지 않아. 내가 만일 기독교의 상징과 기도문을 사용했더라면 그녀는 받아들이려고 하지 않았을 거야. 히브리 민족의 사고방식에 동화되어 있는 그녀의 파동은 내가 그녀의 내면으로 보내고 있는 염체를 받아들이지 않지. 그 때문에 우리는 '샬롬 알레헴', 즉 '당신에게 평화를' 하는 뜻의 말로써 의식을 시작해야 했던 것이지. 그들이 내가 히브리어를 하는 것을 보고 모두 놀라는 것을 자네도 보았겠지. 그러니까 '샬롬 알레헴'을 되풀이함으로써 한편으로는 유태 여인들의 마음을 평온하게 해주면서 동시에 독일인의 영혼들도 안심시켜 준 거야. 어떤 이유가 있었던 간에 카르마가 독일인과 유태인들을 한 자리에 불러다 놓은 거지. 나는 그 두 편의 관계를 조화시켜 주려고 했던 것이고, 나는 무엇보다도 먼저 이 적의에 가득찬 영들을 유태 처녀에게서 떼어놓고자 했지만 동시에 그 유태인들이 도리어 이번에는 보복하는 입장이 되지 않도록 매우 조심해야 했었네. 이제 알겠나?"

"그 처녀가 기독교인이었다면 나는 십자가를 사용했겠지. 육각별 위 꼭지의 세 삼각형에다 십자가를 놓기도 한다네. 하지만 이번 경우에는 그 유태인들이 거부감을 느끼지 않도록 십자가를 사용하지 않았어. 십자가를 그렇게 놓는 이유가 궁금하겠지? 육각별 맨 꼭대기의 삼각형은 절대자를 뜻하지. 그 양쪽 두 개의 삼각형은 성령과 그리스도를 의미한다네. 그리고 아래의 세 삼각형은 물질로 내려온 보다 낮은 자아를 상징하는 거야."

그리고 다스칼로스는 여러 가지 신비주의 간의 차이점들을 열심히 설명해 주었다. 우리의 대화는 그 부적에 대한 이야기로 옮아갔다. 유태인 처녀가 목에 걸고 있는 부적을 그가 '보았다'는 사실에 모두 놀랐노라고 내가 말했더니 그는 그 처녀에게 눈을 돌리는 순간 그것이 '보였다'고 대답했다. "하지만 그것은 그리 강력한 부적은 아니야. 그것은 가슴 주위를 부분적으로 보호해 주는 방패와도 같은 역할을 하지. 우리가 만드는 종류의 부적은 전체적인 것이어서 육체 전체를 보호할 뿐만 아니라 심령체와 이지체까지도 보호해 준다네. 그것은 마치 온몸을 감싸주는 잠수복과도 같지. 이것이 내가 말하는 진짜 부적이야. 고대 이집트인들이 사용하던 것도 이런 것이지."
　로이조스가 도착하여 우리의 대화는 끊겼다. 다스칼로스는 그와 함께 환자를 보러 병원에 가야 한다는 것이었다. 나는 그의 표현을 빌리면 '무궁무진한' 빙의에 관한 이야기를 나중에 다시 계속하기로 약속했다.
　"키리아코, 자네는 이 주제만 가지고도 평생토록 책을 몇 권이든지 쓸 수 있을 걸세." 그가 웃으면서 말했다.

3
Elementals

염체가 운명도 바꾼다

"사람이 방사하는 모든 느낌이나 생각이
모두 염체이다. 사람이 진동하는 방식이
그가 만든 염체의 형태와 질을 결정한다.
염체는 방사한 사람과는 무관하게 고유의 수명을 지니고
독립적 존재를 영위하지만, 그 근원으로 되돌아오는 성질을 지녔다.
염체의 힘과 형체는 그것이 만들어진
본래의 목적이 달성될 때까지 사라지지 않는다.
카르마의 법칙이 작용하는 것도 이 때문이다.
우리가 방사하는 염체를 변화시킨다면
운명도 바꿀 수 있다."

야코보스가 아침 일찍 나에게 전화를 걸어서 자신이 다스칼로스의 내부모임의 일원이 되게 된 내력을 이야기해 주겠노라고 말했다. 그는 다스칼로스의 가까운 제자들 중의 하나인데 다스칼로스는 그를 후계자로 수련시키고 있었다. 나는 그에게 여러 번 그의 인생 이야기를 듣고 싶다고 말했지만 기회가 없었던 것이다. 내가 마지막으로 그를 본 지도 3주일이나 지났다. 나는 그의 목소리를 듣고 매우 기뻤다. 어린 나이에도 불구하고 그는 다스칼로스의 가르침을 매우 잘 이해하고 있었다. 그리고 무엇보다도 그는 다스칼로스가 아끼는 제자 중의 하나였기 때문에 나는 이 어린 제자를 통해서 그의 스승에게 더욱 가까이 접근할 수 있으리라는 속셈이었다. 나의 생각은 시간이 증명해 주었다.

다스칼로스가 나에게 말해준 바에 의하면 야코보스는 1974년 터키가 이 섬을 침공했을 때 터키로 끌려가 5개월간 감옥에 갇혀 있었다고 했다. 거기서 그는 열네 살의 어린 나이에도 불구하고 굉장한 용기를 보여주어서 다른 수감자들의 힘을 북돋아 주었다고 했다. 그는 교도관이 다른 수감자를 혼내 주려고 감방에 들어올 때마다 문 앞에 가로막고 서서 들어오지 못하게 했다는 것이다. 그러다가 한번은 죽을 정도로 실컷 매를 맞았는데 그는 자기를 때리는 교도관에게 이렇게 말했다고 한다. '당신은 자신을 매질하고 있지만 단지 그것을 모르고 있을 뿐이에요.' 다스칼로스의 말로는 이 시련기 동안 그를 도와준 '보이지 않는 구원자'는 수피(이슬람교 신비가) 스승 '이스마엘 형제'로, 그는 마지막 생에서 터키인으로 살았다고 했다.

변두리의 찻집에 앉아서, 야코보스는 다스칼로스가 자기 아버지의 목덜미에 난 종양을 고쳐주면서 시작되었던 그와의 친분관계에 대해서 이야기하기 시작했다. 그날로부터 야코보스는 다스칼로스의 가장 가까운 제자 중 하나가 되었다는 것이다. 그의 영능은 그가 터키로 끌려가기 전부터 나타나기 시작했다. 터키에서도 그는 투시와 유체이탈을 통해서 다스칼로스와 접촉했고 동료 수감자들에게 키프로스의 소식을 전해 주었으며 그것이 정확한 것이었음은 훗날 확인되었다는 것이다.

"맨 처음 유체이탈 경험을 했을 때 저는 굉장한 혼란을 겪었지요. 지금 우리가 살고 있는 이 세계와 유체이탈 중에 체험하는 여러 다양한 심령-이지 차원의 세계들 가운데 과연 어느 것이 실재의 세계인지를 분간할 수가 없었거든요. 결국 저는 이 물질계나 심령-이지 차원의 세계들이나 모두 환상일 뿐이며 하나하나 파헤쳐 보면 결국 실재는 모든 현상계를 초월해 있다는 것을 알게 되었습니다."

야코보스의 혼돈은 나에게 저 유명한 장자의 호접몽(胡蝶夢)을 떠올리게 했다. 장자는 어느 날 꿈에서 깨어났는데 자신이 꿈속에서 나비가 되었던 것인지, 아니면 나비인 자신이 장자가 되어 있는 꿈을 꾸고 있는 것인지 아리송하더라는 이야기였다. 야코보스가 장자가 느낀 것과 비슷한 체험을 했던 것일까?

야코보스는 이야기를 이었다. 그가 붙잡혀서 터키로 호송되고 있는 동안 배 위에서 전생의 체험과 비슷한 기억이 마음속으로 들어왔다고 했다. "잡혀온 사람들이 울고불고 고함을 지르고 있을 때 저는 갑자기 예수께서 빛과 같은 모습으로 제 몸 안으로 들어오시는 것을 보고 평화로움을 느꼈습니다."

"나중에 다시 예수님을 본 적이 있나요?" 내가 물었다.

"예, 제가 다스칼로스의 내부모임에 입문하기 바로 전날이었지요."

"꿈속에서였나요?"

"아뇨, 그리스도가 제 눈앞에 나타나셨을 때 저는 완전히 깨어 있었어요. 그는 제 인생에 있어서 몇 가지 점을 저에게 이해시키셨어요."

"그가 무엇을 알려주었지요?" 내가 이렇게 물어 보자 야코보스는 머뭇거렸다.

"그는 제 앞에 섰습니다. 그리고는 손에 난 못자국을 보여주셨지요." 그가 슬픈 목소리로 나지막히 말했다.

"그래, 뭐라고 하시던가요?" 내가 집요하게 물었다.

"저 또한 제 삶을 통해 십자가를 져야만 한다는 것이었습니다." 야코보스가 조용히 대답했다. 그가 그 일에 대해서는 더 이상 이야기하고 싶어하지 않는다는 것을 알아차린 나는 다른 이야기로 말머리를 돌렸다. 우리는 다스칼로스의 강의가 있는 날인 다음날 스트로볼로스에서 다시 만나기로 했다.

나는 모임이 시작되기 훨씬 전에 다스칼로스의 집에 도착했다. 제자들과의 정식 모임이 시작되기 전에 다스칼로스는 친하게 지내는 사람들과 함께 둘러앉아 국내정치로부터 육체를 벗어나서 여행하는 여러 가지 방법 등, 떠오르는 대로 다양한 화제의 잡담을 즐긴다. 내가 도착했을 때 그는 야코보스와 코스타스, 그리고 또 한 명의 가까운 제자인 마흔 살의 기술자와 함께 점심식사를 하고 있는 중이었다. 그들은 고대 희랍인들에 대해서 이야기하고 있었다. 나는 식사를 함께 하자는 그들의 권유는 정중히 사양했지만 그들의 대화에는 기꺼이 끼어들었다. 다스칼로스는 고대의 신비가들이 '비밀'을 지키는 데 너무 지나치게 충실했던 점을 애석해 했다.

"그들은 자신의 지식을 이기적으로 지키기보다는 사람들, 특히 철학자들을 깨우쳐 주려는 노력을 했어야만 했어." 그가 힘주어서 말했다.

"하지만 플라톤은 어때요? 제가 알기에 그는 엘리우시니언 신비의식[27]에 관여했다던데요. 고차원 이지계[28]에 대한 당신의 이야기는 거의 플라톤의 이상국가를 연상케 합니다." 내가 끼어들었다.

"좀 비슷하기는 하지만 우리의 가르침이 그와 똑같지는 않아. 그리고 덧붙이자면 플라톤은 엘리우시니언 신비주의에 관여하지를 않았다네."

"일부 학자들은 그렇게 주장하고 있어요."

"그건 엉터리야. 플라톤은 이집트로 가서 이집트의 비전(秘傳)에 입문했네. 그래서 그는 플라토(Plato)라는 이름을 갖게 된 거야."

"이해할 수가 없는데요." 나는 말했다. 내가 학교에서 배운 바에 의하면 그는 가슴이 넓었기 때문에 그런 이름을 가지게 되었다고 했다. 그의 이름 블라톤(Blaton, Plato)은 '넓은 사람', 즉 '어깨가 벌어진 사람'이라는 뜻의 희랍어에서 딴 이름이라는 것이었다.

"그건 역사학자들의 억지야." 다스칼로스가 비웃었다. "그의 이름은 신을 뜻하는 바알(Baal)에서 따온 것이야. 그리고 아톤(Aton)은 이집트어로 '보이지 않는 신'이라는 뜻이지. 바알라톤(Baalaton)은 블라톤(Blaton)으로 줄어들었고 그것이 영어의 플레이토(Plato)로

---

27 엘리우시니언Eleusinian 신비의식: 고대 그리스의 도시 엘리우시스Eleusis에서 성행했던 밀교의식. (옮긴이 주)

28 고차원 이지계 higher noetic world: 관념의 세계, 원형原型의 세계. 모든 현상적 세계의 근원이 되는 원인과 법칙의 세계.

옮겨진 것일세." 다스칼로스는 또 다른 고대의 현자 피타고라스의 이와 비슷한 예를 들었다. 그에 의하면 그리스에 환생의 개념을 소개한 것은 바로 피타고라스라는 것이었다.

"피타고라스는 인도를 여행하면서 동양의 신비주의를 접하게 되었지. 그는 '사원에 입교한 자'라는 뜻의 산스크리트어를 따서 자신의 이름을 지었다네."

나는 고대 철학자들의 이름에 관한 그의 해석에 학자들은 아마 눈이 휘둥그레질 것이라고 말해 주었다. 다스칼로스는 눈썹도 까딱하지 않았다. 그는 자신의 해석은 아카샤의 기록[29]에 근거를 둔 것이지 역사학적인 해석이 아니라고 했다. 그는 아카샤의 기록이란 우주기억의 다른 말이라고 설명해 주었다. 과거에 존재했고 지금 존재하며, 장차 존재하게 될 모든 것은 이 범우주적인 슈퍼 컴퓨터에 입력된다는 것이었다. 뿐만 아니라 하나의 원자도 온 우주에 관한 정보를 간직하고 있다는 것이다. 그러니까 하나의 원자에 집중하여 아득히 먼 과거에 일어난 일에 대한 정보를 알아낼 수도 있다는 이야기다. 그것은 마치 학자가 어떤 특별한 주제에 관해 조사해 보기 위해 도서관에 들어가는 것처럼 아카샤의 기록 속으로 들어가면 되는 것이다. 그러나 신비

---

29 아카샤의 기록akashic record: 신비주의 용어. 현상계의 본성은 파동이므로 소리(파동)가 음반(매질) 위에 기록되듯이 물질우주 속의 모든 현상과 사건들은 시공을 초월하여 고스란히 아카샤akasha라는 매질 위에 기록된다고 한다. 아카샤란 '최초의 원시물질'이라는 뜻의 산스크리트어인데, 형이상학자들이 말하는 우주심universal mind과 같은 것으로, 이 근본질료는 우주 전체에 충만해 있으며 무한히 정교한 것이어서 자극에 매우 민감하고 우주 공간 어느 곳으로부터의 경미한 진동이라도 그 위에 지워지지 않는 인상을 남긴다고 한다. 이 아카샤의 기록을 히브리 신학자들은 신의 기록을 담은 책이라고 부른다. 이에 대한 과학적인 이해를 돕기 위해서는 『우주심과 정신물리학』(정신세계사, 1987)을 참조하기 바람. (옮긴이 주)

가는 그 학자처럼 조사하고자 하는 주제에 대한 예비지식이 있어야만 한다. 그렇지 않으면 그는 아무런 정보도 얻어낼 수가 없는 것이다. 예컨대 어떤 사람이 아카샤의 기록에서 19세기 물리학에 대한 정보를 얻고자 한다면 그는 먼저 물리학에 관한 지식을 갖추고 나서 덤벼야만 하는 것이다.

"우주의 이치 속에 인습적인 지식도 한몫을 할 수 있다는 것을 알게 되어 기쁘군요. 그렇지 않다면 대학강의를 듣고, 책을 보고 하는 일 따위는 모두 쓸모가 없어질 테니까요." 내가 농담조로 대꾸했다. 내가 말을 마치자 흰색 승용차가 마당에 도착하는 것이 보였다. 은발의 키크고 점잖아 보이는 남자가 차에서 내려 느린 걸음걸이로 집안으로 들어왔다. 다스칼로스의 눈빛이 빛났다.

"테오파니, 니코시아까지 웬일인가?" 다스칼로스와 비슷하게 60대쯤 되어 보이는 그 노인을 모두들 무척 반기는 표정이었다.

"키리아코, '파포스의 마법사' 테오파니를 소개하네." 다스칼로스가 말했다. 나는 악수를 나누면서 다스칼로스와 야코보스로부터 이야기를 많이 들었으며 만나서 기쁘다고 말했다.

테오파니스는 아마도 다스칼로스의 가장 늙은 제자이자 친구이고, 그들이 교제를 시작한 지는 40년이 넘는다고 했다. 그는 니코시아로부터 160킬로미터 떨어진 남서쪽의 항구인 파포스 출신이었다. 그곳은 성 바울이 이교도들에게 기독교를 전도했다는 이유로 붙잡혀서 채찍질을 당했던 곳이다. 파포스의 사람들은 미의 여인 아프로디테를 열렬히 신봉하는 사람들로 알려져 있다.

테오파니스는 신유가로서 명성을 얻고 있었고 자신의 제자들을 가지고 있으며 동시에 다스칼로스의 '내부모임'의 회원이기도 했다. 오랜 교분을 통해서 두 노인 사이에는 깊은 우정이 쌓여 있었다. 들리는 바로는, 테오파니스가 특별히 다스칼로스에게 헌신적이라는 것이었다. 그러나 원기왕성한 성격의 다스칼로스와는 달리 테오파니스는 누가 말을 걸지 않으면 입을 떼는 법이 없는 조용한 사람이었다. 나중에 나는 그가 결혼을 하지 않았다는 것을 알게 되었다. 그가 스물다섯 살 때 한 처녀와 약혼을 했었는데 그가 죽도록 사랑했던 그녀는 결핵으로 결혼식 바로 전날 죽고 말았다. 테오파니스는 그 이별의 충격으로부터 완전히 회복할 수가 없어서 대신에 그녀에 대한 추억만을 간직한 채 혼자서 살기로 했다는 것이다.

그는 신유와 자신의 직업에만 정열을 쏟았다. 그는 협동조합운동의 고위 행정직을 맡고 있는데 그 운동은 그곳 국민들의 생활 속에 정착되어서 다른 개발도상의 사회단체들로부터 견학이 쇄도했다.

대화 중에 테오파니스가 다스칼로스에게 이번 여름에도 그리스에 갈 작정인지 물어보았다. 다스칼로스는 매년 여름 아테네로 가서 몇 주일씩 머물면서 그곳에 있는 자신의 제자들에게 '특별' 강의를 했다. 나머지 기간 동안에는 녹음 테이프를 보내 주는 것이었다. 녹음기의 발명이 일을 훨씬 쉽게 해준 것이다. 지금은 전보다 훨씬 더 많은 사람들에게 자신의 말을 전할 수 있게 되었다.

"나도 열흘간 휴가를 내어 자네와 함께 갈 작정이야." 하고 테오파니스가 말했다.

"그것 참 잘됐군. 하지만 우리는 배로 가야만 할 거야." 다스칼로스가 나를 향해 테오파니스는 바다를 무척 겁낸다고 귀띔해 주었다. 그는 배멀미를 심하게 한다는 것이었다.

나는 다스칼로스가 농담 아니면 비유적으로 말하는 줄 알았다. 그러나 나의 생각은 잘못이었다. 그의 말에 매우 장난기가 섞여 있긴 했지만 그는 자못 진지했다.

"이번에도 전에 티노스에 갔었을 때처럼 자네가 파도를 잠재워줄 수 있었으면 좋겠네." 내가 미심쩍어하는 모습을 보고 테오파니스가 맞장구를 쳤다. 그러면서 그가 어느 해 여름 다스칼로스와 함께 그리스의 유명한 티노스 섬으로 순례여행을 했던 이야기를 해주었다. 그곳은 성모 마리아 상의 기적으로 소문나 있었다. 테오파니스의 말로는 다스칼로스가 자신의 특별한 능력으로 바다를 잠잠하게 했다고 한다. 그들이 탄 배가 바다로 나가자 갑자기 바다가 잠잠해지는 바람에 선원들과 그곳의 어부들이 영문을 몰라했다는 것이다.

"어떻게 하셨길래요?" 내가 물었다.

"나는 다만 내 친구 테오파니를 위해서 바다가 잔잔해져 주기를 원했는데 바다가 그것을 들어준 거라네." 다스칼로스가 천연덕스럽게 대답했다.

"그러니까 그런 일을 어떻게 하셨냐는 말씀이에요." 내가 다시 물고늘어졌다.

"이 친구 또 시작이군, 자넨 허구한 날 그 질문이야. 이건 어떻게 하십니까, 저건 어떻게요……. 자네가 파가니니 앞에 있다고 생각해 보게. 그리고 이렇게 물어 보시지, '파가니니, 당신은 바이올린을 어떻게 연주하십니까?'라고. 그가 뭐라고 대답해 줄 수 있으리라고 생각하나? 그가 바이올린을 연주하는 법을 설명해 줄 수 있겠나? 나의 경우도 마찬가지야. 나는 그저 그렇게 할 뿐이니 어떻게냐고는 묻지 말게. 난 설명할 자신이 없으니까."

다스칼로스는 우리가 그런 현상에 놀라서는 안 된다고 말했다. 그것은 모든 인간들 속에 잠재되어 있는 능력일 뿐이다. 예수님도 파도를 잠재우지 않았는가. 모든 인간의 내면에 그리스도의 성령이 깃들여 있으니 그것은 곧 모든 인간이 그러한 능력을 행할 잠재적인 가능성을 가지고 있다는 뜻인 것이다.

벌써 오후 네 시가 되었고 제자들이 스토아에 모여서 스승의 강의를 들으려고 기다리고 있었다. 최근의 국내정치의 혼란상태에 대해서 잠깐 도마질을 한 후에 우리는 자리에서 일어났다. 키프로스에서는 어디를 가나 정치토론은 피할 수 없는 듯했다. 그것은 노소를 불문하고 대화의 중심주제였다. 북부의 점령군과 대치하고 있는 상황에서 정치는 그들의 생활에 있어서 커다란 비중을 차지하고 있었다.

다스칼로스의 강의 주제는 염체에 관한 것이었다. 강의 서두에 그는 지난 시간에 논했던 여러 가지 개념들을 요약해 주었다. 제자들이 완전히 이해할 때까지 지나간 내용을 반복해서 이야기해 주는 것이 그의 교수법이었다.

그가 말했다. 염체는 다른 생명체들과 마찬가지로 그것을 방사한 사람과는 무관하게 고유의 수명을 지니고 독립적인 존재를 영위한다. 사람이 방사하는 모든 느낌이나 생각이 모두 염체이다. 염체에는 두 가지 종류가 있다. 무의식적으로 만들어지는 염체로서 다스칼로스가 '욕망-생각'의 염체라고 부르는 것과, 의식적으로 만들어지는 '생각-욕망'의 염체가 그것이다.

사람은 사념이나 감정을 통해서 진동한다. 그가 진동하는 방식이 그가 만들어내는 염체의 형태와 질을 결정한다. 그가 주로 감정을 통해서 진동한다면 그는 감정과 욕망의 영향권 아래에 놓여 있게 되고 생각은 그에 대해 추종적인 역할만 한다. 이것이 욕망-생각의 염체이다. 한편 사람이 생각의 영향권 아래에 놓이게 되면 그는 이지계의 질료로 만들어진 염체를 만들고 강한 심상을 그리는 능력을 구사할 수 있게 된다. '진리의 탐구자'는 훈련을 통해서 강한 생각으로 만들어진 강력하고도 자비로운 염체를 만들 수 있어야 한다. 여기서 감정과 욕망은 부수적인 역할만 한다.

이러한 생각 - 욕망의 염체는 더 영향력이 있고 오래 남아 있으며, 그것이 만들어졌던 소기의 사명을 빨리 완수한다.

욕망 - 생각의 염체는 생각과 욕망의 본질에 대한 이해가 부족한 일반 사람들에게서 흔히 발견된다. 그래서 그들은 바로 자신이 만들어내었던 염체에 의해 희생되고 만다. 염체가 일단 외부로 방사되면 그것은 결국 그것을 만든 사람의 잠재의식 속으로 되돌아오는 것이 자연의 법칙이다. 그리고 그것들은 기억의 무더기 속으로부터 의식의 표면으로 떠올라 새로운 힘을 얻어서는 다시 잠재의식 속으로 잠복한다. 이 염체는 그 사람의 잠재의식 속에서 좀더 영구적인 기반을 확보하게 될 때까지 이런 순환을 되풀이한다. 그리고 그 사람의 에테르 복체로부터 에너지를 흡수하여 자신의 생명을 이어나간다. 이것이 흡연, 도박, 음주와 같은 습관이나 강박관념이 형성되어 가는 과정인 것이다.

카르마의 법칙이 작용하는 것은 염체가 그 근원으로 되돌아오는 성질 때문이다. 사람은 자신이 의식적, 무의식적으로 만들어내었던 염체와 조만간 마주치게 된다. 전에 다스칼로스와 이야기하던 중에 그가, 강한 욕망의 염체는 그에게 되돌아와 있다가 그가 그런 욕망을 전혀 느끼지 않고 있을 때 느닷없이 다시 튀어나오는 수도 있다고 말한 적이 있다. 그가 전생에 르네상스 시대의 이태리인이었을 때 그는 인쇄기를 발명해야겠다는 강박관념에 사로잡혔었다고 한다. 그 결과 그는 이번 생에서 행정부의 인쇄국에서 식자공으로 일하게 되었다는 것이다.

다스칼로스는 강의를 계속했다. 우리의 현재인격과 처해 있는 환경은 우리가 3차원의 세계로 내려와 환생의 쳇바퀴 속에서 맴돌기 시작하면서부터 만들어진 모든 염체의 총화이다. 염체는 인간과 우주를 지은 것과 똑같은 재료로, 즉 이지계, 심령계, 그리고 물질계의 에테르질로 만들어진다.

"염체가 형성되는 과정을 한번 살펴 봅시다." 다스칼로스는 30여 명의 제자들이 귀를 기울이고 있는 가운데 설명을 계속했다. "인간이 어떤 것의 존재를 인식하기 전에는 그것에 대한 욕망을 가질 수가 없다는 것은 아시겠지요. 예를 들어 내가 어떤 대상을 본다는 것은 곧 빛의 파동이 그 물체의 표면에 반사되어서 그것의 모양을 나의 눈에 전달해 주는 것이지요. 그것은 시신경에 자극을 주어 두뇌에 '보이는' 것으로 인식되게 합니다. 이제 제가 사람들이 귀중히 여기는 물건을 보고 있다고 가정합니다. 다이아몬드 목걸이라고 해두지요. 나는 눈을 통해 이 대상의 존재를 인식합니다. 제가 다이아몬드 목걸이를 매우 갖고 싶어하는 사람이라고 가정해 봅시다. 그러면 무슨 일이 일어날까요? 심령질(psychic matter)이 그 목걸이의 형상 주위로 결집됩니다. 욕망이 형성되는 것이지요. 욕망이 탄생하는 것을 가능케 하는 것이 정확히 말해서 이 심령질인데, 욕망에 뒤이어서 그것을 어떻게 만족시킬 것인가 — 이 경우엔 그 목걸이를 어떻게 손에 넣을 것인가 하는 생각이 뒤따르게 됩니다. 대상을 중심으로 그 대상을 손에 넣는 것을 목표로 하는 일련의 염체가 형성됩니다. 대상의 존재에 대한 인식과 그것을 소유하고자 하는 욕망만으로는 아직 부족합니다. 그러한 염체가 형성되기 위해서는 그에 대한 생각이 뒤따라야만 하는 것입니다. 그 사람은 자신도 모르는 사이에 머릿속에서 상상을 펼치기 시작합니다."

"우리가 그를 목걸이가 있는 곳으로부터 다른 곳으로 데려와 놓고 그것을 마음속으로 가져와 보라고 하면 어떻게 될까요? 틀림없이 그는 그것을 아주 자세하게 재창조해 낼 것입니다. 똑같은 것을 보고도 그리 마음이 끌리지 않았던 사람이라면 그만큼 정확하게 마음속에 그려낼 수가 없었을 것입니다. 그러니까 욕망과 마음의 집중이 이지질(noetic matter)로 만들어진 심상을 형성시키는 것입니다. 이것이 바로 생각의 정체입니다. 그것은 이지질이 응축된 것입니다. 우리는 그 대상을 이지계의 빛으로(즉 사념 속에서) 보기 시작한 것입니다. 여기서 잠깐 주의해 봅시다. 진정한 소유란 무엇일까요? 보통 사람들이 실체라고 하는 것은 그 물건을 말하는 것일까요? 아니면 우리가 마음속에서 만들어 내었던 염체일까요? 우리가 소유한 값진 물건을 금고 속에 넣어 잠가 두었다고 합시다. 그 물건에 대한 염체는 우리 속에 있습니다. 자신의 일부분이 되어 있는 것이지요. 그것은 우리의 기억의 창고 속에 있으며 원할 때는 언제든지 의식으로 끄집어낼 수가 있습니다. 그러나 사람들에게는 그것이 실체가 아닌 것처럼 느껴집니다. 하지만 당신이 그것에 대한 기억을 불러내지 못한다면 그것이 금고 속에 있다는 사실을 어떻게 알 수가 있습니까? 이 점을 잘 생각해 보세요. 좀 달리 이야기해 볼까요. 비밀금고 속에 어마어마한 보물을 숨겨둔 부자가 기억상실증에 걸렸다고 해봅시다. 그의 머릿속의 기억은 모두 사라져 버렸습니다. 그의 마음 밖에 있는 대상이 그에게 대체 무슨 가치가 있으리라고 생각하십니까? 아무런 가치도 없습니다. 그렇다면 사물의 가치의 진정한 근원은 어디에 있습니까? 이점은 여러분이 곰곰이 생각해 볼 필요가 있습니다. 그러지 않고는 여러분도 삶의 본질을 꿰뚫어볼 수 없을 것입니다. 삶의 실체란 곧 인상을 받아들이고 그것을 해석하는 것이 아니면 달리 무엇이겠습니까? 여러분 주변의 세계를 한번 생각해 보세요. 이 염체들을 벗어나서 이 세계를 생각할 수가 있습니까?"

"우리가 이 세계를 선한 것으로 보느냐 악한 것으로 보느냐 하는 것은 우리가 내면에서 만들어 외부로 방출하는 염체의 성질에 달린 것이라는 사실을 이쯤에서 깨달아야만 합니다. 이 3차원의 세계에서는 우리의 마음속에서 어떤 가치를 지니지 않은 것은 아무것도, 어떤 것도 결코 가치를 지닐 수가 없습니다. 우리의 마음속에서 가치를 지닌 것이 우리의 외부에 있는 어떤 것에다 가치를 부여하는 것입니다. 이를테면 '흥미가 없다'는 말은 무엇을 뜻하는 것일까요? 외부의 대상이 우리의 마음속에서 대응되는 무엇을 가지지 못할 때 그것은 가치를 지니지 못하는 것입니다. 그러니까 이러한 조건은 어디에서 오는 것입니까? 대상으로부터 옵니까? 우리의 내부로부터 옵니까? 모든 것은 우리의 내부에 있는 것입니다."

다스칼로스는 잠시 말을 끊었다가 이번에는 염체의 물리적인 외형, 즉 좀더 정확히 말해서 자신과 같은 투시능력자에게는 염체가 어떤 모습으로 보이는지에 대해서 이야기하기 시작했다.

"염체가 만들어질 때 그 모양이 양미간 사이에 위치한 차크라에 나타납니다. 투시능력자는 그것이 처음에는 마치 바늘귀와 같은 모양으로 나타나는 것을 볼 수 있습니다. 그것은 그 사람의 에테르 복체 밖으로 밀려나오는 순간부터 자신의 크기와 모양을 갖추기 시작합니다. 그리고는 심령계로 이동해서 한 바퀴 둥글게 도는데, 그 움직임의 크기는 욕망의 강도에 비례합니다. 그리하여 그것은 그 사람에게로 돌아갑니다. 이때 그것은 그의 심령체로 들어가지만 처음에 나왔던 그곳을 통해서 들어가는 것이 아니라 두개골 뒤에 위치한 다른 중추를 통해서 들어갑니다."

"염체의 모양은 그 종류에 따라 다릅니다. 갖고자 하는 집이나 자전거, 자동차 등의 모양이 될 수 있습니다. 이런 것들은 우리의 잠재의식 속에서 비교적 짧은 기간 동안 남아 있는 욕망 - 생각 염체의 구체적 형상의 예입니다. 이러한 염체들은 아까 말했듯이 마치 유충이 먹이를 찾듯 새로운 생명의 기간을 구하기 때문에 그렇게 짧게 남아 있는 것입니다. 그것은 다시 양미간의 차크라로 떠올라와서 빠져나가려고 합니다. 그러면 그의 심령체에 이와 공명되는 진동이 다시 시작됩니다. 그가 그것을 다시 기억해 내면 욕망은 점차 강해집니다. 염체는 다시 한번 빠져 나와서 둥근 궤도를 그리며 움직입니다. 일반인들은 무슨 일이 일어나고 있는지 깨닫지 못하지요. 염체는 그를 지배하려고 합니다. 그것이 너무나 힘이 커져서 제어하기가 불가능해지는 수도 있습니다. 그러면 그 사람은 자신의 욕망의 노예가 되어 때로는 심해지면 정신병자가 되기까지 합니다. 그러한 염체가 그 사람으로부터 에테르질을 너무나 많이 빨아들여서 문자 그대로 물현되는 수도 있지요. 이런 불행한 경우에 대해서는 당분간 논외로 합시다."

"분노와 증오, 자존심이 강한 느낌, 겉치레, 과시 등 우리의 이기주의에서 비롯되는 병적인 상태들은 어떻습니까? 이런 염체들은 다른 모든 염체들이 만들어지는 것과 똑같은 방식으로 만들어집니다. 이기

주의는 그 자체가 자의식이 강한 인격 속에 형성되어 있는 하나의 염체라는 것을 알아두세요. 그것은 많은 염체가 복합된 것입니다. 그것은 매우 민감해서 조금만 자극해도 반응합니다. 이기주의는 온갖 염체를 다 만들어낼 수 있습니다. 예를 들자면 어떤 사람에 대해서 악한 생각을 품고 있는 사람은 흔히 어두운 녹색 계통의 썩은 냄새를 풍기는 뱀 모양을 한 염체를 만들어내는 것을 보았습니다. 그것들은 미간이나 가슴으로부터 나옵니다. 그것은 우리가 의식, 무의식적으로 주목하는 대상에게로 가서 그의 오라에 달라붙으려고 합니다. 때로는 그런 염체가 왕뱀만하게 커지기도 해서 그것이 돌아오면 가슴이 터질 듯이 답답한 것을 느끼게 됩니다."

"사람들이 그러한 염체를 하루에도 얼마나 수도 없이 만들어내는지를 생각해 보셨습니까? 그들이 자신이 방사해 내는 염체의 모습을 보았더라면 기겁을 할 겁니다. 이것이 흔히 '악마의 눈'[30]이라고 하는 것입니다. 나는 언젠가 죄를 고백하는 사람의 모습을 그린 그림을 보았는데 그의 입에서는 뱀이 쏟아져 나오고 있었습니다. 그것이 단순히 화가의 공상이라고만 생각하지 마세요. 투시능력자들은 실제로 이 뱀들을 봅니다. 여러분도 꿈속에서 이러한 염체들이 자신을 덮치려는 것을 종종 보시지 않습니까? 이런 염체들은 다른 사람이 당신에게 보낸 것이거나 자신이 만들어낸 것입니다. 혹은 잠속에서 에테르계에 떠돌아 다니고 있는 염체의 무더기로부터 당신이 끄집어낸 것일 수도 있습니다. 욕망-생각의 염체는 고유의 형태와 힘과 수명을 가지고 있습니다. 그것들은 뱀, 곰, 혹은 다른 동물이 될 수도 있습니다.

---

30 악마의 눈: 서양 미신. 이 눈의 눈길을 받으면 마법에 빠지거나 해를 당한다고 믿는다. (옮긴이 주)

아이들은 종종 꿈속에서 그런 것들을 보고 악몽에 시달리지요."

다스칼로스는 이어서 잠이 들기 전에 기도와 같은 자기암시를 하면 그런 염체가 꿈에 보이지 않게 할 수 있다고 설명했다.

"우리는 우리를 미워하는 사람에게 사랑의 염원을 보냄으로써 자신을 평온하게 할 수 있습니다. 그럼으로써 우리가 그들을 미워하는 마음을 풀어 버리게 됩니다. 그들은 우리의 꿈속에 출몰하는 염체들을 더 이상 보낼 수 없게 됩니다."

내가 끼어들었다. "다스칼레, 증오와 시기 같은 염체들이 다른 것도 아니고 왜 하필이면 뱀처럼 보이는 것일까요? 그것의 모양은 염체의 성질 그 자체에 내재되어 있는 것입니까?"

"증오와 시기가 뱀처럼 보이는 것은 그것이 우리의 문화권 속에서는 그러한 상관관계를 맺고 있기 때문이지요. 뱀이나, 다른 어떤 동물도 천성적으로 악한 것은 없습니다. 염체를 취하는 형체는 그 사람이 사는 곳과 언어에 따라 달라집니다. 염체는 그것을 만드는 사람에 따라서 어떤 형체라도 취할 수 있는 심령 – 이지 차원의 에너지 덩어리입니다. 투시능력자는 자신의 배경에 어울리는 모습으로 그것을 볼 수 있지요."

"그러니까 다른 문화권의 투시능력자라면 똑같은 염체라도 예컨대 뱀 대신 코요테의 모습으로 볼 수도 있겠군요." 내가 말을 받았다.

"맞았어요. 하지만 두 경우 다 그 방사된 염체와 그것의 작용 간에는 동일한 상관관계를 가지고 있다는 것을 알게 될 것입니다."

한 중년 남자가 물었다. "무의식적으로 만들어낸 염체의 힘을 중화시키고 해체시킬 수가 있습니까?"

"염체의 힘과 형체는 그것이 만들어진 애초의 목적이 달성될 때까지 사라지지 않는다는 것을 잊지 마세요. 우리가 자신의 생각과 행위의 결과를 감수할 각오를 하고 있지 않으면 안 되는 이유가 바로 이것입니다. 우리는 염체에 대해서 이번 생에서만 책임을 지는 것이 아니라 다음 생에서도 책임을 져야 합니다. 그러므로 염체를 만든 사람은 자신이 만든 그것과 언젠가는 마주쳐야 하는 것입니다. 지금까지의 삶의 영향 아래에서 벗어날 방법은 없는지 궁금하시겠지요. 있습니다. 전에 만들어낸 염체의 힘과 대등한 힘을 발휘할 수 있다면 말입니다. 하지만 과거의 잘못을 바로잡으려는 의욕과 지혜가 있어야 합니다. 우리는 이전의 염체를 또 만들어냄으로써 이전의 염체에 더욱 큰 힘을 보태어줄 수도 있습니다."

누군가가 물었다. "흡연이나 음주벽 같은 염체와는 어떻게 맞설 수 있습니까? 흡연이나 음주를 즐기는 사람들과 만나는 자리를 피하면 될까요?"

"무엇보다도 우선 그런 염체와 대적하지 말아야 합니다. 적은 보이지도 않을 뿐 아니라 당신은 이길 수가 없습니다. 그런 염체에 대항해서 싸움을 거는 것은 그것에 힘을 더해 주는 결과가 됩니다. 그 힘을 중화시키는 길은 그것을 무시해 버리는 것입니다. 한 가지 예를 들어 드리지요. 요즈음 우리 사회에서 정치문제를 놓고 광적으로 다투는 사람들을 너무나 많이 볼 수 있습니다. 정치적인 싸움은 날마다 일어나서 심지어 가족들끼리도 서로 반목하게 만듭니다. 이것은 사람들을 어리석게 만드는 불행한 일입니다. 저는 이런 사람을 하나 알고 있었는데 그는 정치적인 다툼에 말려들지 않으려고 여러 번 노력을 해보았지만 허사였습니다. 그는 언제나 어떻게 해서든 그 다툼에 끼어들어서는 결국 분노에 휩싸여 치를 떠는 것이었습니다. '나는 그들이 그런 말을 하는 것을 도저히 듣고 있을 수가 없어요!' 그는 내게 이렇게 말했습니다. 그는 자기도취의 염체가 매우 강하다는 것을 여러분도 알 수 있겠지요. 그는 자신을 과시하고 싶었고 자신이 남들보다 더 많이 알고 있음을 입증하고 자신의 견해를 남들에게 강요하고 싶어했습니다. 저는 그에게, 그것은 자신의 약점이며 자기분석을 통해서 극복할 수 있음을 설명해 주었습니다. 저는 그에게 자신의 충동에 대항하지는 말고 의식적으로 무관심한 태도를 지키도록 노력하라고 했습니다. '내일 출근했을 때 그들이 또 정치논쟁을 벌이면 당신은 틀림없이 또 끼어들고 싶은 충동이 생길 것입니다. 그 순간에 자신을 억제하는 힘을 잃어서는 안 된다는 것을 다짐하세요. 당신 내부의 염체는 당신이 거기에 끼어들어 자신의 지식과 지혜를 과시할 것을 충동질할 것입니다. 그들의 논쟁을 주의깊게 경청하고 판단하세요. 하지만 아무 말도 하지 마세요.' '차라리 자리를 뜨는 것이 더 낫지 않을까요?' 그가 물었습니다. '아닙니다. 그 자리를 피하면 얻는 것은 아무것도 없습니다.'"

"말할 것도 없이 그에게는 이 연습이 매우 힘들었습니다. 처음에는 유혹을 물리치지 못했습니다. 그러나 그날 그는 근무를 마치고 자신의 행동을 돌이켜보았습니다. 서너 번의 시도 끝에 그는 자신의 문제를 극복했습니다. 하루는 그가 내게로 찾아와서 자신이 친구들에게 승리할 수 있게 도와준 데 대해서 감사를 표했습니다. 무관심은 염체로 하여금 힘을 잃게 하여서 결국은 중화시켜 버립니다. 그것들은 해체되어 버리거나 에테르의 공간을 떠다니다가 다른 사람에게 옮겨 갑니다. 영적으로 진화해 갈수록 우리는 자신이 만들어 놓아 에테르 공간에 떠다니게 만든 염체에 의해서 우리의 이웃 사람들이 영적으로 퇴보하게 되는 것에 대해서 책임을 의식하게 됩니다. 이제 그리스도께서 '너희가 심판받지 않도록 남을 심판하지 말라'고 말씀하신 이유를 이해하시겠습니까? 그것은, 우리는 우리 내면의 자아에 의해 심판받을 것이기 때문입니다. 여러분이 그 염체를 만들어내게끔 했던 그 상황을 지금은 극복했다고 하더라도 그 염체는 여러분이 만든 것입니다."

"나는 여러분에게 다른 사람들이 여러분을 어떻게 판단하든 거기에 개의치 마시기를 당부합니다. 오직 내면에 있는 자아의 심판을 두려워하십시오. 어떤 사람이 내가 신을 두려워하는지 물어 보더군요. 나는 그렇지 않다고 대답했습니다. 나는 신을 사랑하며 신의 사랑을 받기에 합당한 인간이 되려고 노력합니다. 그가 또 물었습니다. '당신 주변의 사람들에 대해서는 어떻습니까?' 나는 대답했습니다. '나는 그들을 심판하지 않으며 그들이 나를 어떻게 생각하든지 개의치 않습니다.' '그러면 당신은 아무것도 두렵지 않다는 말씀입니까?' '나는 나 자신을 두려워합니다. 왜냐하면 나 자신은 속일 수가 없기 때문입니다.' 내가 앉아서 명상을 하고 자신을 분석하는 수행을 할 때면 내면의 자아가 이렇게 묻습니다. '넌 뭐라고 했었지? 무슨 짓을 했었어? 네가 해야 할 일은 무엇이고 무얼 못했지?' 우리가 내면의 자아의 목소리에 귀를 기울이기 시작한다면 우리는 올바른 길을 가고 있는 것입니다. 우리는 더 이상 에테르 공간을 떠다니며 주위의 사람들을 괴롭힐 사악한 염체를 만들어내지 않을 것입니다. '진리의 탐구자들은 욕망 – 생각의 염체를 더 이상 방사하지 않으며, 오히려 완전히 자제된 가운데 의식적으로 염체를 만들 수 있는 단계까지 도달해야만 합니다. 그러면 그 염체들이 그를 떠나 아무리 멀리 있어도 그것을 제어하고 인도할 수가 있을 것입니다. 이런 생각 – 욕망의 염체들은 좀더 효과적이고 구체적이며 오래갑니다. 이 때문에 우리는 그것들에 대해서는 더욱 큰 책임을 가지고 있습니다. 자비로운 마음의 소유자는 자신이 만들어내는 것이 보다 높은 세계의 축복을 받는다는 사실을 확신해야겠습니다. 응답받지 않는 기도는 없으며 벌받지 않는 저주도 없는 것입니다."

누군가가 질문했다. "받아들이려고 하지 않는 사람에게 좋은 생각을 보내면 어떻게 될까요?"

"이미 말했듯이 우리가 방출하는 어떤 염체도 결국은 우리에게로 돌아오는 것이 법칙입니다. 악한 염체의 경우에는 그것이 의식적으로 만들어졌건, 무의식적으로 만들어졌건 간에 벌은 그 안에 처음부터 내재해 있습니다. 그것은 더 큰 힘과 길어진 수명을 가지고 되돌아오게 됩니다. 악한 염체의 목표 인물은 그것을 발한 사람과 같은 파동을 가지고 있는 경우에 한해서만 영향을 받습니다. 그렇지 않을 경우에 염체는 그의 오라에 부딪쳐서 되돌아오며 원래의 힘보다 일곱 갑절이나 강해집니다. 이러한 종류의 염체야말로 '진리의 탐구자'들이 '만들어내지 않는' 방법을 배워야만 할 형태의 것입니다. 예수께서는 이런 염체들을 인간으로부터 나와서 갈 바를 모르다가 똑같은 것들을 더 많이 이끌고 돌아오는 '귀머거리, 벙어리 영'이라고 불렀습니다."

"이와 비슷하게 우리가 발한 자비로운 염체도 그 대상이 받아들일 태세가 되어 있지 않을 때는 그의 오라에 부딪쳐서 우리에게로 되돌아옵니다. 하지만 그런 경우라도 염체는 그의 오라 위에 흔적을 남깁니다. 그 힘은 그대로 남아 있어 어느 때라도 그가 비슷한 마음의 파동을 가지게 될 때 그에게 도움을 주게 될 것입니다. 그러므로 우리는 선한 것은 절대로 헛되이 없어져 버리지 않는다는 사실을 항상 기억해야 합니다. 그리고 사랑을 받을 만한 자격이 없다고 생각하는 사람을 여러분이 사랑한다면 포기하거나 실망하지 마십시오. 계속해서 그에게 사랑과 선의로 가득찬 염체를 보내십시오. 그는 이 생에서건, 다음 생에서건 언젠가는 그 염체의 영향을 받게 될 것입니다. '너희의 원수를 사랑하라'고 하신 예수님의 말씀을 기억하십시오. 우리가 적으로 생각하고 있는 사람들이 사실은 무지 때문에 고통받고 있는 사람들이라는 사실을 명심하십시오. 우리에게 '원수'라는 말은 존재하지 않습니다. 우리는 무지한 사람들을 원수라고 불러서는 안 됩니다. 명심하십시오. 자신을 사랑해 주는 사람을 사랑하는 것은 지극히 인간적이며 당연한 일입니다. 그러나 자신을 증오하는 사람을 사랑한다면 그것은 하나의 거룩한 일입니다. 그것은 우리를 영적으로 고양시켜 줍니다. 우리를 사랑하는 사람을 미워한다면 그것은 악마적인 일입니다. 불행히도 우리 사회에서는 이런 일이 너무나도 많이 일어납니다."

"잠자고 있는 동안에도 염체를 만들어내나요?" 누군가가 물었다.

"물론입니다. 우리가 '잠들었다'고 할 때 잠자고 있는 것은 다만 우리의 육신뿐인 것입니다. 자의식을 가진 인격체인 우리는 여전히 관념적 생각과 감정이라는 형태로 마음을 사용하고 있습니다. 우리는 부지불식간에 그것을 뒤섞어 염체를 만들어내어 방사합니다. 한 가지 덧붙일 것은, 사람은 깨어서 일상생활 속에 빠져 있을 때보다 잠잘 때에 자신이 만든 염체의 영향을 받기가 더욱 쉽다는 것입니다. 여러분은 자신이 많은 욕망을 갖고 있으며 깨어 있는 동안은 잊고 있던 것들이 잠들기 직전이나 잠들어 있는 동안에 되살아난다는 것을 알게 될 것입니다. 과거에 만들어졌던 염체와 자신의 자아로부터 공격을 당하게 되는 것은 이렇게 감수성이 예민해지는 때입니다. 이러한 이유로 '진리의 탐구자'들은 약속 중의 하나로서 매일 밤 잠들기 전에 몇 분씩 자아분석을 위한 시간을 가져야만 하는 것입니다. 잠이 들려고 하는 바로 그 순간이 자신의 욕망과 생각에 대해 예민해지고 무방비 상태가 되는 시간입니다. 이때는 기억의 밑바닥에 가라앉아 있는 생각과 욕망들을 끌어올리기가 어렵지 않게 됩니다. 그러므로 그것들을 파헤쳐서 밝혀내기가 용이한 시간이 바로 이 순간인 것입니다. 마음을 올바로 사용하는 방법을 깨우침으로써 우리는 자신이 진정 누구인지를 깨닫게 되며 우리의 진정한 자아와, 우리를 노예처럼 구속하고 있는 주변의 환경을 분별할 수 있게 됩니다. 자, 이제 각자 자리에 편안히 앉으시기 바랍니다."

사람들은 사지를 뻗으며 잠시 긴장을 풀었다. 다스칼로스는 한 가지 수행법을 가르쳐 줄 모양이었다.

"눈을 감으세요. 마음속으로 뱀을 그려 보시기 바랍니다." 잠시 시간이 흐른 후 다스칼로스가 천천히 최면술을 거는 것과도 같은 목소리로 말을 이었다. "그것을 양손으로 잡으세요. 생각만큼 그렇게 끔찍한 일은 아니지요? 그것은 당신에게 복종시킬 수 있는 염체일 뿐입니다. 뱀의 목과 꼬리를 잡고 있다고 상상하세요. 뱀은 움직이고 있습니다. 자!" 다스칼로스가 실망한 목소리로 말했다. "여러분은 겁에 질려 있군요. 제가 생명이 없는 금으로 만든 뱀을 쥐게 했다면 겁에 질리지는 않았겠지요? 그런데 여러분은 손에 생명의 호흡을 쥐는 게 두려운 거지요? 좋아요, 그러면 금으로 만든 뱀을 잡으세요. 이젠 좀 더 쉽겠지요." 그는 익살스럽게 빈정대고 있었다. "할 수 있는 사람은 이제 그것에 생명을 넣어 주시기 바랍니다. 그 뱀은 여러분을 물지도,

다치게 하지도 못합니다. 그것은 단지 염체일 뿐입니다. 뱀을 땅에 내려놓고 마음속으로 말하세요. '어떤 뱀도 이제는 나를 해칠 수 없다.' 여러분께 말하건대, 지금부터는 뱀을 두려워할 필요가 전혀 없습니다. 이 염체가 언제든지 여러분을 해치려고 하는 뱀 속에 들어가서 그 놈을 얌전하게 만들어 놓을 것입니다. 이것은 우리 주변의 동물들을 길들이는 데 적용할 수 있는 방법입니다. 짐승을 우리의 적으로 만드는 것은 우리 자신의 책임이라는 것을 잊지 마십시오."

다스칼로스는 인간이 어떻게 해서 땅 위의 생물들을 자신의 적으로 만들었는지에 대해서, 그리고 인간과 동물이 조화롭고 평화스럽게 어울려 살던 때가 있었다는 사실을 몇 번 이야기한 적이 있다. 우리가 동물을 진정으로 사랑한다면 그것을 두려워할 이유는 아무것도 없다는 것이었다. 그들이 우리를 공격하게 만드는 것은 짐승들에 대한 우리의 적의 때문이라는 것이다. 다스칼로스 자신은 뱀을 비롯해서 다른 동물들과 대화를 할 수 있다고 말했다. 한번은 그가 그림을 그리고 있는 캔버스 위에 뱀이 앉아 있는 것을 보고 설탕을 입에 넣어 침을 섞은 다음 입 안에 든 것을 바로 뱀에게 먹게 했다는 것이다. 그 뱀은 그의 호의를 받아들여서 혓바닥으로 그것을 핥았다. 이것을 본 목격자가 있었는데 그는 거의 기절할 뻔했다는 것이다.

다른 일화로, 다스칼로스는 열 살 때 서커스 단의 사자우리로 몰래 기어들어가 사자와 놀았다고 했다. 그 사자가 먼저 그에게 들어오라고 청했다는 것이다. 후에 그가 할아버지가 되어 대영(大英)동물원에 갔을 적에 그는 또 이와 비슷한 묘기를 보여 주었다. 그와 함께 있었던 그의 처남의 말에 따르면 그는 마치 장난을 좋아하는 아이처럼 사자우리를 넘어들어가서 맹수들과 함께 놀았다고 한다. 심지어는 사자의 입 안에 그의 머리를 들이밀기도 했다는 것이다. 그는 공포에 질린 구경꾼들과 동물원 관리인이 지켜보는 가운데서 이런 광경을 벌였는데 관리인이 감탄한 나머지 그에게 일을 맡기겠다고 제안했다는 것이다.

다스칼로스는 강력하고 살아 있는 염체를 만들 수만 있다면 우리도 이 같은 일을 할 수 있다고 말했다.

다스칼로스가 모두 눈을 감고 있는 가운데 말을 이었다. "자, 이번에는 왼손에 탐스러운 오렌지를 하나 들고 있다고 상상하세요. 가능한 한 그것을 가장 완벽하게 만들어 보세요. 오른손으로 오렌지를 긁어서 홈을 내고 냄새를 맡아 보십시오. 실제로 향기가 날 것입니다. 오렌지를 손에 꼭 쥐고 가능한 한 생생한 모습을 그려 보세요. 여러분은 지금 그것을 통해서 물질적인 실재 형체를 취할 수 있는 에테르 모형을 만든 것입니다. 다음 강의 때까지 하루에 한두 번씩 몇 분간 앉아서 마음속에서 물체를 만들어 보시기 바랍니다. 정신을 집중해서 가능한 한 완벽하게 만드세요. 처음에는 과일이나 꽃과 같은 대상을 만들어 보고 그 다음에는 비둘기나 참새 같은 동물을 만들어 보십시오. 하지만 한 가지 경고해 둘 것이 있습니다. 개의 염체를 만들어 놓고는 나중에 그것을 감당해 내지 못했던 어느 제자와 같은 실수를 저지르지는 마세요. 이 천진난만한 친구는 강력한 염체를 만드는 법을 터득하고는 뚱딴지처럼 이지질로 개를 한 마리만 만들어 놓으면 밥을 줄 필요도 없이 집을 지키게 할 수 있으리라는 기발한 아이디어를 생각해 내었습니다. 그는 40일 동안이나 이 염체에다 에테르를 주입시켰습니다. 끝내 그는 더 이상 그것을 다스릴 수가 없는 지경에 이르렀습니다. 개의 염체는 힘이 너무나 강해져서 이웃집에서도 그 놈이

울부짖는 소리를 들을 정도였습니다."

"염체가 만들어지면 그것은 그것을 만들어낸 사람의 성격을 닮는다는 것을 알아두셔야만 합니다. 만일 그가 어떤 사람을 미워한다면 그 염체도 그를 공격할 것입니다. 마찬가지로 누군가가 염체를 만든 사람에 대해 좋지 않은 생각이나 감정을 품고 있으면 염체는 그를 공격합니다. 이 경우에도 꼭 그와 같은 일이 일어났습니다. 어느 날 밤 그가 절망적인 모습으로 나를 찾아왔습니다. '살려주세요' 하고 그가 애원했습니다. 그는 더 이상 그 개를 다스릴 수가 없었고 그 놈은 그에게까지 덤벼들기 시작했습니다. 나는 한참 애쓴 끝에 겨우 그 염체를 해체시킬 수가 있었습니다. 매우 유감스럽기는 했지만 나는 그를 우리의 모임에서 축출할 수밖에 없었습니다. 즉 그의 흰 수도복을 반납하게 했습니다. 하지만 나는 단지 그 천만 빼앗은 것일 뿐입니다. 그 흰 수도복은 영원히 그 곁에서 그를 인도할 것입니다. 생각 - 욕망의 염체를 만들 때 여러분은 자신이 신성한 질료를 다루고 있다는 사실을 아셔야 합니다. 진흙을 만지고 있는 것이 아니라는 말입니다. 그러한 능력을 가진다는 것에는 크나큰 책임이 따릅니다. 연습을 하되, 자신의 이기적인 욕망을 만족시키는 염체가 아니라 우리의 동료 인간들을 이롭게 하는 생각 - 욕망의 염체를 만들어내도록 조심해야만 합니다. 우리의 목표는 흑마술사가 되는 것이 아니라 신유가가 되려는 데 있습니다. 그리스도의 사랑이 여러분과 여러분의 가정과 온 세계에 함께 하기를."

다스칼로스의 강의가 끝난 후 사람들이 밖으로 나가 포도넝쿨 아래에서 잡담을 나누고 있는 동안 나는 스토아에 남아 야코보스와 몇 분간 이야기를 나누었다. 야코보스를 잘 알고 있는 듯한 중년 부인이 스토아로 들어와 야코보스의 도움을 청했다. 그녀는 병원에서 수술을 받기로 계획이 되어 있는데 수술을 받지 않고 치료가 가능할지를 알고 싶어했다. 다스칼로스가 그녀에게 걱정말고 수술을 받되 야코보스에게 가서 도움을 청하라고 했던 것이다. 나는 그것이 마치 의사가 수련의를 훈련시키듯이 야코보스에게 신유술을 훈련시키는 다스칼로스의 교육방법의 하나였다고 생각한다.

그녀는 야코보스에게 자신의 병을 간단히 설명하고 수술대에 눕는 것이 아무래도 두렵다고 말했다. 야코보스는 그녀의 근심이 가라앉도록 위로의 말을 해주면서 그녀를 의자에 앉혔다. 그리고 그녀의 머리 위에 손을 얹고 눈을 감은 채로 심호흡을 했다. 그는 약 5분 동안 그런 자세로 있었다.

"수술을 시작할 때 저를 생각하세요. 그러면 제가 그곳에 있을 겁니다." 야코보스가 그녀에게 말했다.

"그녀에게 무슨 일을 해주었지요?" 그녀가 고맙다고 하고 밖으로 나가 다른 사람들과 어울리고 있을 때 나는 호기심이 나서 그에게 물어 보았다.

"단지 치유의 염체를 만들어낸 것뿐이에요." 야코보스는 자신감 있는 목소리로 말했다. "환자는 수술 직전에 저를 생각할 것입니다. 그 순간 제가 만든 염체가 활동을 시작해서 제가 육신으로 그곳에 가 있을 때 행할 일과 똑같은 조치를 취하게 될 것입니다. 염체는 저의 에테르 복체로부터 에너지를 얻어 가서 일을 할 겁니다."

"그때 당신은 무슨 생각을 하고 있을까요?"

"저는 아마도 피로감을 느끼거나 마음이 텅 빈 듯한 상태가 될 것입니다. 그것은 설명하기가 어렵군요."

"그 염체를 어떻게 만들었나요?" 나는 제자들이 거의 떠나간 것을 알고 좀더 캐물어 보았다.

"저는 에테르 생명력의 어떤 성질을 이용해서 그녀의 경우에 적합한 염체를 만들어내었습니다."

"같은 치유의 염체라도 서로 다르단 말인가요?" 내가 다시 물었다.

"물론이지요. 그 모양과 그것이 품고 있는 열망의 강도 면에서 다르지요."

"그 여인의 머리 위에 손을 얹고 있을 때 구체적으로 당신은 무엇을 했습니까?"

"저는 청백색 빛의 공을 만들어 그녀의 에테르 복체에 보내 주었습니다. 그 광구(光球)는 환자가 나를 생각하는 순간 에너지를 띠게 될 것입니다."

"듣기에는 간단하군요." 내가 비꼬듯이 말했다.

"말처럼 간단하지는 않습니다. 그런 염체를 만들기 위해서는 매우 강력하게 정신을 집중해야 합니다. 그러지 않으면 그것은 이내 해체되고 맙니다."

"갑시다, 다스칼로스가 기다리고 있군요." 내가 말했다.

4
The Authenticity of Experience

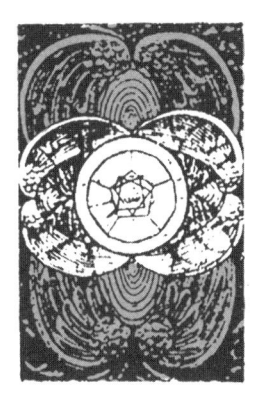

초능력의 증거들

"이른바 초월이나 기적으로 일컬어지는 현상들이
나의 생활이고 일상적인 현실이다.
사람들이 이것을 직접 체험해 보지도 않고
어떻게 내가 경험하는 현실을 환영이라고
우길 수 있는가. 이런 체험을 할 수 있는 '초능력'은
누구에게나 잠재되어 있으며, 그것을 계발하려면
특별한 명상수행부터 해야 한다.
정신집중을 연습하면 인생의 더 많은 부분을 알게 된다.
결국 '해탈'이란 체험을 통해 진리를 알고,
진리와 동화되는 것을 뜻한다."

에밀리의 친한 친구인 조가 나의 '비밀 프로젝트'에 대해서 알고는 다스칼로스를 꼭 만나보고 싶다는 강한 희망을 표해 왔다. 그녀는 30대 초반의 명민한 지방 출신 작가로서 한때 스위스에서 피아제의 문하에 있었다. 그녀는 현대 프랑스의 사상과 문화에 흠뻑 심취해 있는 철저한 세속주의자였다. 인간에게 잠재된 능력이 있을 수 있다는 가능성은 인정했지만 그녀에게는 영혼이라는 개념, 죽음 뒤의 삶, 그리고 환생 따위는 터무니없는 소리에 지나지 않았다. 그녀는 다스칼로스를 만나러 가는 것이 스승을 찾기 위해서라기보다는 호기심 때문이라고 말했다.

나는 초저녁 무렵에 조와 함께 다스칼로스를 찾아갔다. 에밀리와 나의 친한 친구인 스텔리오스 부부는 좀 늦게 도착할 예정이었다. 가는 동안 조는 약간 걱정스럽고 불안해하는 모습이었다. 그녀는 어렸을 때 부모님들이 다스칼로스에 대한 이야기를 꺼낼 때마다 겁에 질렸다고 내게 털어놓았다. 그녀의 아버지는 다스칼로스와 잘 아는 사이였지만 어느 정도의 사이였는지는 확실치 않다고 했다. 어린 시절 그녀가 갖고 있던 다스칼로스에 대한 공포심은 가족들의 친구들 사이에 떠돌았던 한 소문 때문이었다. 그가 친구들을 놀려주려고 가위를 혼자서 움직이게 했다는 것이다. 이 사건은 모두가 잠자고 있던 한밤중에 일어났다. 가위는 방 한가운데로 날아가서 바닥에 꽂혔다. 어릴 적의 이 기억이 조로 하여금 불안감을 느끼게 만들었던 것이다. 나는 그녀에게, 그가 무시무시한 마법사라는 일부의 소문은 전혀 근거가 없으며 한번 만나 보면 매우 푸근한 느낌을 받을 것이라고 확신시켜 주었다. 그녀도 자신의 두려움이 합리적이지 못한 느낌임을 시인했다.

다스칼로스는 인사가 끝난 후 조를 각별히 맞이하면서 뛰어난 건축가이며 전직 장관이었던 그녀의 아버지는 여러 해 동안 자신의 제자로 있었다고 말해 주었다. 이 새로운 사실이 그녀에게는 하나의 충격이었다. 그 사이에 다른 사람들도 도착해서 우리 다섯 사람은 이 멋진 저녁에 대한 기대감을 안은 채 둘러앉았다.

"다스칼레", 내가 먼저 말문을 열었다. "어제 저는 조와 함께 신비주의의 본질과, 육신과 마음의 관계에 대해서 토론을 벌였습니다. 조는 초자연적 현상의 가능성은 쉽게 받아들일 수 있지만 육신과 영혼이 별개의 두 가지 실재라는 사실은 받아들일 수가 없다고 했습니다. 오늘은 이 점에 관해서 우리의 토론을 시작해 보면 좋겠군요."

다스칼로스는 생기를 띤 모습이었고 조가 좋아진 모양이었다. 그는 전에 자신은 영적인 주제에 관해서 광신적인 종교인과 이야기하기보다는 무신론자의 용의주도한 질문에 대답하기를 더 좋아한다고 말했던 적이 있다. 비판적인 무신론자들과는 이성적인 대화를 할 수 있지만 미신적인 종교인들은 그렇지 못하다는 것이다.

"당신은 물질이 무엇인지 아십니까." 다스칼로스는 한동안 조의 눈을 빤히 들여다 본 후에 자신에 찬 목소리로 입을 열었다. 대답을 기다리지도 않고 그가 말을 이었다. "당신은 화학자들이, 그들이 머리를 싸매고 만들어낸 반응식을 통해서 물질의 본질을 이해하고 있다고 생각하십니까? 우리에게는 물질이란 존재하지 않습니다. 마음만이 존재합니다." 조는 다스칼로스의 언어를 이해해 보려고 애를 쓰면서 그가 물질을 부정하려는 데에 맞서서 몇 가지 질문을 던졌다.

"물질이 무슨 문제라는 거죠." 그녀가 반박했다.

"물질이 주인이 되면 악입니다. 종으로서의 물질은 축복이지요."

다스칼로스가 이렇게 대답하고는 그가 물질이라는 말로 의미하려는 바에 대해서 한참 동안 설명해 주었다.

"물질이 존재하는 목적은 무엇이지요?" 조가 처음에 삼가던 분위기를 극복하고는 거침없이 질문을 던졌다.

"그 목적은 영원한 존재인 우리로 하여금 '경험'을 얻을 수 있게 하는 것입니다. 물질은 절대자의 표현으로서, 물질이 있음으로 해서 우리 자아의식의 진화가 가능한 것입니다." 이렇게 대답하면서 그는 존재의 본질, 생각과 염체의 본질, 현재인격과 영구인격의 차이점 등에 관한 자신의 철학을 요약해 주었다. 그는 물질이란 우리가 눈으로 보는 것과 같은 것이 아님을 설명했다. 단지 우리가 그것과 같은 주파수로 진동하고 있기 때문에 우리는 물질을 단단한 것으로 생각한다는 것이다.

"설계자가 없으면 도시를 건설할 수 있겠어요? 청사진 없이 집을 지을 수가 있겠습니까." 이렇게 질문을 던져 놓고 다스칼로스는 관념의 세계인 고차원 이지계에는 불변하는 법칙과 원인이 존재한다는 것을 설명해 나갔다. 이 원형(原型)의 관념이 현상의 진정한 근원이라는 것이다.

"저로서는 저의 생각과 느낌이 저 자신 외의 누군가에 의해 감지된다는 점을 받아들이기가 매우 어렵군요." 조가 말했다.

"우리 제자들도 자주 그런 질문을 하지요. '절대자도 우리처럼 보고, 듣고, 느끼나요? 그리스도께서는 바로 지금 우리가 서로 나누고 있는 말도 듣고 있나요? 그도 우리가 듣고 있는 강의의 내용을 알고 있을까요?' 나의 대답은 절대적으로 '그렇다!'입니다. 그분은 범우주적 성령으로서의 자신의 시각을 통해서, 그리고 동시에 우리가 느끼고 이해하는 대로 우리의 시각을 통해서 이 강의를 듣고 있습니다. 왜냐하면 그분은 이 땅 위로 내려오고 있는 모든 인간들을 비춰주는 빛이시기 때문입니다. 우리가 자아의식을 갖춘 지각을 가질 수 있는 것은 바로 이 빛으로 말미암은 것입니다. 인간들이 나눈 말 어느 한 마디도 그의 귀에 들리지 않는 것은 없습니다. 인간이 마음에 품은 생각이나 느낌, 어느 것 하나도 그가 모르고 있는 것이 없습니다. 내 말을 믿어요, 카르마에 의해서 언젠가는 밝혀지지 않을 비밀이란 없습니다. 왜냐하면 생명의 현상인 우리는 죽은 물질 속에 존재하고 있는 것이 아니기 때문입니다. 우주는 생명이 없는 기계가 아닙니다. 죽은 물질은 생명을 창조하지 못합니다. 언제고 우리는 진화의 도상에 서 있는 인간지능으로서 동시에 지고의 지능 속에서 살고 있다는 사실을 깨닫게 될 것입니다. 눈과 귀를 만든 자가 보지도 듣지도 못하리라고 생각하는 것은 어리석은 일일 것입니다. 우리에게 자아인식의 능력을 부여한 그 무엇이 자신을 인식하지 못하리라고 결론을 내린다면 이 또한 비이성적인 일입니다."

우리는 다스칼로스가 조에게 하는 이야기를 주의깊게 듣고 있었다. 점점 이해하기가 힘들어지자 그녀는 마치 깐깐한 수사관처럼 질문을 퍼부어 댔다. 이 강의는 마치 그녀를 위한 것인 듯했다.

"당신이 영혼을 가지고 있으며, 또 당신이 묘사하신 세계가 환영이나 망상이 아니라는 것을 증명할 만한 어떤 증거를 가지고 있습니까?" 그녀가 물었다.

조의 질문은 다스칼로스가 기다리고 있던 형태의 질문이었음이 분명했으며 그에 대한 장황한 답변을 이끌어냈다. 그가 그런 질문을 처음 대하는 것이 아님이 분명했다.

다스칼로스가 미소를 띤 채 의자에 등을 기대면서 말했다. "아마도 당신의 질문에 대한 최선의 답변은 몇 가지 개인적인 체험을 이야기하는 것이 될 것 같군요."

"나는 언젠가 그리스로 가는 배에 타고 있었지요. 비가 몹시 내리고 있어서 나는 선실로 가서 누웠어요. 그리고 육신을 빠져나갔습니다. 나는 나를 배 위로 확장[31]시켰지요. 그 배 안에서 일어나고 있는 일을 모두 보고 있었습니다. 선장실 안에서, 주방에서, 식당에서, 그리고 갑판에서 무슨 일이 벌어지고 있는지를 다 보았어요. 그 다음에 나는 나 자신을 좀더 높이 솟구치게 해서 좀더 넓은 지역에 펼쳐 놓았어요. 갈매기가 배를 따라 날고 있는 것이 보였지요. 또 깊은 바닷물 속을 꿰뚫고 그 속의 생명들을 관찰했습니다. 바닷물의 짠맛도 느꼈습니다. 나는 배와 일체가 되었어요. 그리고 나는 더 높이 올라가서 전방에 섬이 하나 있는 것을 보았지요. 그 높은 곳에서는 배가 마치 성냥갑처럼 보였어요. 배가 만일 가라앉아 모두가 물에 잠겼다면 나는 어떻게 되었을 것 같습니까? 아무 일도 없었을 거예요. 나는 털끝만큼도 느끼지 않았을 겁니다. 이것이 진정 그리스도께서 '나를 따르는 자는 죽음을 맛보지 않으리라' 고 하신 말의 의미입니다. 예수께서는 늘 자신의 제자들을 올리브 숲으로 데려가 유체이탈 체험을 연습시켰습니다."

"다시 육신 속으로 돌아와서 나는 선실을 나와 갑판 위로 걸었어요. 비는 그치고 해가 나와 있었지요. 아테네 출신인 선장이 갑판에

---

31 확장: 한 개별적 자아의 껍질, 즉 육신과 이기적 자아의 한계로부터 자아의식을 해방시킴으로써 존재 및 인식의 영역을 확대시키는 것. 일종의 전지全知 및 무소부재無所不在의 상태. '기적의 실체' 부분 참조. (옮긴이 주)

나와 수평선을 바라보고 있었습니다. 내가 그에게 우리 전방에 작은 섬이 있는지 물어 보았어요. '그래요 다스칼레, 몇 킬로미터 거리에 하나 있지요. 그걸 보셨나요?' 나는 놀랐습니다. '내 이름을 어떻게 알고 있소?' 그는 자기 동생이 나의 제자였고 지금도 나의 강의 내용을 등사한 책을 몇 권 선장실에 두고 있다고 했습니다. 잠시 후에 우리는 내가 유체이탈 중에 보았던 섬을 지나갔습니다. 그것은 내가 보았던 바로 그대로였지요." 다스칼로스는 긴 이야기를 마치고 조를 향해서 말했다. "나의 세계의 현실성을 입증해 주는 이 체험을 실제라고 하겠어요, 아니면 망상이라고 하겠어요?"

"그 경우엔 당신이 보신 것이 물질계에 있는 것이었기 때문에 그 체험을 확인해 볼 수가 있었습니다만 보통 사람들로서는 접할 수가 없는 다른 세계의 체험은 어떻게 확인할 수 있을까요." 스텔리오스가 나섰다.

"그것 또한 심령 - 이지계의 차원에서 검증해 볼 수가 있습니다."

"두 사람이 같은 차원에서 똑같은 체험을 함으로써 서로 확인해 볼 수가 있다는 건가요? 그들이 똑같은 것을 볼 수 있다는 말입니까." 스텔리오스가 다시 물었다.

"그들은 같은 것을 다르게 볼 수도 있습니다. 열 사람에게 같은 경치를 보여 주고 그들이 본 경치를 묘사하게 해보세요. 그들이 그 경치를 똑같은 방법으로 설명하겠어요? 아니면 그들의 흥미를 끄는 것에만 눈을 돌려 보았겠습니까? 그들은 같은 경치를 보았을 테지만 그들이 동일한 관심사를 가지고 있지 않은 한 그것을 똑같은 식으로 설명하지는 않을 것입니다. 만일 같은 관심사를 가진 두 사람의 '진리의 탐구자'가 심령계에 간다면 그들은 동일한 풍경을 지극히 상세히 이야기할 것입니다. 이런 방법으로 우리는 오관을 통해서 확인할 수 없는 심령계 체험의 진실성을 확인하는 것입니다." 그러고 나서 다스칼로스는 조를 향해서 또 다른 자신의 심령계 체험 이야기를 꺼냈다.

"스트로볼로스에서 6킬로미터 떨어진 곳에 내 친구 소유의 한 농장이 있습니다. 그가 나에게 주말을 자기 가족과 함께 지내자고 초청하면서 나를 차로 데리러 오겠다고 했습니다. 나는 걷는 것이 더 낫다고 사양했습니다. 다음날 나는 깨어나기 직전에 나를 확장시켜서 우리 집과 친구의 농장 사이 일대를 답사했습니다. 나는 그의 농장 바로 앞 길 위에서 뱀 두 마리가 싸우고 있는 것을 보았습니다. 큰 뱀이 작은 뱀을 쫓고 있었어요. 큰 놈이 작은 놈의 꼬리를 물어서는 천천히 삼키고 있었습니다. 그리고 그 놈이 길을 건너려고 했는데 바로 그때 저만치서 오던 차가 그 놈의 목을 치어 버렸습니다. 나는 뱀이 격렬하게 꿈틀거리다가 도랑 속으로 기어 들어가는 것을 보았습니다. 그러다가 깨어서 옷을 입고 농장을 향해서 걸어갔지요. 두 마리의 뱀이 싸우던 곳까지 도착하는 데 한 시간이 걸렸습니다. 내가 가까이 가는 동안 차가 한 대 서고 네 사람이 내리고 있었어요. 나는 '틀림없이 죽은 뱀을 본 게지' 하고 마음속으로 웃으며 혼잣말을 했습니다. '검은 뱀을 보고 있습니까?' 내가 가까이 다가가서 물어 보았지요. 그중 한 사람이 놀란 눈으로 나를 돌아보았습니다. '검은 뱀이 있는지 어떻게 아시오?' 그가 물었습니다. '사실은 그 검은 뱀의 뱃속에는 노란 뱀이 들어 있습니다.' 내가 웃으면서 말했지요. '뭐라구요? 이 속에 또 다른 뱀이 들어있다는 거요?' 그 친구가 미심쩍은 듯이 대꾸했습니다. 그 당시 나는 이렇듯 순진해서 나의 경험을 내놓고 이야기했습니다. 그것은 나의 잘못이었지요."

"나는 그들에게 일어난 일에 대해 시시콜콜 이야기해 주었습니다. 그가 갑자기 호주머니칼을 꺼내더니 뱀의 머리를 밟고 배를 갈랐습니다. 그는 뱀의 뱃속에서 노란 뱀을 발견했습니다. 그는 겁에 질려서 나를 바라보았습니다. '당신은 스피로스 사티지요?' '그렇소.' 내가 고개를 끄덕였습니다. 그러자 그가 나를 손가락질하며 말했습니다. '썩 꺼져 버리시오, 당신은 악마야.' '내가 왜 악마라고 생각하시오, 선생?' 내가 항변했습니다. '그렇지 않고서야 검은 뱀 속에 노란 뱀이 든 걸 어떻게 안단 말이오?' 그가 떨리는 목소리로 물었습니다."

"내가 그걸 어떻게 설명해 줄 수가 있었겠어요." 다스칼로스가 난감한 듯이 말했다.

"그가 그것을 이해할 수 있겠어요? 그래서 나는 그저 이렇게 말했지요. '나에게는 그렇게 보였소.' '그저 그렇게 보인 게 아니오, 당신은 악마요.' 그는 그렇게 말하고는 떠나 버렸습니다. 나는 그가 나중에 신부에게 악마를 만났다면서 뱀에 관한 이야기를 고해바친 것을 알게 되었지요. 이런 일은 매우 조심했어야 하는 것이었어요. 동시에 이런 일들이야말로 나의 세계의 실재성에 대해 움직일 수 없는 확신을 심어 주는 경험입니다. 이젠 이해하시겠습니까? 나는 내가 살고 있는 세계가 망상도 환영도 아님을 증명해 주는 이와 같은 경험을 늘 하고 있어요."

"얼마 전에 한 얼빠진 녀석이 내 망원경을 빌려서 산으로 여행을 갔다가 그걸 잃어 버렸어요. 그것을 소나무에다 걸어놓고는 어느 나무에 걸어놓았는지를 잊어 버려서 찾지 못하고 그냥 온 거예요. 그는 차를 몰고 니코시아로 내려와서는 뻔뻔스럽기 그지없게도 이렇게 말했습니다. '다스칼레, 당신의 망원경이 사라져 버렸어요. 날아가 버렸단 말이에요.' '날아갔다니, 무슨 소리야?' 내가 화난 목소리로 물었습니다. '어디다 뒀는지 모르겠단 말이에요.' '모르겠다는 건 또 무슨 소리야?' 나는 화가 치밀어 올랐지요. '그건 지금은 돈 주고도 못 사는 귀한 물건이란 말이야.' '하지만 다스칼레, 잃어 버린 걸 제가 어떻게 할 수 있어요?' '넌 돌아가서 그걸 찾아와야만 해.' 내가 명령했습니다. '내가 그것이 어디에 있는지를 알아낼 테니까 가서 가져와. 어느 쪽으로 갔었어?' '우리는 여러 곳에 갔었어요. 트루디디사, 클라트레스 등 온 산을 말이에요. 그리고⋯⋯.' '잠깐, 망원경에는 나의 오라가 묻어 있으니까 그것에 동조시켜 볼 수가 있겠어.' 나는 눈을 감았습니다. '이런 이런 길을 지났었니?' '예.' '그 산봉우리로 올라갔었어?' '예.' 그가 내키지 않는 듯이 말했습니다. '뒤를 보러 간 거예요⋯⋯ 휴지도 없었거든요⋯⋯.'" 다스칼로스는 한바탕 웃음을 터뜨리고는 이야기를 계속했다.

"'저는 사람들에게 안 보이도록 뒤쪽으로 돌아갔어요. 더 이상은 말시키지 마세요. 돌로 밑을 닦았다고 하지는 말란 말이에요.' '네가 똥구멍을 뭘로 닦았는지는 내가 알 바가 아니야, 난 네가 그 소나무에다 걸어놓고 온 망원경밖에는 관심이 없단 말이야. 넌 지금 당장 가서 그것을 가져와야 해.' '틀림없어요? 좋아요, 그렇다면 갔다 오지요.' 그는 그 산까지 160킬로미터를 차로 달려 그 꼭대기까지 올라가서 나무에 걸려 있는 내 망원경을 찾아서 그날 안에 갖다 주었습니다. '이런 멍청이, 머리 위에 걸어놓고는 잊어 버리다니.' 그가 이렇게 중얼거렸지요."

다스칼로스가 갑자기 이야기를 그치고는 소리를 낮추어 이런 일들은 더 이상 허용되지 않는다고 속삭였다. 전에는 무심코 이런 현상을 일으키곤 해서 특히 교회와의 사이에 수많은 말썽을 일으키는 불씨가 되었다는 것이다.

"내가 어떻게 확신하지 않을 수 있겠어요? 이것이 나의 생활이고 일상적인 현실인 걸. 이런 체험을 해보지 않고서야 누가 나의 세계, 내가 경험하는 현실이 환영이라고 우길 수가 있겠습니까? 이런 체험을 할 수 있는 능력은 누구에게나 잠재돼 있어요."

잠시 후에 내가 말했다. "과학에서는 한 과학자가 다른 과학자의 관찰과 그 결과를 검증해 볼 수가 있습니다만……."

다스칼로스가 내 말뜻을 알고는 나의 말을 가로채어 대답했다. "여러분도 이 체험을 검증해 볼 수가 있습니다. 그렇지 않다면 믿을 수가 없겠지요. 나는 심령계의 여러 차원들에 대해서 말하고 있어요. 내가 이 세계에 대해서 이야기하는 유일한 사람은 아닙니다. 다른 사람들도 나와 같은 것을 보고 체험하고 있어요. 내가 하는 일을 다른 사람들도 하고 있어요. 그것을 완전히 기억하지는 못하지만 많은 부분을 기억합니다. 무슨 말인지 아시겠어요? 나의 세 살짜리 손자 마리오가 두 살 때 나와 함께 유체이탈하기를 원했어요."

"그 애가 스스로 그것을 원했다구요?" 내가 물었다.

"그래요. 나는 테오파니와 파포스 시의 시장과 함께 이야기를 나누고 있던 중이었지요. 마리오도 함께 있었어요. 녀석이 자꾸 졸라댔지요. 나는 두 사람에게 내가 마리오를 데리고 '산책'을 다녀올 동안 좀 기다리라고 했습니다. 그들은 내 말뜻을 알았지요. 그들은 이런 일을 잘 알고 있으니까. 나는 마리오에게 '그래, 아가야. 밖으로 나와, 그러면 나도 같이 갈게.' 하고 말했습니다. 마리오는 눈을 감고 내가 그들과 이야기를 계속하는 동안 깊은 숨을 쉬기 시작했습니다. 잠시 후에 마리오가 돌아와서 말했습니다. '할아버지, 빨리 와요. 기다리고 있잖아요. 언제 나오실 거예요? 빨리 오세요.' '알았어, 이 귀염둥이야. 돌아가, 내 곧 따라갈게.' 나는 그가 몸 밖으로 빠져나와 바로 내 앞에서 기다리는 모습을 보았습니다. 나는 손님들에게 양해를 구하고 소파에 누웠지요. 나는 몸을 빠져나와서 마리오와 만났습니다. 우리는 영국군 기지와 시내 사이의 리마솔 부근에 있는 남서쪽 해안으로 갔습니다. 거기에는 바다를 향해 거대한 절벽이 서 있지요. 마리오는 그곳을 좋아했어요. 바다 쪽에서 육지와 절벽을 바라보는 것을 좋아했지요. 이리저리 돌아다니다가 우리는 절벽 가장자리 쪽으로 커다란 뱀이 한 마리 기어오르고 있는 것을 발견했습니다. 뱀도 우리를 보았습니다. 짐승들은 투시를 한다는 사실을 알아두세요. 마리오는 뱀에게로 가서 뱀과 같이 놀았습니다. 그는 뱀이 앞으로 가지 못하도록 막아섰습니다. 뱀이 머리를 치켜들고 혀를 날름거리기 시작했지요." 다스칼로스는 뱀의 흉내를 내보이고는 이야기를 계속했다.

"나는 웃으면서 지켜보고 서 있었지요. 마리오는 계속 혀를 날름거리는 뱀에게 에테르 손을 젓고 있었지요. '자 아가야, 손님이 계시니까 이젠 가야 해.' 마리오가 아직 몸 밖에 있는 동안 내가 먼저 깨어나서 웃으면서 손님들에게 다녀온 곳을 이야기했습니다. 몇 분 후 마리오도 깨어났습니다. 즉시 테오파니가 물어 보았지요. '애야, 너 어디 갔다 왔니?' '커다란 바위가 있는 바닷가요.' 마리오가 대답했습니다. '그래, 거기서 뭘 봤지?' '우린 뱀 아저씨를 봤어요. 그가 몸을 일으키면서 '쉬익' 하고 말했어요.'" 다스칼로스는 어린 마리오가 뱀의 모습을 어떻게 표현했는지 흉내를 내었다. 그리고는 뒤로 기대앉으며 조를 바라보았다. "자 이만하면 나에게는 충분한 증거가 되지 않겠어요? 내 경험의 실제성에 대한 증명이 안 될까요? 의식적인 유체이탈을 할 수 있는 사람들은 모두 자신의 경험을 기억하는지 궁금하겠지요? 어떤 사람들은 다 기억하고 어떤 사람들은 일부분만 기억합니다. 체험을 완전히 기억하기 위해서는 많은 연습이 필요합니다. 연습을 하면 완전히 해낼 수 있는 단계에 도달할 것입니다."

"그런 능력을 계발하려면 무엇부터 시작해야 합니까?" 스텔리오가 물었다.

"특별한 명상수행부터 해야지요."

"그것이 왜 필요하지요?" 스텔리오가 다시 물었다.

"연습을 하지 않고 바이올린을 연주할 수가 있나요?" 다스칼로스가 핀잔을 주듯이 대답했다.

"영적인 능력을 키우는 일도 마찬가집니다."

"그런 능력을 타고나는 수는 없나요?"

"있지요. 단, 전생에 어떻게든 그런 능력을 배웠어야 하지요. 그런 능력을 타고났다는 것은 전생에 그런 힘을 길렀다는 뜻입니다."

"그 연습은 어떻게 합니까?" 조가 물었다.

"정신집중을 해야 해요. 한 가지 물어 봅시다. 당신은 일상생활 중에 몇 가지 일이나 마음을 집중해서 완전히 의식하는 가운데 행할 수 있습니까? 매우 적습니다. 정신집중을 연습하면 당신은 인생의 더 많은 부분을 알게 될 것입니다. 처음에는 매일 15분간씩 시간을 냅니다. 집중 연습을 하는 동안에 산책을 한다면 주변의 모든 것을 의식할 수 있을 것입니다. 어떤 것에도 주의를 빼앗겨서는 안 됩니다. 처음에는 근처의 꽃, 개미가 기어다니는 것, 온갖 소리 등 주변의 모든 것에 동시에 주의를 두는 것에 익숙해 있지 않기 때문에 피곤한 느낌을 갖게 될 지도 모릅니다. 당신은 모든 것을 느끼고 모든 것을 인식합니다. 이 연습이 시작되면 그 15분 동안은 하루의 어느 시간보다도 더 완전히, 훨씬 더 강렬하게 살게 됩니다. 보통 깨어 있는 상태라고 알고 있었던 것은 사실상 일종의 반 최면상태였다는 것을 알게 될 것입니다. 그 15분 동안 이 세계를 인식하는 당신의 의식은 열 배 이상 확장되어 있는 것을 발견할 것입니다. 보통 사람은 물질계에서 받아들이는 그날의 인상들을 일부분밖에 기억 속에 담아두지 못합니다. 하물며 심령계에서 받아들인 체험을 얼마만큼이나 기억해낼 수 있으리라고 생각하십니까? 그러니까 먼저 물질계의 차원에서 연습을 시작해서 심령계에서의 연습으로 이어나가야 하는 것입니다. 그것은 연습하기에 달렸어요. 이해하시겠습니까? 오늘날 인간들은 어떻게 살아야 하며, 어떻게 집중하며, 창조계 안에서 자신을 어떻게 표현해야 할지를 모르고 있습니다. 여러분은 정신집중을 잘 할 수 있는 사람을 다른 사람보다 우월하다고 하시겠습니까? 아닙니다. 나는 그가 바이올린으로 파가니니의 곡을 연주하는 사람이나 혹은 피아노로 베토벤의 곡을 연주하는 사람보다 더 나은 기술을 가지고 있다고 생각지 않습니다. 그것은 연습과 훈련의 문제일 뿐입니다. 무지한 사람이나 신비가나 그 본성적인 '나'는 다를 바가 없습니다. 제 말의 뜻을 아시겠습니까? 그것은 '나'를 발견하는 문제가 아니라 그것을 표현하는 문제입니다. 자신이 누구인지를 밝혀내고 본연의 자신을 표현하는 것이 '진리 탐구자'들의 사명입니다. 여러분은 더 커지지도 않고, 더 작아지지도 않습니다. 전보다 인식의 영역이 확대되기는 하겠지만 여러분은 지금까지 늘 그래왔던 대로의 자신일 뿐입니다."

다스칼로스가 말을 마쳤을 때 전화벨 소리가 울렸다. 그는 위층으로 올라갔고 그가 큰 소리로 전화를 받는 소리가 들렸다. 그것은 아마도 아테네에서 온 장거리 전화인 듯했다. 10분 후에 그가 돌아왔을 때 그는 심각한 표정이었다. 그의 말이, 아테네에서 사는 한 여자가 집에서 도둑맞은 4만 드라크마의 돈을 찾고 싶어했는데 그는 말해 줄 수 없노라고 했다는 것이다. 그 어떤 말을 해주는 것도 합당한 일이 아니었고 또 그로서는 '볼' 권리도 없다는 것이었다. "하지만 보려고 하지도 않았는데 보였습니다. 그 돈을 훔친 사람이 그녀의 남편과 열일곱 살 난 아들이라는 사실을 어떻게 말해 줄 수가 있겠어요? 나는 그저 그것이 낯선 사람의 소행이 아니라는 것만 말해주었습니다."

잠시 후에 다시 조가 다스칼로스의 소문난 능력에 대해 질문을 했다. 특히 그녀가 어린 시절에 그토록 두려움을 느꼈던 가위 사건의 진상이 무엇이었는지를 알고 싶어했다. 다스칼로스는 웃음을 터뜨리면서 그녀가 아직도 그 일을 기억하고 있는 것을 놀라워했다.

그는 지체없이 마치 그 일이 엊그제 일어났던 일인 양 설명을 쏟아 놓았다.

"어느 날 파마구스타에서 젊은 의사가 나를 찾아와서 양복장이였던 아버지가 남기고 간 유일한 유품인 가위를 잃어 버렸다고 했습니다. 그것은 그에게는 매우 소중한 것이었기 때문에 한 달 동안이나 찾아보았지만 허사였다는 것입니다. 그는 비록 본인은 가져가지 않았다고 주장하지만, 누이동생을 의심하고 있었습니다. 그는 누이동생과 몇 번이나 거친 말을 주고받으며 싸웠다고 했습니다. 그리고 그녀와 다섯 달 동안이나 말도 않고 지냈다는 겁니다. 그의 아내는 이 싸움에서 중립적인 입장을 지켰지만 그녀 역시 남편이 술에 취해 있는 동안 시누이가 그것을 훔쳐간 것으로 의심하고 있었습니다.

그는 나에게 가위 찾는 일을 도와달라고 부탁했습니다. 처음에는 거절하고 그를 돌려보냈습니다. 그런 하찮은 일에 능력을 남용해서는 안 된다고 생각했지요. 그러나 그가 떠난 후 또 다른 생각이 들었습니다. 그것이 가위 하나의 문제가 아니라 오누이 간의 분쟁 문제라는 것을 깨달았습니다. 잠자리에 누울 때까지 이 문제가 내 마음속에서 떠나지 않았습니다. 나는 눈을 감고 그 가위가 벽장 위에 놓인 담요 밑에 있는 것을 보았습니다. 그가 그것을 거기다 놔두고 잊어 버린 게 틀림없었지요. 몇 분 후에 전화가 왔습니다. 그가 혹시 나의 마음이 변하지 않았는지 물어보았습니다. 그는 단지 그의 누이동생이 그것을 훔쳐갔는지, 아닌지를 알고자 했던 것뿐이었습니다. '그 애가 한 짓이 아니라고는 하지 마십시오. 그렇지 않다면 그게 집 안에 없을 리가 없습니다.' 그가 말했습니다. '가위는 집 안에 있습니다.' 하지만 나는 그 장소를 가르쳐주지 않았습니다. 다만 그에게 잠이나 자라고 하며 곧 알게 될 거라고만 말했지요. 그리고는 몸을 빠져나와 6킬로미터 밖에 있는 그의 집으로 갔습니다. 나는 손을 물현[32]시켜 가위를 담요 밑에서 끄집어내어 마룻바닥에 내려놓을 생각이었지요."

"왜 가위가 있는 위치를 알려주지 않았나요." 내가 물어 보았다.

"나는 장난삼아 시험을 해볼 작정이었지요. 그런데 실수를 했어요. 벽장은 이쪽 방에 있었고 그들의 침대는 다른 방에 있었는데 두 방 사이의 문이 열려 있었습니다. 벽장과 침대 사이의 거리는 5미터쯤 되었고 마룻바닥은 나무로 되어 있었습니다. 나는 손을 물현시켜 가위를 담요 밑에서 끄집어내어 바닥에 떨어뜨렸습니다. 나는 그것이

---

32 물현物現;materialization: 강력하고 구체적인 생각의 에너지를 응결시킴으로써 그것이 물질로 나타나게 하는 능력 혹은 그런 현상. '기적의 실체' 부분 참조. (옮긴이 주)

벽장 앞에 떨어질 것으로 생각했지요. 하지만 당시에 나는 아직 미숙했기 때문에 한 차원에서 다른 차원으로 가하는 힘의 세기를 잘못 가늠했던 것입니다. 가위는 입을 벌린 채로 저쪽 방으로 날아가서 칼처럼 그들의 침대 곁 마룻바닥에 꽂혀 버렸습니다. 그 소리가 그들을 깨웠습니다. 가위는 그들에게서 세 발짝 떨어진 곳에 꽂혔습니다. 내가 그를 죽일 뻔했지요. 그는 몹시 겁을 집어먹고 마루에서 가위를 뽑아들고는 나에게 전화를 했습니다. 그 때가 열한시 반이었지요. '다스칼레, 당신은 나를 죽일 뻔했어요. 그것을 어디서 찾았고 왜 그것을 그토록 내 몸 가까이에다 던진 겁니까?' 나는 자초지종을 그에게 설명했지만 그는 나를 믿어주려고 하지 않았습니다. 그는 가위를 가지고 차를 몰아 니코시아로 왔습니다. 그는 누이동생이 범인이며 내가 가위를 그녀의 집에서 환원[33]시킨 후 그의 집에서 물현시킨 것이라고 고집을 부렸습니다. 그에게 일어난 일을 이해시키는 데는 시간이 좀 걸렸지요."

그런 일은 이제 허용되지 않는다고 그가 되풀이했다. 능력은 치료를 위해서만 써야 한다는 것이다. 물체를 움직이기 위해서 손을 물현시킨 경우에는 지극히 조심해야 한다. 같은 힘을 가해도 육신의 손을 쓸 때보다 열 배 이상 강해질 수가 있다는 것이다.

"그건 왜 그렇습니까?" 내가 물어 보았다.

"모르겠어요. 이것은 강신술[34] 시범에서도 볼 수가 있지요. 몇 사

---

33 환원dematerialization : 물질을 그 원질原質, 즉 에너지의 상태로 환원시키는 능력 혹은 그런 현상. '기적의 실체' 부분 참조.(옮긴이 주)

34 강신술降神術 : 영매(靈媒;스스로 초월상태에 들어감으로써 죽은 사람의 영에게 지상의 인간과 의사교환을 할 수 있도록 자신의 몸을 빌려줄 수 있는 능력을 가진 사람)를 통해 영계와 통신하는 심령술.(옮긴이 주)

람이 함께 집중하면 무거운 물체가 움직이지요."

조는 다스칼로스의 이야기를 주의깊게 듣고 있었다. 그의 체험의 가치를 평가해 보려고 애쓰고 있는 그녀의 모습에는 매료된 표정이 떠올라 있었다. 하지만 그녀는 마치 자신에게 다짐이라도 하듯이, 아직도 자신에게는 오직 물질만이 실재라고 중얼거렸다.

"그것만이 제가 알고 있는 유일한 실재이고 그것은 직접 눈으로 보고, 만져보고, 냄새맡고, 느낄 수가 있습니다."

"또 그 소리구먼." 다스칼로스가 웃음을 터뜨리면서 말했다. "당신은 사람이 존재하기 위해서는 먹고 마시고 싸야만 한다고 생각하시는군. 오감보다 더 사람을 오도하는 것은 없어요."

"저는 영혼과 영구인격, 그리고 현재인격 간의 관계가 잘 이해되지 않아요." 웃음이 가라앉자 조가 말했다.

"영혼은 지상의 체험으로 채색되지 않은 순수한 우리 자신의 일부입니다. 영혼은 '인간 이데아', 그리고 모든 현상을 초월해 있습니다. 그것은 태어난 적도 없으며, 죽지도 않아요. 그것은 본질적으로 절대자와 동일한 우리의 일부분입니다. 절대자가 대양이라면 영혼인 우리는 한 방울의 바닷물입니다. 본질적으로 우리는 대양과 같습니다. 영혼은 우리의 신성한 본질이며, 변하지 않으며 영원합니다. 영구인격이란 우리의 여러 생에 걸친 경험이 그 위에 기록되고 생에서 생으로 옮겨지는, 우리의 일부분입니다. 현재인격은 이지체, 심령체, 육체로 이루어져 있습니다. 이것이 보통 사람들이 자신의 인격으로 인식하고 있는 것이지요. 현재인격은 끊임없이 진화해서 영구인격과 합일하려고 하는 성향을 지닌, 가장 낮은 차원으로 표현된 우리의 모습에 지나지 않습니다."

"영구인격이 하나의 큰 원이라고 합시다. 그 외부에 또 다른 무한히 큰 원을 생각해 보세요. 우리는 이것을 신 안에 있는, 영원과 무한의 안에 있는 영혼이라고 부릅니다. 그것은 언제나 순수하며 더럽혀지지 않아요. 그 두 원 안에 내가 '자아의식을 가진 현재의식'이라고 부르는 하나의 작은 원이 또 있습니다. 세 개의 원은 동심원입니다. 작은 원이 확대되어 갈수록 원둘레는 큰 원에 다가가 마침내 하나가 됩니다. 작은 것이 큰 것에 흡수된 것이지요. 작은 원이 머물고 있는 만큼이 각자의 완성의 정도를 나타냅니다. 자아의식을 가진 영혼뿐만 아니라 현재인격, 영구인격의 중심은 모두 동일합니다. 현재인격은 '나는' 하고 말합니다. '나는' 하고 영구인격도 말합니다. 만일 당신이 '나는' 하고 말하는 것이 그중에 누구냐고 물으면 '나야' 하는 하나의 목소리를 들을 것입니다. 하지만 어느 쪽의 '나' 란 말입니까? 그것은 메아리를 가진 동일한 목소리입니다. 실제로 '나는' 하고 말하는 자는 총체적인 자아의식입니다. 그리고 우리의 내면에 이 둘의 분리된 상태가 비롯되게 한 것은 물질계에서의 경험인 것입니다."

"자아의식을 지닌 현재인격이 더욱 원을 넓혀 갈수록 영구인격이 현재인격 속으로 점점 더 스며듭니다. 영적인 길에서 더 높이 진화할수록 내면의 자아가 현재인격에 더욱 더 큰 영향을 미치며 힘을 가지게 됩니다. 예컨대 우리는 저 사람은 양심이 있는데 이 사람은 양심이 없다고 말합니다. 실제로는 중심을 가지고 있지 않은 인간은 없습니다만 어떤 사람의 양심 수준은 그의 현재인격이 영구인격 안에서 얼마나 확장되어 있는가 하는 정도에 비례하는 것입니다."

벌써 밤이 깊어 있었다. 그러나 다스칼로스는 생기에 넘쳐 있었다. 이런 토론은 그에게 힘을 불어넣어 주는 것 같았다. 나는 번번이 그가 이야기를 시작하면서 생기를 되찾는 것을 보아 왔다. 그는 하루의 일이 끝나면 거의 녹초가 된 듯한 모습이었지만 철학적인 토론이 시작되는 순간부터 문자 그대로 변모되곤 했다.

우리는 떠날 준비를 하고 일어섰지만 스텔리오스가, 사람이 원하기만 한다면 마음으로 어떤 것이든 만들 수가 있는지를 물어 보았다.

"그래요, 잠재능력과 가능성의 영역 내에서 말입니다. 요기(요가 수행자)는 오렌지 씨앗을 심어 놓고 기도와 명상으로 보통 것보다 훨씬 더 빨리 자라게 할 수 있습니다. 하지만 그가 오렌지 씨앗을 심어 놓고서 유칼리나무가 나도록 염(念)할 수는 없는 것입니다. 관념과 법칙, 원인의 세계를 벗어나는 일은 할 수가 없습니다. 하지만 달리 하는 방법은 있어요. 오렌지 씨앗의 분자구조를 바꾸어 유칼리나무의 씨앗으로 만들어 놓은 다음 그것을 심어서 유칼리나무를 키울 수는 있습니다. 이것이 다릅니다. 이것은 잠재능력과 가능성의 영역 안의 일이니까요."

"마지막 질문이 있습니다." 나의 절친한 친구는 다른 사람들이 다 자동차를 향해서 걸어가고 있을 때 다시 말을 꺼냈다. "명상과 수행의 목적은 뭔가요?"

"직접적인 목적은 심령 – 이지계의 능력을 계발하여 이웃 사람들에게 봉사할 수 있게 하는 것이지요. 유체이탈을 하는 것은 치료의 한 방법으로서일 뿐이지 그 자체가 목적은 아닙니다. 궁극적인 목표는 자신이 누구인가를 깨닫고 신(God)과 합일하여 신(a god)이 되는 것입니다. 이것이 우리가 말하는 바, 테오시스[35]라는 것입니다. 우리

---

35 테오시스Theosis: 거듭된 환생을 통해서 자아가 물질계의 경험을 완전히 거친 다음에 오는 진화의 마지막 단계. 신과의 재합일.(옮긴이 주)

는 신(gods)이지만 그것을 모르고 있습니다. 우리는 스스로 자초한 기억상실증에 시달리고 있는 것입니다. 목표는 우리가 늘 그래왔으며, 앞으로도 늘 그럴, 바로 '그것'을 일깨우는 것입니다. 이것이 '진리의 탐구자'들의 목표입니다." 다스칼로스는 마지막 말을 거듭 강조했다.

"만일 그렇다면 신(a god)으로서의 자아를 실현한다는 것은 어떤 환희에 찬 무의식 상태와는 다른 무엇이겠군요. 제가 잘못 오해하고 있는 것이 아니라면 이것이 열반이라는 동양적 개념으로 흔히 사용되고 있는 뜻인데요." 내가 끼어들어 한 마디 거들었다.

"그거야말로 터무니없는 소리야. 구원이나 해탈이란 말은 대부분의 사람들 앞에서는 쓰기에 적합한 말이 아닙니다. 왜냐하면 이 말들이 인식을 잃은 환희의 상태에 빠진다는 뜻으로 받아들여지고 있거든요. 훌륭한 목사인 나의 친구가 한 말대로라면 이런 상태는 무기력이나 혼수상태와 다를 바가 없어요. 그는 이렇게 말했지요. '나는 아무것도 이해하지 못할 테니까 행복하게 느끼겠지.' 이것이 그가 상상한 낙원과 해탈이었어요. 그것은 진리와는 거리가 멀지요. 해탈이란 것은 체험을 통해서 진리를 알고, 진리와 동화되는 것을 뜻합니다. 그것은 곧 심령 – 이지계의 힘과 능력을 얻는 것을 뜻합니다. 우리가 경험과 느낌을 얻고자 하건, 외부에 대한 인식의 문을 닫아걸고 우리의 신성한 자족 안에서 자신 속으로 물러나 있기를 원하건 간에 세계는 우리 앞에 활짝 열릴 것입니다. 환희와 신성한 자족성은 많은 사람들이 상상하는 것과 같은 무기력이나 백치상태와는 거리가 멉니다."

"테오시스에 이른다는 것은 앞으로 영원히 물질계로 환생하지 않는다는 뜻입니까?" 친구가 물었다.

"원한다면 환생할 수도 있습니다."

"그러면 처음부터 모두 새로 시작해야 하나요? 환생의 쳇바퀴를 또 거쳐야 하는 건가요?"

"그렇지는 않지요. 그건 쓸데없는 일입니다. 그가 돌아오기를 택한다면 일개 선원으로서가 아니라 배의 선장으로서 돌아오는 것이지요." 다스칼로스가 대답을 하고 나서 웃었다. "테오시스에 이른 도인이 인간의 진화를 돕기 위해 물질계로의 환생을 결정하는 수가 있어요. 그들이 카르마 때문에 환생해야 할 의무가 있는 것은 아닙니다. 그들은 이미 해탈을 이루었거든요. 나중에 이 문제를 좀더 자세히 논하게 될 겁니다. 부인께서 차 안에서 기다리시느라 지루하시겠군요."

우리는 다스칼로스에게 고맙다고 했다. 조는 나중에 이야기를 계속 들을 수 있게 되기를 원한다고 했다. "그동안에 아버지와 이야기를 많이 해봐야겠어요." 그녀가 말했다.

우리는 모두 차에 올라 가까운 찻집에 가서 차를 마시며 저녁시간을 더 즐기기로 했다.

5
Karma

업(카르마)

"이 생에서의 고통은 우리 자신의 카르마이거나,
사랑하는 사람의 고통스러운 카르마를
대신 지려는 각오의 결과이다.
당신의 행위를 돌이켜 보라.
그것이 어떤 결과로 되돌아오는지를.
오늘 그것을 깨닫지 못한다면 내일,
또는 모레에는 깨닫게 될 것이다.
이것이 인과응보의 우주적 법칙이다."

"다스칼레, 카르마를 피할 수가 있을까요?" 내가 질문했다.

"있지, 분명히 있네." 다스칼로스가 거침없이 대답했다. "요나(『구약성서』에 나오는 선지자)의 경우에서 이것을 분명히 알 수 있어요. 하느님이 이 선지자에게 니네베가 죄악에 빠져 있으니, 즉 너무나 사악한 염체들을 만들어 놓았으니 사흘 내로 멸망시키리라고 말했습니다. 선지자 요나는 니네베 시민들에게 이 좋지 못한 소식을 알렸지요. 사람들은 울면서 뉘우쳤습니다. 그런데 사흘이 지났는데도 니네베는 멸망하지 않았습니다. 선지자는 어안이 벙벙해졌지요. '하느님, 당신은 사람들 앞에서 저를 거짓말쟁이로 만드셨나이다.' 그가 하느님께 말했습니다."

"카르마의 법칙에 따르자면 니네베는 멸망했어야 하지요. 어느 면에서는 요나의 말이 옳았습니다. 하지만 니네베는 멸망하지 않았거든요. 사람들은 뉘우쳤습니다. 그들은 잘못을 깨달았던 겁니다. 후에 요나는 자기가 심어 놓은 호박이 밤 사이에 벌레먹은 것을 발견하고 나서 하느님과 아름다운 대화를 나누게 됩니다. '하느님, 저의 호박이 망쳐져 버려서 슬픕니다.' 그러자 하느님이 대답하셨지요. '너는 호박덩굴을 망친 것에 그렇게 슬퍼하는구나. 한 도시를 통째로 잃는 나의 마음은 어떻겠느냐? 내가 나의 도시를 카르마의 법칙에 의해 멸망하도록 내버려 두었어야 했겠느냐?'"

"숭고한 하느님의 자비는 우리의 머리로 측량할 수가 없습니다. 이것은 인과응보의 법칙이 존재하지 않는다는 뜻이 아닙니다. 하느님께서 자비를 내리실 만한 뉘우침이 없다면 응보는 조만간 가차없이 찾아올 것입니다. 그것이 수 백년 후가 될지라도 반드시 오고야 맙니다. 그리스도는 이것을 아주 정확히 말씀하셨습니다. '너희가 베푼 한 잔의 물도 결국은 너희에게 돌아오리라.'"

다스칼로스는 생각에 잠긴 듯 잠시 말이 없다가 심각한 목소리로 말을 이었다.

"가톨릭 교인이나 정교회 신자들, 또 우리 기독교인들은 한결같이 자신과 하느님을 조롱하는 습성에 빠져 있습니다. 우리는 고작 교회에다 촛불 세 개만 밝혀 놓고는 그 대가로 뻔뻔스럽게 천국을 달라고 하고 있습니다. 우리는 무엇을 베풀고 있으며 어떤 대가를 바라고 있는 걸까요? 말하건대 나는 하나 남은 빵을 아무런 보답도 바라지 않고 배고픈 나그네에게 나누어줄 수 있는 무신론자를 더 좋아하고 존경합니다. 나는 자신이 베푼 것으로 하느님과 흥정을 벌이려는 자들보다 이 '무신론자'가 훨씬 더 하느님과 그리스도의 성령과 가까운 사람이라고 봅니다. 나에게는 오늘날 사람들이 베풀고 있는 자선의 대부분이 선의에서라기보다는 자기만족의 방편으로 보입니다. 자선사업을 벌이는 많은 사람들이 사실은 자신의 이웃을 비하시키고 자신의 우월성을 사람들 앞에 내보이기 위해서 그런 일을 한다는 것을 우리는 알고 있습니다. 어떤 자비를 베풀든지 은밀히 베풀어야만 합니다. 편지봉투에 돈을 넣어 이름은 쓰지 말고 다만 '사랑으로'라고만 써서 궁핍한 이에게 보내십시오. 우리는 자신의 이기적 자아를 완전히 제거할 수 있게끔 노력해야만 합니다."

모두들 다스칼로스의 말을 곰곰이 되씹느라 잠시 침묵에 잠겨 있었다. 다스칼로스의 옆자리에 앉아 있던 에밀리가 이 침묵을 깼다.

"만일, 인과응보의 법칙을 이해시키려고 애쓰는 것은 인간이 좀더 선해지도록 하나의 윤리체계를 부과시키려는 의도가 아니냐고 한다면 어떻게 대답하시겠어요? 그런 사람에게 카르마는 또다른 도덕규범이 아니라고 어떻게 설득하시겠습니까."

"그런 질문을 받은 적이 있습니다. 나는 이렇게 대답하지요 — 당신의 행위를 돌이켜보라. 그것이 어떤 결과로 되돌아오는지를. 주변에 일어나는 일들을 돌아보고 스스로 결론을 내리라. 그 질문이 피상적인 궤변에 지나지 않는다는 것은 이 사회 속에서, 우리의 주변에서 너무나 분명하다. 오늘 그것을 깨닫지 못한다면 내일, 혹은 모레에는 깨닫게 될 것이다."

"하지만 그것은 그 사람이 논리적으로 제시한 쟁점에 대한 대답이 되지 않습니다." 에밀리가 반박했다.

"이봐요, 당신이 하느님의 존재에 대한 의문에 대답을 못하듯이 위대한 진리는 항상 말로써 대답할 수 있는 것은 아녜요. 말과 논리로써 대답할 수 없는 것이 너무나 많습니다. 이런 의문에 대해서는 자신의 행위의 결과를 관찰해 봄으로써, 경험을 통해서 답을 얻을 수 있습니다. 당신은 행위의 결과를 반드시 보게 됩니다. 당신은 카르마를 믿지 못하겠다는 말씀이지요? 카르마의 채찍을 두세 번쯤 맞으면 믿게 될 겁니다. 고통을 느낄 테니까요."

에밀리는 지지 않았다. "그 사람은 이렇게 반박할 걸요. '나는 당신네 하느님이나, 당신이 카르마라고 부르는 도덕규범은 믿지 않지만 인간성은 믿습니다.'"

"당신은 그에게, 그러면 인간성을 믿는 이유는 뭐냐고 물어 보면 돼요."

"그야, 그도 역시 세상이 좀더 선해져야만 한다고 하기 때문이죠."

"왜 나아져야 하다는 거죠?" 다스칼로스는 거의 장난기 섞인 표정으로 물었다. "왜 그렇게 믿어야 합니까?"

"그는 선을 믿기 때문이지요."

"그런 사람은 바로 그 사람의 논리로써 설복시킬 수 있어요. 다른 사람들처럼 상상 속의 신을 믿지 않는 무신론자들의 내면에서도 나는 신성을 발견할 수 있습니다."

"아마 당신은 그런 사람들 속에서 '진리의 탐구자'를 보겠지요, 다만 다른 길을 통해서 그것을 추구하고 있는……."

"맞았어요. 우리가 신께로 올라가는 길은 여러 갈래가 있어요. 신비의식에 입문한 사람들만이 그 길을 추구하고 있는 것은 아닙니다. '진리의 탐구자'라는 말은 들어본 적도 없고 신의 존재를 생각해 본 적도 없는 사람이라고 할지라도 우리들 중 대부분의 사람들보다도 영적으로 높은 단계에 있을 수도 있어요. 우리는 사람들을 그들의 믿음에 의해서가 아니라 그들의 행위에 의해서 판단해야 합니다. 하지만 이 말도 덧붙여야겠군요. 나는 진리를 찾아서 진지하게 노력하고도 끝내 깨달음을 얻지 못한 사람을 알지 못합니다. 그리스도의 말씀을 기억하세요. '구하라 얻을 것이요, 두드리라 열릴 것이니라.'" 그가 갑자기 뭔가 생각이 난 듯 목소리를 바꾸며 말했다. "내가 무신론자로 이름난 영국의 철학자와 만났던 이야기를 해드리지요. 우리는 한동안 서신을 주고받았는데 나는 그에게 염체의 성질에 대해서 열심히 설명해 주었습니다. 한번은 그가 나에게 이렇게 써보냈어요. '어떤 종교이건 간에 성직자들이 믿고 있는 신을 나는 믿지 못합니다. 당신은 이 신들을 염체로서, 능력을 지니고 있다고 설명했습니다. 나는 이것을 받아들입니다. 생각은 일종의 힘임에 틀림없습니다. 그러나 나로서는 인간의 생각에 의해서 만들어진 신들을 진정한 신으로 받아들일 수가 없습니다. 다만 인간이 자신의 고난을 이겨내기 위해 만들어낸 후원자로서 받아들일 수는 있어요. 당신은, 그렇다면 신을 만들어낸 인간은 누가 만들었느냐고 의문을 제기하셨지요. 그리고 당신은 절대적 '있음'이라고 부르는 것에 대해 많은 설명을 해주셨습니다. 그런데 왜 절대적 '존재'라고 부르지는 않습니까?' 나는 그에게 이렇게 대답했습니다. '절대적 존재(being)라는 말에는 한계성이 내포되어 있습니다. 절대적 있음(beingness)이 더 정확합니다. 나는 한계성을 배제한 것입니다.' 그가 어떻게 대답했으리라고 생각하십니까? '나는 신이 아닌, 당신의 '절대적 있음'을 믿습니다. 단, 당신과 내 속에 있는 그 '있음' 말입니다. 그것은 온유함, 우리가 선이라고 믿고 이해하고 있는 모든 것으로 표현됩니다. 당신은 이제 사람들이 보아 왔던 것과는 거리가 먼 신을 보여줄 수 있습니다. 인간들이 만들어낸 모든 신들은 나약하고 악한 인간의 성격을 지니고 있기 때문입니다. 지금 당신은 당신이 실재라고, 생명이라고 부르는 신을 보여주고 있습니다. 한데, 하필 왜 신이라고 부릅니까? 나는 '절대적 있음'이라는 말이 훨씬 더 좋습니다."

"자, 이 사람이 무신론자입니까? 대답해 보세요." 다스칼로스가 목청을 돋우면서 말했다.

"하지만 그는 무신론자로 명성을 날리고 있고 무신론을 옹호하는 웅변적인 글들을 썼습니다." 내가 말했다.

"그는 인간들이 만들어낸 모든 신과 구세주를 거부했기 때문이지요. '주의 선한 군병들아 전장을 향해 앞으로!'" 그가 조롱하듯이 손짓과 목소리를 꾸며 가며 말했다. "그는 이런 것들을 참을 수가 없었던 겁니다. 그는 평화주의자였어요. 그는 사랑을 믿습니다. 내가 이 철학자를 설득할 수 있었던 것은 그로 하여금 생명이며 사랑인 '절대적 있음'을 받아들일 수 있도록 도와주었기 때문입니다. 그가 죽기 전에 나에게 보낸 마지막 편지에서 그는 이렇게 말했습니다. '당신이야말로 실재와 광명과 지혜의 횃불을 밝힌 유일한 인간입니다. 이 '절대적 있음'을 위해서 그 불을 높이 들어 세상을 밝히십시오.'"

다스칼로스가 말을 마치자 밖에 차가 한 대 와서 섰고 곧 노크 소리가 들렸다. 내가 다스칼로스의 집에 와 있을 때 그의 도움을 구해서 찾아오는 방문객들과 마주치지 않은 적은 거의 없었다. 내가 나가서 문을 열고 방문객들을 안으로 모셨다. 그들은 라르나카에서 온 중년 부부로, 불치의 병에 걸린 친척의 병을 진단해 줄 것을 간청했다.

다스칼로스가 "그의 사진이 있습니까?" 하고 물었다.

그들은 다스칼로스가 일을 하는 방식을 알고 온 것 같았다. 그들은 준비한 듯이 환자의 사진을 내놓았다. 다스칼로스는 사진을 받아 그것을 오른손에 꼭 쥐고는 눈을 감았다. 1분쯤 집중한 뒤에 그가 눈을 떴다.

"그의 뇌에 이상이 있습니다. 제거해야 할 것이 뭔가 있어요."

"의사는 뇌종양에 대해서는 한 마디로 말하지 않았습니다." 남자가 사진을 받으면서 말했다.

"뭔가가 있어요." 다스칼로스는 단정적으로 말했다. "그는 뇌수 엑스레이를 찍어 봐야 해요." 방문객은 다스칼로스에게 고마움을 표시하고 떠났다. 다스칼로스가 자리로 돌아와 팔걸이 의자에 앉아서 토론을 계속할 태세가 되었을 때 나는 조금 전에 왔던 사람의 병이 카르마 때문인지를 물어 보았다.

"모든 병이 카르마 때문입니다. 그것은 그 사람의 카르마의 결과이거나, 그가 사랑하는 사람이 지은 카르마 때문입니다."

"자신의 카르마를 갚는 것은 이해할 수 있지만 자신이 사랑하는 사람의 카르마를 갚는다는 것은 무슨 뜻이지요." 내가 물어 보았다.

"자네는 그리스도께서 서로의 짐을 나누어 지라고 하신 말씀이 무슨 뜻이었다고 생각하나? 카르마는 어떤 방법으로든 갚아야만 해요. 이것은 인과응보의 우주적 법칙이지요. 그러므로 우리가 누군가를 사랑하면 우리는 그가 진 빚의 일부를 갚는 일을 도와줄 수 있습니다. 그러나 이것은 오직 그가 자신의 '교훈'을 깨우침으로써 그 빚을 모두 다 갚아야만 할 필요가 없게 된 후에만 가능한 일입니다. 대부분의 카르마가 갚아졌을 때, 다른 누군가가 남은 짐을 맡아 그를 고통에서 구해 줄 수가 있습니다. 우리가 그런 일을 기꺼이 하려고 나서면 실제로는 성령께서 그 빚의 9할을 져주시고 우리는 십분의 일만 지게 됩니다. 그러므로 갚아야 할 남은 빚은 훨씬 더 적어지고 감당해야 할 고통도 상당히 줄어듭니다. 이것은 임의적인 비율이 아니라 우주 법칙의 일부입니다."

"여러 생을 통해서 많은 사람을 죽인 자가 어떤 사람의 사랑을 받아왔다고 가정해 봅시다. 두 사람 간의 사랑의 유대는 수세기에 걸쳐서 형성된 것입니다. 그 사람은 이미 대부분의 빚을 갚고 필요한 교훈을 깨우쳤다고 다시 가정합시다. 그를 사랑하는 사람은 의식적으로든 무의식적으로든 그의 카르마를 일부 받아들이게 될 수가 있는 것입니다."

"이 생에서 우리에게 고통을 일으키는 일은 어떤 것이든지 우리 자신의 카르마가 아니면, 사랑하는 사람이 혼자서 감당하기에는 너무 어려운 카르마를 대신 지려는 자신의 각오의 결과입니다. 여러분이 도인이 되어 우주의 보편적 선에 대해 어그러짐이 없는 경지에 오르면 여러분이 사랑하는 사람뿐만 아니라 여러분의 적으로 보이는 사람의 카르마까지도 대신 질 수 있게 됩니다. 도인이 된 여러분은 자신의 육신에 생긴 고통을 멈추게 할 수도 있지만 그렇게 하면 그 고통은 카르마를 일으킨 사람에게로 되돌아가기 때문에 여러분은 고통을 그대로 견딜 것입니다. 그리스도께서는 보통의 인간들과 같이 십자가 위에서 고통받음으로써 이것을 보여 주셨습니다."

"여러분이 진화의 높은 단계에 오르면 성령께서 바로 그 일 ― 다른 사람, 심지어는 여러분을 해친 사람의 카르마를 대신 지는 일 ― 을 여러분이 할 것을 요구하실지도 모릅니다. 여러분이 성령의 통로가 되며 여러분은 그렇게 짐을 지게 되는 것을 큰 영광으로 생각해야 합니다. '이 일로 내가 얻는 대가가 뭔가?' 하고 물을지도 모르지만 이런 질문을 하게 되는 순간 그것은 여러분의 이기적 자아가 아직 남아 있다는 것을 의미하며 그것은 매우 위험한 일입니다. 여러분에게 주어진 영광, 즉 그리스도의 어깨 밑에 당신의 어깨를 받치는 일이야말로 가장 큰 보상인 것입니다."

"다른 사람의 카르마를 어떻게 대신 갚는지 당신의 체험을 예로 들어 설명해 줄 수 있겠습니까." 내가 물어 보았다.

"카르마는 이해하기가 어려운 것입니다. 그것은 나를 늘 의문에 빠뜨립니다." 이렇게 말하고 나서 그는 자신의 체험을 이야기하기 시작했다.

"몇 년 전에 나의 조카가 한 과부와 결혼해도 좋을지 나의 의견을 물어 왔습니다. 나는 이렇게 말했지요. '네가 그 과부뿐만 아니라 그 일곱 살 난 딸까지 진정으로 사랑한다면 축복해 주지.' 그는 그 아이를 정말 사랑한다고 했고 나도 그의 말이 진심이라는 것을 알았습니다. 나는 그들의 결혼을 제일 기뻐했지요. 일 년 후 그들은 아들을 낳았는데 병원에서도 어쩔 수 없는 심각한 선천성 장애를 가지고 있었어요. 두 다리가 가슴에 붙어 있었던 것입니다. 그들은 나에게로 왔습니다. 나는 그 아이를 받아 안고는 곧 그가 누구인지를 알았습니다. 테오파니스가 나와 함께 있었는데 그도 그것을 알았지요. 나는 그에게 아무 말도 하지 말라고 일렀습니다. 나는 아이의 부모에게 내가 아이를 책임지고 고쳐 주겠다고 했습니다. 나는 아이의 다리를 서서히, 가슴에서 떼내어 깁스 붕대를 했습니다. 몇 주일마다 깁스 붕대를 떼고 마사지를 해주고는 다시 새 깁스 붕대를 대주었지요. 아이는 좋아졌고 아버지는 아이가 세례를 받게끔 해달라고 청했습니다. 그때 아이는 3개월째였지요."

"그러던 중 어느 날 아침에 집에서 성소로 걸어가던 도중에 발에 통증을 느꼈어요. 방으로 돌아와서 신발을 벗고 살펴보았습니다. 손녀가 곁에 있었는데 이렇게 말했습니다. '할아버지, 할아버지의 발이 가매졌어요, 좀 보세요!' 그때야 나는 무슨 일이 일어났는지를 깨달았습니다. 나는 어린 아이의 카르마를 갚고 있었던 것입니다. 손녀가 엄마에게로 달려갔습니다. 그녀가 달려와서 나를 차에 태워 병원으로 데려갔습니다. 외과 의사가 발을 보고 탈저(신체 부위가 썩어들어가는 병)라고 진단했습니다. 다리까지 절단해야 한다는 것이었습니다. 나는 동의했습니다. 탈저는 이미 무릎까지 진행되어 있었어요. 다음날 수술에 들어갈 계획이었지요. 나는 강이 내다보이는 병실에 입원했습니다. 나는 의사에게 오후에 명상을 해야 하기 때문에 한 시간 반쯤 병실에 혼자서 있게 해달라고 했습니다. 의사는 반대하지 않았습니다. 그래서 나는 혼자 남게 되었습니다. 나는 침대 위에서 강 쪽으로

난 창을 바라보고 있었습니다. 나는 웃으면서 혼자서 그리스도에게 말했습니다. '제가 제발 다리가 낫게끔 해달라고 빌 줄로 아신다면 잘못입니다. 이것은 저의 다리이며, 또한 당신의 다리입니다.'" 다스칼로스는 자신의 오른쪽 다리를 가리켰다.

"'당신이 나아야 한다고 생각하신다면 낫게 하십시오. 그것이 잘려야 한다고 생각하신다면 잘리게 하십시오. 사랑하는 주님, 당신의 뜻이 이루어지기를.' 말을 마치는 순간 미풍과도 같은 것이 나의 뺨에 입맞추는 것을 느꼈습니다. 문득 나는 침대 끝에 한 천사가 앉아 나의 다친 다리를 한 손으로 받치고 다른 손으로 두드리는 것을 보았습니다."

"만일 다른 사람이 방 안에 있었다면 그도 똑같이 그것을 보았을까요." 내가 끼어들어서 물었다.

"모르겠네." 그는 어깨를 으쓱했다. "어쩌면 그랬을지도, 어쩌면 아닐지도 모르지. 나는 분명히 보았어요. 그는 흰 옷을 입은 아주 잘생긴 청년의 모습이었어요. 날개나 깃털 같은 것은 없었지요. 그는 나에게는 전혀 무관심했습니다. 그저 계속해서 나의 다리만 두드리고 있었지요. 그는 그것을 끝마치자 사라졌고 탈저도 사라져 버렸어요. 다음날 의사들이 수술 준비를 하고 왔습니다. 그들은 내 다리를 들여다 보고는 놀랐습니다. 엄지 발가락 위에 작고 검은 점 하나밖에 남아 있지 않았던 것이었지요. 하루가 지나자 탈저는 완전히 사라져 버렸습니다."

다스칼로스는 그 일 때문에 일주일 동안 세례를 연기해야 했던 그 아이와 자신과의 사이의 업연(業緣)에 대해 설명해 주었다.

"몇 세기 전에 그 아이는 비잔틴 왕국의 해군 수병이었어요. 그는 몇 달씩, 심지어는 몇 년씩 아주 아름다운 아내로부터 떨어져서 지내야 했던 불쌍한 사나이였습니다. 그가 항해를 떠나 있는 동안 한번은 비잔틴의 한 귀족이 그의 아내에게 눈독을 들여 그녀에게 추파를 던지기 시작했습니다. 그가 항해에서 돌아왔을 때 아내는 이미 그를 버리고 정부에게로 가버렸지요. 그는 분노와 슬픔에 차서 해적단에 들어가서는 마침내 두목이 되었습니다. 그들이 이끄는 세 척의 해적선단은 다른 배들과 비잔티움에 큰 위협이 되었습니다. 그 당시 나는 이탈리아인이었지요. 콘스탄티노플에 주재하는 이탈리아 공사의 아들이었어요. 나는 아버지와 떨어져서 베니스에서 어머니와 함께 살고 있었습니다. 그래서 나는 2년마다 한 번씩 비잔티움으로 아버지를 만나러 갔었지요. 여행하는 동안 나는 줄곧 뚱뚱하고 늙은 가정교사의 시중을 받고 지냈습니다. 한번은 이 여행에서 집으로 돌아오는 길에 막 시실리를 지나다가 해적들의 공격을 받았습니다. 나는 당시 열여섯 살이었지요. 비잔틴의 해적들은 금박으로 치장된 나의 옷을 벗기고 누더기를 입혔습니다. 나의 가정교사는 다른 늙은 승객들과 함께 처형당했습니다. 그들은 해적들에게 소용이 없었으니까요. 그들은 나머지 젊고 힘세어 보이는 사람들을 노예로 팔아넘기기 위해 자기네 본부로 데려갔습니다. 그들의 본부는 모로코 해안의 한 마을에 있었습니다. 그곳에는 그들의 성채가 있었고 거기서 남녀 노예들을 팔고 있었습니다. 한 검은 아랍인이 나의 이빨을 보고 건강상태를 점검하고는 나를 샀습니다. 끌려갈 때 나는 그 비잔틴 해적을 뒤돌아보며 애정을 느꼈습니다. 왠지는 나도 몰랐지요. 나는 3년간 노예생활을 했습니다. 나의 생활은 비참했지요. 머리카락이 빠지고 있었습니다. 얼굴은 노래지고 이빨도 많이 빠졌습니다. 나는 매우 깊은 병이 들어 있었습니다. 해적선이 다시 도착하자 나의 아랍인 주인은 나를 그 비잔틴 해적에게 데려가 돈을 돌려달라고 요구했습니다. 해적이 대들었습니다. '이 모양으로 만들어 놓으라고 당신에게 팔지는 않았소. 나는 당신이 그를 몸종으로 쓰기를 바랐지 이렇게 병들도록 내버려둘 줄은 몰랐소.' 그들은 한참 다투다가 결국 비잔틴 해적이 아랍인에게 무엇인가를 주고 나를 데리고 갔습니다. 나는 바위 위에 앉아서 낮은 담벼락에 몸을 기대고 쉬었습니다. 나는 해적의 눈을 들여다보면서 말했습니다. '같은 기독교인까지 어찌 이렇게 할 수가 있소? 최소한 당신의 몸종으로 데리고 갈 수는 없었소? 어떻게 기독교인인 당신이 기독교인인 나를 팔 수가 있단 말이오?' 그가 화를 내며 나에게 소리쳤습니다. '너는 기독교인이 아니야, 너는 프랑크(가톨릭)잖아' 하며 나의 얼굴을 후려쳤습니다. 그는 분노가 치밀어 부하들에게 나를 처치하라고 명령했습니다. 그들이 나에게 덤벼들어 칼로 배를 찔렀을 때 그가 마음을 바꾸었습니다. 내가 한 말이 그의 양심을 일깨운 듯했습니다. 그는 부하들을 멈추게 했지만 너무 늦었습니다. 나는 몸을 떠났습니다. 그는 나의 시신을 끌어안고 내 몸을 싸고 있던 누더기를 개어 입을 맞추고는 품 안에 넣었습니다. 그러고는 나의 시체를 깨끗한 흰 천에 싸서 그리스 정교의 사제에게로 가서 장례식을 치러 달라고 했습니다. 비잔틴의 해적들은 모로코 해안을 따라 그들의 식민지를 세웠고 교회에서 성직을 박탈당한 사제들을 데리고 있었습니다."

"그 사제는 내가 '프랑크'이기 때문에 장례식을 해줄 수 없다고 거절했습니다. 그래서 해적은 손수 나를 묻고는 적당한 기도문을 읽어 주었습니다. 그는 내 무덤 위에 십자가를 내려놓고는 그 곁에서 밤을 새웠습니다. 그리고 해적 생활을 그만두기로 결심했습니다. 그는 가지고 갈 수 있는 만큼의 보석과 돈을 챙기고는 심복 중의 하나에게 두목 자리를 넘겨 주었습니다. 그는 부하들에게 자신은 이제 해적 생활에 지쳤으며 정착해서 살기로 했다고 말했습니다. 나는 그를 심령계로부터 내려다볼 수 있었고 그에게 연민을 느꼈습니다. 그는 시실리에 있는 정교회의 사제를 찾아가서 고해성사를 했습니다. 그는 수사가 되려고 하니 수도복을 달라고 했습니다. 수도복을 받아서 그는 떠났습니다. 그는 나의 옷을 밤마다 베고 잤습니다. 일 년 반 후에 그는 병이 들었습니다. 그는 배가 부어올라 죽고 말았습니다. 그 후로 나는 그를 한 번도 만나지 못했습니다. 내가 아는 한 그를 만난 것은 그것이 처음이었습니다. 두 번째가 바로 이 어린아이였지요. 해적생활을 하면서 저지른 약탈과 살인으로 그동안 그가 갚아야 했던 업보가 얼마나 많았는지는 오직 신만이 아실 테지요. 내가 그에게 세례를 주러 갔을 때 그 아이는 약간 이상하게 행동했습니다. 그가 나의 손가락을 잡고는 놓지를 않았어요. 그는 나의 눈을 들여다 보면서 계속 울었습니다. 심지어 그는 내가 그를 안고 있을 때 내 볼에 입술을 갖다대었습니다. 아버지의 말로는 그 애가 누구에게 입을 맞춘 것은 처음이라고 했습니다."

"이 경우에 카르마가 어떻게 작용했는지를 주의해 보세요." 다스 칼로스가 이야기를 마무리 지으면서 말했다. "그는 내가 기독교인이 아니라고 소리지르면서 부하들을 시켜 나를 죽였습니다. 이번 생에서는 내가 그의 카르마를 대신 짐으로써 그를 고쳐주고 그리스도 안에서 그의 대부가 된 것입니다."

"아주 시적인 응보로군요!" 내가 감탄했다.

"우리는 자신이 원할 때에만 이웃 사람의 카르마를 져주게 되는 겁니다." 그가 되풀이해서 말했다.

그리고 다시 그는 도인이 다른 사람의 카르마를 어떻게 겪을 수 있는가에 대한 한 예로서 다른 체험을 이야기하기 시작했다.

"6년 전에 한 친척이 손을 절단해야 하게 되었습니다. 그는 아내와 두 자녀를 두고 있었지요. 그가 수술을 받으려고 하기 직전에 나는 팔에 이상한 통증을 느꼈습니다. 파포스에 있던 테오파니스가 나의 고통을 느끼고는 차를 몰아 나를 보러 왔습니다. 나는 또 탈저가 생긴 겁니다. 이번에는 손에 말입니다. 혈액검사를 해보고는 의사가 절단해야겠다고 했습니다. 테오파니스는 직장 일을 제쳐놓고 내 침대 곁에서 밤낮 자리를 지켰습니다. 그러던 어느 날 영국의 식민지 고등판무관의 부인이 우리 집에 와 있었고 ― 그녀는 자기 친척 일로 자주 왔지요 ― 나는 침대에 누워 있었는데 누가 문을 두드렸어요. 한 터키 여자가 간신히 몸을 끌고 들어왔습니다. 그녀는 걸음을 제대로 걷지 못했습니다. 그녀가, '저는 스피로 에펜디(터키어로 도사님이란 뜻)께서 매우 위독하다는 말을 듣고 그가 돌아가시기 전에 치료를 좀 받으러 왔어요.' 하고 말했습니다. 사람들은 그녀를 돌려보내려고 했는데 내가 그 말을 듣고 그녀를 들여보내라고 했습니다. 그 여인은 계단을 간신히 기어 올라와서 내 방 안으로 들어왔습니다. 나는 그녀의 머리 위에 손을 잠시 얹고 일어서서 걸어 보라고 했습니다. 그녀는 내가 시키는 대로 똑바로 서서 걷기 시작했습니다. 그녀가 말했지요. '에펜디, 이제 전 나았어요. 그러니까 이제는 원하신다면 돌아가셔도 됩니다.'" 다스칼로스는 그 일을 회상하면서 껄껄대며 웃었다.

"터키 여인이 떠나자마자 나는 테오파니스에게 내 손을 흰 천으로 덮어 달라고 했습니다. 나는 성한 손을 아픈 손 위에 놓고 스스로 치료를 시작했습니다. 먼저 그리스도께 기도를 올렸습니다. 그리고는 성한 손으로 계속 아픈 손을 쓰다듬었습니다." 그는 손으로 시늉을 해보였다. "나는 세포 하나하나를 분해하고 다시 조직시켜서 완전히 새로운 손을 만들었습니다. 그리고는 천을 벗겨서 테오파니스에게 보여주었어요. 내 손은 완전히 나아 있었습니다. 테오파니스는 울음을 터뜨리며 무릎을 꿇고 나의 팔에 입을 맞추었지요. 다음날 의사가 왔습니다. 그는 나의 손을 보고는 머리를 설레설레 흔들었습니다. '또 나아 버렸군요!' 그는 나를 어떻게 생각해야 될지 몰라하며 이렇게 말했습니다. 나의 손은 잘리지 않았고 카르마는 소진되어 친척의 팔도 잘리지 않았지요."

이야기를 마친 후 그는 자신의 생명을 앗아갈지도 모르는 또 다른 카르마를 질 작정이라고 말했다. 내가 만류하자 그는 다른 사람들 앞에서 밝히고 싶지 않다는 듯이 말했다. "그 사람이 누구인지를 알면 자네도 이해하게 될 거야. 나중에 말해 주지."

우리는 자리에서 일어나 그의 가르침에 대해서 감사하고 문을 향해 걸어나갔다. 밖으로 나오자 그가 나에게 할 말이 있으니 잠깐 남으라고 했다. 다른 사람들은 차에서 나를 기다리고 있었다. 다스칼로스는 아까 자기가 이야기한 사람은 다름 아닌 자신의 사위라고 말했다. 병원에서는 그가 폐병 말기라고 했다고 한다. 사위는 그 병을 자기의 친구로부터 받았다고 했다. 그 친구는 런던에 살고 있었는데 그가 사위에게 전화를 해서 심각한 폐병에 걸려 있으니 도와 달라고 했다는 것이다. 사위는 전화에 대고 친구를 위로하고 이렇게 말했다고 한다. "걱정 말게. 자네를 구하기 위해 최선을 다하겠네. 우리가 자네를 구할 수 없다면 내가 자네의 카르마를 대신 지겠네."

"내가 그들의 통화를 옆에서 듣고 있었는데, 그가 그렇게 말하는 것을 들었을 때 내가 입을 닥치라고 소리쳤지만 이미 늦어 버렸어. 이젠 내가 왜 그의 카르마를 대신 져야 하는지를 이해하겠나? 나는 내 딸이 젊은 나이에 과부가 되도록 내버려둘 수는 없네. 내 손자들도 고아가 되어선 안 되지. 사위는 서른여섯 살이야. 나는 예순여섯 살이고. 하나를 택하자면 내가 가는 것이 더 마땅하지 않겠나." 그는 딸이 과부가 된다는 생각에 슬픈 듯이 보였다. 그는 이미 성소에서 기도를 시작했다고 했다.

"아마도 요하난께서 이 짐을 덜어 주실 거고 그러면 나도 아직 가지는 않아도 될 거야." 그리고 그는 나에게 야코보스가 알게 되면 자신이 짐을 지겠다고 나서며 말릴 테니까 아무 말도 하지 말아 달라고 당부했다. "하지만 벌써 그가 눈치챘을까봐 걱정되네." 그가 말했다.

다음날 테오파니스가 왔을 때 나는 그에게 다스칼로스가 자신의 손을 스스로 낫게 했던 날 일어났던 일을 정확히 이야기해 달라고 청했다. 그는 터키 여인이 찾아왔던 일과 함께 역시 같은 내용의 이야기를 들려주었다. 내가 그의 이야기를 듣고 있을 때 다스칼로스는 그 자리에 없었다.

6
Memories

마법사의 지나온 삶

다스칼로스의 아버지는 스코틀랜드와 그리스의 피가 섞인 상류층 인사로,
영국 해군장성을 지내고 후에 국왕으로부터 작위를 수여받았다.
다스칼로스도 이 귀족 칭호를 물려받았지만 키프로스인들을
학대한 영국 식민정부에 반발하여 작위를 반납했고,
4년 동안 반(反)식민 지하운동에 가담하기도 했다.
그는 자신의 인생이 요하난, 힐라리온,
도미니코 등의 보이지 않는 스승들에 의해 인도되어 왔다고 술회했다.
그러나 그가 20대 때 영적인 길에 뚜렷한
도움을 주었던 이는 자신이 한동안 조수 노릇을 했던
한 인도인 군의관이었다…

다스칼로스와 야코보스가 우리 집에서 저녁식사를 함께 하기 위해 저녁 무렵에 도착했다. 우리는 아무런 특별한 이야깃거리를 정해 놓지 않았지만 나는 다스칼로스와 함께 있으면 잠시도 지루할 시간이 없다는 것을 알고 있었다. 언젠가는 그가 끊임없이 짓궂은 소리를 늘어놓는 바람에 얼마나 배꼽을 잡고 웃었는지 모른다. 나는 집에 돌아와서도 웃고 있었고 그 바람에 목이 붓기까지 했었다.

　　그날은 부활절 3주일 전인 금요일이었다. 나는 그때가 그리스 정교의 단식기간이라는 사실을 까맣게 잊고 있었다. 교인들은 육류와 어류, 심지어는 우유와 치즈, 달걀까지도 먹어서는 안 되었다. 우리가 차린 식사는 채식 식단이 아니었으므로 나는 다스칼로스가 정교회의 지침을 따르는지 걱정이 되었다.

　　"성(聖) 주일 동안에 닭고기를 먹은 사제가 주교에게 들켰지." 다스칼로스가 통닭의 아삭아삭한 날갯죽지를 씹으면서 말했다. "사제는 화가 나 있는 주교에게 이렇게 말했다네. '주교님, 저는 일요일마다 빵과 포도주를 그리스도의 살과 피로 화하게 합니다. 그런데 닭고기를 채소로 화하게 하지 못할 이유는 뭡니까?'"

　　그리고 나서는 생각이 나는지, 다스칼로스는 그리스 정교회 교단과 자신과의 사이에 일어났던 불미스러운 일에 대해 회고하기 시작했다. 25년 전 다스칼로스는 몇 명의 그리스 신학자들의 사주를 받은 키프로스의 주교에 의해 사탄의 도구로 지목되어 그를 파문시키기 위한 종교재판에 회부되었다. 재판부는 주교들과 그리스에서 온 여섯 명의 신학자들로 구성되었다. 대주교는 미국과 유럽으로 오랜 여행을 떠나 있는 중이었다.

　　"그들은 내가 사탄의 힘을 빌려 마법을 부린다고 고소했네. 그들은 심지어 내가 내 딸을 줄 위에서 춤추게 한다고 주장했지. 주교들과 몇몇 수도원장들은 밤낮으로 제단 앞에 꿇어앉아 나의 이름을 저주했어. 재판 중에 한 주교가 나에게 내가 영들과 접촉했는지를 물었다. '그렇습니다. 그게 뭐 잘못됐나요?' 내가 대답했지. '당신이 성경을 잘 이해하고 있다면 영들과 접촉하는 것이 아무런 잘못이 아니라는 것을 알아야만 합니다.' 그러자 그가 나에게 오른손을 들고 자기를 따라 하라고 했어. '전능하사 천지를 창조하신 하느님 아버지를 내가 믿사오며…….' 그들은 내가 악마라면 하느님의 이름을 입에 올리지 못할 테니 기도를 따라 하지 못하리라고 생각했던 거야. 나는 그가 시키는 대로 손을 올려 기도문을 외웠지. 그러고 나서는 나도 인내심을 잃어 버렸다네. 나는 엄숙한 표정을 짓고 앉아 있는 여섯 명의 신학자들을 손가락질하며 고함을 질렀지. '이 어리석은 자들이 우리의 교회를 어지럽히고 있습니다. 그들을 왔던 곳으로 돌려보내는 것이 좋을 겁니다. 오늘 일어난 일은 교회를 모독한 짓이니까요.'"

다행스럽게도 대주교 마카리오스가 재판을 중단시켰다. 그가 없는 동안 주교들이 무슨 일을 벌여 놓았는지를 알아내고는 그는 자신이 돌아올 때까지 '바보 같은 짓을 당장 집어치우라'고 전보를 보냈던 것이다.

"대주교가 후에 나에게 그들('무식한 반 미치광이 주교들') 때문에 그리 상심하지는 말라고 말하더군."

"왜 대주교가 당신 편을 들었나요?" 나는 궁금했다.

"그는 내 친구였네." 그가 능구렁이 같은 웃음을 지으며 말했다. 그리고 그는 대주교도 자신의 강의 테이프를 정기적으로 받고 있었다고 말해 주었다.

마법사의 지나온 삶_127

지역의 주교들과의 사이에 벌어졌던 사건을 이야기하고 나자 화제는 그의 어린 시절로 옮아갔다. 그의 아버지는 스코틀랜드와 그리스의 피가 섞인 사람이라는 사실에 나는 약간 놀랐다. 그는 영국의 해군 장성을 지내고 후에 국왕으로부터 작위를 수여받았다. 다스칼로스도 이 귀족의 칭호를 물려받았지만 영국 식민정부가 1950년대 지하 게릴라 항전 때 그리스계의 키프로스인들을 학대한 데 반발하여 작위를 영국 황실에 자진 반납했다.

　"나의 아버지는 매우 고지식한 사람이었고 나에 대한 애정의 표시를 거의 보여준 적이 없었네. 그분은 나를 대영제국의 장교로 만들려고 했고 가족들에게도 모두 그리스어 대신 영어를 쓰도록 했지. 나는 이러한 압력에 분개했지만 아버지의 사랑과 인정을 받아보려는 갈망에서 영국군에 입대해서 장교가 되었네. 내가 훈련을 마치고 제복을 입고 집으로 돌아오던 날을 지금도 기억하고 있네. 모두들 내가 날씬하고 잘 생긴 장교가 되었다고 한 마디씩 해주었지. 나는 거울을 들여다보았지만 내 몰골은 혁대를 맨 노새 꼴이었어." 다스칼로스는 이렇게 말하고 웃음을 터뜨렸다.

　"훈련을 마치고 나는 아버지의 집무실에 들렀었지. 나는 그분이 따뜻하게 맞아줄 줄 알았는데 그 대신 기다리라는 비서관의 차가운 지시만 받았을 뿐이야. 한 시간 후에 그분의 방에 들어섰는데 그분은 전과 다름없이 저만큼 거리를 두고 위엄만 부리고 있을 뿐이었네. 아버지가 나를 '귀관'이라고 부르는 소리를 들었을 때는 끔찍이도 괴로웠지. '담배 한 대 피우겠나, 귀관?' '사양하겠습니다. 저는 아버지 앞에서는 담배를 피우지 않습니다.' 내가 대답했지. 집에 돌아와서 어머니에게 나에게는 아버지가 돌아가신 거나 다름없다고 말했네. 나는 방문을 닫아걸고 제복을 벗어서 내팽개치고는 분노에 차서 마구 짓밟아 버렸네. 아버지가 집으로 돌아와 내 방으로 왔어. '당신의 귀관이 여기 있습니다.' 나는 흐느끼면서 방바닥에 널린 것을 가리켰지. '체통을 지켜라, 귀관!' 아버지는 손톱만큼의 감정도 보이지 않고 말했네. 얼음덩어리 같은 영국내기 같으니라구, 나는 속으로 이렇게 생각했지. 하지만 그 모든 것에도 불구하고 나는 여전히 그분을 사랑했어. 그분을 아버지로 모시기란 대여섯 번 환생하는 것만큼이나 힘들었어." 그가 웃으면서 덧붙였다.

"저로서는 당신의 성격에서 영국에서 자란 듯한 티를 느끼기가 어려운데요." 내가 감탄했다.

"그것은 바로 자네들 사회과학자들이 생각하듯이 환경이 인격형성에 그렇게 결정적인 역할을 하지 않는다는 사실을 증명하는 거야." 그가 대뜸 이렇게 대꾸했다.

그리고 그는 이어서 자신은 부모들이 귀족 티를 내는 것에 대해 매우 반발했다고 말했다. 그의 어머니는 그리스인이면서도 영국 귀부인 행세를 했고 그들은 대영제국 고관들의 저택을 무대로 귀족들과 어울리곤 했다. 그는 집안의 이 숨막히는 분위기를 피해서 십대 시절의 여름을 가파른 산꼭대기에 있는 엄격하기로 이름난 오랜 수도원인 스타브로보우니 수도원에서 보냈다. 전설에 의하면 콘스탄틴 대제의 어머니인 성 헬레나가 이곳을 방문했을 때 예수님의 십자가 한 조각을 이곳에 남겨 두었다고 한다. 다스칼로스는 이곳의 수도원장이 삼촌이었으므로 이곳에 올 수가 있었다는 것이다.

"7월 어느 날 부모님께서 나를 만나러 오셨네. 그분들은 내가 어떻게 지내고 있는지 궁금했던 거야. 그날 나는 다른 수사들과 함께 일을 하고 있었지. 나는 검정색 수도복을 입고 온몸은 땀과 먼지로 범벅이 되어 있었지. 부모님은 내가 나가 있는 곳을 물어서 찾아오고 있었어. 나는 두 마리의 황소를 몰고 쟁기질을 하다가 그분들이 오고 있는 것을 발견했지. 나는 모자를 쓰고 있었기 때문에 얼굴이 가려져서 처음에는 그분들도 나를 알아보지 못했지. 부모님은 두 분 다 흠잡을 데 없는 차림을 하고 있었네. 어머니는 값비싼 모자와 굽높은 구두를 신으셨더군. 그분들은 내가 올리브나무 그늘 아래서 편안히 책을 읽고 있으리라고 생각하셨던 모양이야. 내가 고개를 들자 어머니께서 나를 알아보고는 아버지의 품에 쓰러지며 기절해 버렸어. 나는 그 자리에서 나로서는 아무런 의미도 찾을 수가 없는 그분들의 생활방식을 따를 수가 없노라고 말했네. 다행히도 나는 수도원 생활을 할 결심은 하지 않을 만큼 온전한 정신을 가지고 있었다네. 나는 그렇게 지독한 불결함을 참아낼 수가 없었거든."

"스타브로보우니 수도원의 오래된 전통은 세례받을 때 발랐던 신성한 기름이 지워지지 않도록 절대로 몸을 씻어서는 안 된다는 것이었네. 몸을 닦는다는 것은 고작 땀을 많이 흘리고 나서 수건으로 훔쳐내는 정도였다네. 듣기로는 대주교가 그곳의 수사들이 몸을 깨끗이 씻고 난 후가 아니면 그곳에 대해서는 공식 방문조차도 하지 않겠다고 했다는 거야. 수도원장은 그가 원하는 대로 하겠다고 약속을 했어. 대주교가 도착했을 때 수도원장이 문 앞에서 그를 맞았어. '보십시오, 주교님. 저도 이젠 깨끗합니다.' 그는 이렇게 말하면서 시종이 들고 있는 물그릇에 손을 담갔다가 얼굴에다 인색하게 몇 방울 뿌리는 것이었다네."

식사를 마친 후 우리는 발코니로 함께 나갔다. 재스민 향기가 발코니 앞에 그윽하고, 유칼리나무의 작은 숲이 내다보였다. 그동안 나는 다스칼로스가 좋아하는 베토벤의 교향곡을 틀고 야코보스는 터키식 커피를 준비했다.

"다스칼레," 나는 그의 인생에 대해서 좀더 알고 싶은 기대를 가지고 말문을 열었다. "저는 당신이 영국에 항거해서 반식민 운동에 가담했다는 사실에 매우 놀랐습니다. 심리학자라면 당신을 훌륭한 영국인으로 만들려고 무진 애를 썼던 아버지에 대한 당신의 잠재적인 적대감이 그런 식으로 나타난 것이라고 설명하지 않을까 생각해 봅니다. 하지만 신을 믿고, 또 신유가인 당신이 영국이 폭력주의적이라고 비방했던 지하운동에 가담했다는 사실은 저로서는 정말 이해하기가 어렵군요."

"자네는 내가 애국적인 이유로 그 운동에 가담했다고 생각하나?" 다스칼로스가 비꼬듯이 대답했다. 그는 '진리의 탐구자'는 오직 보다 높은 동기에 의해서만 정치에 개입할 수가 있다고 말해주었다. 그것은, 자신의 개인적인 이득이나 일반 사람들이 애국심이라고 부르는 것 때문에 정치생활에 끼어들어서는 절대로 안 된다는 것이다.

"내가 EOKA(1955~1959년 동안 교회의 지원 하에 영국에 대항했던 지하 게릴라 조직) 운동에 가담했던 것은 사실 연극 속의 한 배역을 맡은 것과 같았네. 나는 가능한 한 많은 생명을 구해 내기 위해서 가담했던 거야. 내가 냉담히 앉아만 있었다면 훨씬 더 많은 영국인과 그리스인, 터키인들이 죽었을 거야." 그러면서 다스칼로스는 자신이 끼어들어서 인명을 구해 내었던 여러 가지 일화들을 이야기했다. 그것은 그에게는 깊은 근심과 도덕적인 진퇴양난을 야기시킨, 지극히 위험하고 어려운 작업이었다. 어떤 사건은 그에게 너무나도 깊은 번민을 일으켜 놓아서, 그는 대체 어느 것이 옳고 그른 것인지 한참 동안 혼란에 빠져 있기도 했다는 것이다. 그러한 분별력이 마음속에서 희미해져 버렸던 것이라고 그가 말했다.

"내가 알고 지내던 지하운동 지도자들이 밀고자로 밝혀진 어떤 인물을 암살하려는 계획을 세우고 있다는 것을 알고서, 나는 그들을 간곡히 말려서 마음을 바꾸어 놓았다네. 몇 년 후 독립이 된 직후 그자는 몇 사람을 살해하고 체포되어 교수형을 당했어. 내가 그를 구해 준 것이 과연 잘한 일이었는지를 몰라서 나는 20일 동안이나 정신적인 혼란에 빠져 있었네. 마침내 어느 날 오후 성소 안에서 명상을 하고 있을 때 나는 요하난의 목소리를 들었지. '어떤 인간에게 선을 행할 때, 그의 장래의 행위까지 그와 약속하는 것은 아니다. 그의 행위에 대해서는 오직 그만이 전적인 책임을 져야 한다. 너의 의도는 선했다. 너는 선을 행한 것이다. 결과를 판단하는 것은 너의 할 일이 아니다. 그것은 하느님과 카르마에 속한 것이다.'"

키프로스가 독립을 선언한 지 3년 후, 1963년 그리스와 터키 간의 인종분쟁이 일어났을 때 다스칼로스는 다시금 혼란의 한가운데로 빠져들게 되었다.

"나는 군사훈련을 받았기 때문에 그리스 쪽의 방어를 맡은 민병대의 작은 분견대에 배속되었지. 나는 전직 경찰서장인 파시(뚱보) 코스테스와 함께 오모르피타(1963년 크리스마스 기간에 큰 충돌이 일어났던 니코시아의 교외)에서 근무했네. 나는 허리에는 권총을 차고 차 안에는 기관총을 가지고 다녔지."

"당신이 그 총들을 터키인들을 향해 쏘았다는 이야기를 하시려는 겁니까?" 나는 믿어지지 않는다는 표정을 감추려 하지 않고 물어 보았다. 다스칼로스가 오모르피타의 거리를 총을 들고 배회하는 모습을 상상한다는 것은 어쩐지 어울리지 않았다.

"나는 누구에게도 총을 사용하지 않았네." 그가 웃으며 대답했다.

"공격을 받았다면 어떻게 하셨겠어요?"

"실제로 한번은 나와 파시 코스테스 단 둘이 있을 때였는데, 40명의 터키 청년들에게 포위된 적이 있었네. 우리는 한동안 쫓기다가 빗발 같은 총알을 피하기 위해 높은 담을 넘어야 했지. 코스테스는 뚱뚱했기 때문에 무척 애를 먹었네. 우리는 늘 서로 농담을 주고받았는데 서로를 '대장'이라고 불렀지. 그것은 하나의 비참한 익살극이었어! '대장, 이제 어떡하면 좋을까?' 우리가 그 담 뒤에서 꼼짝 못하게 된 것을 알고 내가 말했어. 우리는 터키인들이 겁을 먹고 도망가기를 바라면서 공중에다 대고 총을 쏘기 시작했지. 그들을 향해서는 절대로 쏘지 않았어. 결국 우리는 키트레야 마을에서 온 용감한 여인 아나스타샤에 의해 구출되었네. 그녀는 자기의 '똘마니'들을 데리고 와서 터키인들을 쫓아 버린 거야."

"왜 당신은 자신을 방어하기 위해 당신의 특별한 힘을 사용하지 않았나요?" 내가 물었다.

"영적인 능력은 그런 세속적인 일을 위해서 사용되어서는 안 되네. 보이지 않는 스승들이 그것을 허락하지 않을 거야. 나는 그 혼란스러운 기간 동안에 생명을 구하기 위해서 딱 한 번 투시능력을 사용했었네. 나는 나의 부하들에게 생명이 위험한 지경에 처해 있지 않는 한 절대로 공격하거나 총을 쏘지 말 것을 엄명해 놓았었지."

"잘난 체하는 한 그리스군 장교가 한번은 우리의 지역으로 들어와서 나의 부하들에게 터키군의 진지를 공격하라고 명령했네. 그는 그들이 철수했거나 잠들어 있으리라고 믿었던 거야. 나는 그의 생각은 바보짓이라고 하며 한참 동안 그와 다투었지. 나는 그가 내 부하들의 생명을 위험한 지경에 몰아넣으려고 했기 때문에 그의 상관에게 보고하겠다고 겁을 주었네. 나는 나만의 방법으로 터키군들이 삼엄한 경계망을 펴고 있는 것을 보았거든. 그리스군들이 움직인다는 것은 죽으러 가는 것이나 마찬가지였네. '그러면 돌멩이를 던져서 어떤 일이 일어나는지 한번 보시지 그러시오?' 내가 제안했어. 그가 돌멩이를 던지자 터키군은 우리가 공격하는 줄 알고 빗발같이 총을 쏘아 댔지. 나중에 그들은 진지를 버리고 물러가 버렸어. 그때 내가 말했지. '자, 이제 가서 진지를 점령하고 전적을 올리시오. 우리는 그런 일에는 관심이 없으니까.'"

"전쟁이 끝나고 나서 대주교 마카리오스는 내가 참석한 어느 공식 모임에서 나를 '그리스의 진정한 애국자이자 키프로스인'이라며 추켜세웠어. '잠깐만, 주교님……,' 내가 말을 막으며 말했지. '저는 애국자도 아니고 그리스인도 아닙니다. 단지 한 사람의 키프로스인일 뿐입니다. 제가 전선에 나섰던 유일한 이유는 우리의 어머니들과 누이들을 지키려고 했던 것뿐입니다. 그 밖에는 아무런 이유도 없습니다.' 그것도 또 다른 형태의 정신 나간 짓이었지만 그래도 최소한 민족주의만큼 멍청한 일은 아니었지."

"그 자리에 영국과의 싸움에 한 몫을 했던 유명한 여류 문헌학자가 있었는데 그녀가 일어나서 자랑스럽게 말했지. '주교님, 우리 여성들도 조국을 위해 많은 피를 흘렸습니다.' 나는 유혹을 참지 못하고 마카리오스의 귀에다 대고 속삭였네. '그럼요, 주교님. 그들은 한 달에 한 번씩 피를 흘리지요.' 그러자 대주교는 웃음을 터뜨리다가 마시고 있던 포도주를 쏟아 버렸지." 다스칼로스는 의자에 등을 기대며, 웃다가 가슴이 터질까봐 겁이라도 나는 것처럼 가슴에 손을 대었다. "그 문헌학자는 그후 5년 동안이나 나와는 말도 하지 않았다네. 하지만 지금 우리는 좋은 친구 사이이고 그녀의 동생은 우리 모임의 학생이야."

"애국심 때문에 말썽이 많았었지. 어릴 적부터 말이야. 하루는 선생님이 그리스 역사를 가르치고 있었네. 그는 비잔틴 왕국의 황제 바실리오스가 불가리아인 포로들의 눈을 뽑아 버리고 단 한 사람만 한쪽 눈을 남겨 두어 그의 동족들을 고국으로 데리고 가도록 했다는 이야기를 해주었지. 그것은 불가리아인들이 더 이상 비잔티움을 침략하지 못하도록 훈계하기 위한 방편이었다는 거야. 나는 그 이야기를 듣고 일어나서 '부끄러운 일이로군요!' 하고 소리쳤어. '너는 그리스 역사가 수치스럽다는 말이냐?' 선생님이 화를 내며 말했어. '정말 수치스럽기 짝이 없어요!' 나는 목청껏 고함을 질렀지. 그는 나의 따귀를 갈기고는 교실 밖으로 쫓아버렸어. 교장 선생님이 그 일을 전해 듣고는 내가 그 수업을 듣지 않아도 좋다는 지시를 내리셨다네. 그가 나에게 직접 그 과목을 가르쳤고 그리스 역사는 배우지 않아도 되었지. 나는 그런 끔찍한 행위가 애국적인 처사로 미화되는 것을 참을 수 없었던 거야."

다스칼로스가 문득 일어나더니 셔츠를 올려서 1963년의 위태로웠던 시절에 등에 입은 상처를 보여 주었다. 총알은 아직도 몸속에 박혀 있었다. 나는 그곳을 만져서 총알이 있는 것을 확인했다. 그는 그것이 그다지 괴롭지 않았으므로 빼내려고 하지 않았던 것이다. 총알은 지방질로 둘러싸여 있었고 상처가 확대될 위험성은 없었다. 그가 익살스럽게 덧붙였다. "그리고 그건 내가 죽으면 하느님께 드릴 선물로 가지고 가고 싶어. 나는 이렇게 말할 거라네. 하느님, 인간들의 미친 짓거리의 증거물입니다."

"터키계의 키프로스인인 한 병사가 하루는 나를 방문했네. '스피로, 데케(이슬람교 사원)로 가봅시다. 콩이 저 혼자서 춤추게 할 수 있다고 어떤 터키인이 큰소리를 치더군요.' 우리는 함께 라르나카로 차를 몰아 데케로 갔지. 그 사나이는 매우 상기되어 있더군. 그는 마당 한가운데에 원을 그리고 그 안에 콩을 한 줌 놓았어. 그러고는 무슨 기도를 올리자 콩들이 춤추기 시작했네. 물론 그는 그 이치를 모르고 있었어. 그것은 정원의 정령들이 콩으로 장난을 하는 것이었어. 나는 그 정령들에게 말을 걸며 내 쪽으로 오라고 했지. 콩들이 나에게로 와서 내 얼굴 주위를 돌아다녔어. 사내는 깜짝 놀라 겁에 질려버렸지. '이 지아보(터키 말로 그리스인을 경멸적으로 부르는 말)와 가까이 지내지 마시오. 그는 사탄의 힘을 부리고 있소.' 그가 내 친구에게 이렇게 말했네." 다스칼로스가 낄낄거리며 웃었다.

"정령들이 무슨 짓을 한다는 말씀이지요?" 내가 물었다.

"그것들은 정원에 있는 정령들이야."

다스칼로스는, 모든 식물에는 대천사의 분신인 천사가 있다고 설명해 주었다. 식물을 살아 있게 하는 것은 이 정령이라는 것이다. 식물이 죽으면 이 천사는 그 식물의 경험을 대천사에게로 전달한다. 이렇게 해서 모든 종(種)의 정보가 세대를 걸쳐서 전달된다는 것이다.

"정령들은 마치 어린아이들처럼 장난을 좋아하지. 그들을 잘못 다루면 사람을 해칠 수도 있지만 악의적이지는 않아. 아이들이 악의 없이 다른 사람을 다치게 할 수 있는 것과 마찬가지지. 식물이나 동물과 대화한다는 것은 사실 그들을 관장하고 있는 천사와 대화한다는 뜻이야."

"나는 그 터키인 친구와 한동안 절친하게 지냈지." 다스칼로스가 슬픈 듯이 말했다. 사실 내란이 일어나기 전까지는 터키인들의 지역에도 그의 제자들이 있었다. 그는 터키어를 할 줄 알았고 심지어는 장난삼아 이스탄불 대학의 입시를 치러 합격했던 적도 있었다. 그가 터키의 학생들에게 한 강의의 내용은 수피의 전통을 근저로 한 것이었으며, 『신약성서』 대신에 『코란』을 해박하게 인용했다. 그는 터키의 몇몇 지도자들을 포함해서 많은 터키인들과 깊은 우정을 나눴었다고 했다. 많은 터키인들 사이에서는 '스피로 에펜디'가 사실은 미개한 그리스인들을 구원해 주기 위해 신께서 보낸 이슬람의 선지자라는 풍문이 나돌았다. 정세가 호전되면 키프로스의 많은 터키인들이 그에게 병을 고치기 위해 몰려올 터였다.

그는 이어서 자신이 이 섬의 인종분쟁에 휘말려들었던 몇 가지 사건들에 대해서 이야기해 주었다. 나는 다스칼로스가 자신의 경험을 이야기할 적에는 그것이 심각한 내용이건, 우스갯거리이건 늘 듣는 이에게 어떤 깨우침을 주고자 한다는 것을 알 수 있었다. 모든 이야기 속에는 어떤 사상이 깔려 있었다.

"부대원들과 함께 터키군 점령지역 쪽을 망보고 있을 때였네. 거의 이틀 동안이나 어린아이 우는 소리가 났어. 난 한 터키인 어머니가 아이와 함께 양군의 경계지역 안에 있는 집 안에 갇혀 있다는 것을 알아냈지. 양식도 떨어지고 아이도 젖을 먹지 못했던 거야. 나는 흰 깃발을 올리고는 확성기로 저쪽의 터키군에게 말을 걸려고 애썼지. '다스칼레, 당신이세요?' 누군가가 외치는 소리가 들렸어. 나는 그 목소리를 알아들었네. 그것은 나의 터키인 제자 중 하나인 피크렛이었어. '피크렛, 자넨가?' 하고 내가 되받아 소리쳤지. '맞아요, 다스칼레. 위정자들이 우리에게 어떤 짓을 했는지 당신도 아세요?' 나는 그가 우리와 대치하고 있는 터키군의 우두머리라는 것을 알았지. '피크렛, 터키인 어머니에게 우유를 좀 갖다 줘야겠어. 부하들에게 총을 쏘지 말라고 말해 주게.' '다스칼레, 혼자 와야 해요. 알았지요?' '알았네, 피크렛.' 나는 농축우유를 세 깡통 사들고 백기를 들고 그 어머니가 갇혀 있는 집의 발코니 밑으로 걸어갔어. 나는 피크렛이 부하들에게 누구든지 총을 쏘면 총살시킬 것이라고 엄포를 놓는 소리를 들었어. 터키인 어머니가 발코니로 나와서 내가 던져주는 우유 깡통을 받았어. '고맙습니다. 정말 고마워요, 다스칼레. 하느님이 당신과 함께 하기를.' 그녀는 내가 피크렛과 주고받는 말을 듣고 내 이름을 알았던 모양이야. 내가 우리 진지 쪽으로 돌아가려고 하는데 모퉁이에서 아주 덩치가 큰 터키군이 권총을 들고 나타났어. 여인이 나에게 조심하라고 소리쳤지. 나는 피하려고 했지만 그가 쏜 총에 몇 발을 맞았어. 나는 땅에 쓰러지면서 다른 총소리를 들었지. 그것은 피크렛이 쏜 총이었고 그의 동족은 그 총에 부상을 입고 쓰러졌어. 피크렛이 달려왔어. 그는 나를 자기네 병원으로 데려가겠다고 했네. 나는 사양했어. 그리스 쪽의 병원으로 가는 것이 낫겠다고 생각했거든. 그러자 그는 나를 부축해서 우리 진지까지 데려다 주겠다고 하더군. 나는 부하들에게 총을 쏘지 말라고 지시했어. 나는 그의 부축을 받으며 돌아갔지. 나의 부상은 그다지 심한 편이 아니었네. 진지에 도착해서 나는 사람들에게 피크렛을 나의 제자라고 소개하고 악수를 하게 했지. 그때 우리 부대의 악명 높은 사수 하나가 다가와서 내가 터키군에게 친절히 대해 주는 것에 골이 나서 투덜거리면서 욕을 했어. 나는 그에게 피크렛과 악수하라고 명령했네. 그는 거절했네. '악수하란 말이야, 이 멍청아!' 내가 호통을 치자 그는 퉁명스럽게 손을 내밀었네. 나는 피크렛이 귀환할 동안 사격을 하지 말라고 명령했어. 그가 떠나기 전에 우리는 상대방 지역에서 무슨 일이 일어나더라도 서로 공격하지 않기로 협정을 맺었네. 그래서 그 지역에서는 단 한 명의 그리스인도, 터키인도 죽지 않았지."

이와 같은 사건이 있은 지 10년 후, 터키군이 키프로스로 쳐들어왔을 때 다스칼로스는 다시 사건 속에 휘말렸다. 그의 집은 몇 주일 동안이나 피난민들로 가득 차 있었다. 그리고 어머니들은 실종된 아들의 사진을 들고 스트로볼로스로 몰려들었다.

"하루는 한 여인이 아들의 사진을 들고 찾아왔어. 사진을 손에 잡는 순간 나는 그가 죽은 것을 직감했지. 하지만 그녀가 너무나 괴로워하는 모습 때문에 사실을 이야기할 수가 없었네. 다만 '부인, 오늘은 너무 피로해서 집중할 수가 없군요' 하고 말했어. 그녀는 털썩 주저앉아 울기 시작했네. '거짓말을 하시고 있군요, 다스칼레.' 그녀가 말했네. '제 아들은 죽었어요. 간밤에 아들을 봤는데 그 애는 저에게 손을 흔들고 있었어요. 안녕히 계세요 어머니, 저는 긴 여행을 떠납니다. 언제 다시 뵐 수 있을지는 저도 모르겠습니다.' 그녀의 아들은 그가 다시 환생하게 될 때까지 머물게 될 심령계로 올라가기 직전에 에테르의 몸으로 어머니의 꿈속에 들어왔던 거라네."

"또 한번은 유엔의 협조 하에 어떤 실종된 그리스계 키프로스인의 행방을 알고 있다고 생각되는 터키군 장교를 접촉한 적이 있었네. 바리케이드를 지키고 있던 몇 명의 터키 병사가 터키어로 하는 우리 대화를 넘겨 듣고는 나더러 터키인이냐고 물어 보더군. 그들은 그리스의 지역에서 터키인이 도대체 무엇을 하고 있는지 이해할 수가 없었던 거야. 내가 대답했지. '내가 그리스인이건 터키인이건 무슨 차이가 있단 말이오?' 누군가가 이렇게 대꾸하더군. '그리스인은 그리스인이고 터키인은 터키인이지.' 내가 말했다네. '아니오. 그리스인도, 터키인도 모두 천사요.' '천사요?' 하고 터키 병사가 되물었어. 나는 그의 볼을 만져주면서, '그렇소, 천사 말이오. 당신은 나의 사랑하는 천사요.' 하고 말했지. '내가 천사라구요?' '그렇소, 당신이 말이오.' 그들은 내가 '스피로 에펜디'라는 사실을 알고는 흥분했어. 그중 한 사람이 나에게 축복을 해달라고 했네. 나는 이슬람 교도의 기도를 읊으면서 그의 이마에 손을 얹고 말했네. '어떤 총알도 그대를 맞히지 못하리.' 그는 나의 손에 입을 맞추면서 말했네. '스피로 에펜디, 나는 내 그리스인 형제들을 향해 절대로 총을 쏘지 않을 테요. 쏘라고 명령을 받는다면 그들의 머리 위로 쏠 것이오.' 그러고 나서 나는 경계선을 넘어 그리스 진영으로 돌아왔지." 다스칼로스는 말을 마치고 의자에 몸을 기대었다.

그가 또 다른 이야기를 시작했다. "바틸리 마을에서 피난온 지 얼마되지 않은 스무 살 난 소녀가 나의 도움을 청해 왔네. 그녀는 임신 중이었고 아이의 아버지는 마을의 터키인이었지. 그녀의 말로는 터키군이 탱크를 몰고 마을로 쳐들어오기 직전에 그리스인들은 모두 버스와 승용차, 트랙터 등을 타고 남쪽으로 피난해 갔어. 그 와중에 그녀는 미처 피난을 못 갔던 거야. 하지만 그녀가 알고 지내던 터키계 사람 오르찬이 그녀를 집으로 데려가서 숨겨주겠다고 했어. 그는 부모와 함께 살고 있었는데 그들은 모두 그녀에게 친절하게 대해 주었어.

그들은 몇 주일 동안 그녀를 감추어 주었지. 하지만 비밀은 드러나기 시작했고 그들은 그녀가 군인들에게 발각되면 욕을 보게 될 것이 두려웠어. 오르찬은 그녀를 남쪽으로 피신시킬 방법을 찾는 동안 서류상으로 그와 결혼을 하자는 제안을 했어. 그들이 결혼한 사이라면 당국자들도 그녀를 괴롭히지는 못하리라는 생각에서였지. 그녀는 동의했고 그들은 이슬람식 결혼식을 치렀어. 하지만 그들은 따로 살았지. 오르찬은 약속을 지켜서 그녀에게 손을 대지 않았던 거야. 하지만 그 작전은 잘 먹혀들지 못했어. 이 그리스인 소녀를 감시하던 그 마을의 터키인 담당관이 그들의 결혼은 위장결혼이라고 의심하기 시작한 거야. 한편 그리스 소녀와 오르찬 사이에는 깊은 사랑이 싹트고 있었지. 어느 날 밤 그녀는 잠옷 바람으로 그의 방에 들어갔어. '저는 당신의 아내예요. 저를 당신의 것으로 만드세요.' 그녀는 이렇게 말했고 그때부터 그들은 부부처럼 살았어. 그런데 한편으로 터키 점령군과 키프로스 당국 사이에 협정이 체결되었는데 그것은 북부에 있는 모든 그리스 여자들은 남부의 친척에게로 보낸다는 것이었어. 이 협정에 의기가 양양해진 터키인 담당관은 그들 부부를 강제로 떼놓아 그녀를 그리스 지역으로 보내 버렸다네. 그녀가 나를 찾아온 것은 그 당시였지. 한참 애를 쓴 끝에 나는 전화로 오르찬과 통화를 할 수 있었네. 그는 나에게 그의 아내와 뱃속에 든 아이를 잘 돌봐줄 것을 눈물로 호소했네. 그는 아내를 다시 만날 수 있으리라고 기대하지 않았던 거야. 나는 그들이 다시 만날 수 있도록 내가 할 수 있는 모든 일을 해보겠다고 말했네. 어떤 사람들은 내가 한 일을 반역이라고 할지도 모르지. 나는 그녀에게 말했네. '오르찬은 너의 남편이야. 그에게로 돌아가서 터키인들과 함께 살아. 그들은 이제는 너의 동포야.' 나는 그녀가 남편을 깊이 사랑한다는 것을 알 수 있었어. 나는 특별 허가를 가까스로 받아냈고 유엔의 호위 하에 그녀를 돌려보냈지."

다스칼로스는 이야기를 마치면서 이 섬의 그리스인과 터키인 사이의 불화를 슬퍼했다. 어느 날인가 그는 자기 제자들에게 터키계 키프로스인들을 적대시하지 말라고 일렀다.

"여러분의 내면을 파헤쳐 보십시오. 그러면 거기서 진정한 적을 발견할 것입니다. 어떤 민족에게 일어나는 일은 우연히 일어나는 것이 아니라 집단적인 카르마의 결과입니다. 예를 들어 어떤 부족이 호전적이어서 다른 나라를 괴롭혀 왔다면 당시에 형성되었던 파괴적인 염체가 그 부족을 따라다니면서 조만간에 다른 역사적 상황에서 나타나게 됩니다. 개개인에게 카르마가 있는 것과 마찬가지로 집단적인 카르마가 있어서 어떤 집단이나 나라에 사는 사람들은 그 집단이나 나라의 카르마의 영향을 받게 됩니다." 그리고 그는 이렇게 권고했다. "파괴적인 염체를 만들어내는 악습에서 벗어나는 일이 가장 절박합니다. 그러니까 키프로스에 사는 그리스인들에게 가장 중요한 것은 터키계 동포들에게 나쁜 감정을 품지 않고 그들에게 진정 우호적인 손을 내미는 것입니다."

"다스칼레, 이번 생에서 당신을 가장 크게 변화시킨 것이 무엇인지 말해 주실 수 있겠습니까?"

그리스인과 터키인 사이의 관계와 지역정치에 관한 이야기가 잠시 오고간 후에 내가 이렇게 물어 보았다.

다스칼로스는 잠시 생각하다가 자신의 인생은 요하난, 힐라리온, 도미니코 등의 보이지 않는 스승들에 의해 인도되어 왔다고 대답했다. 그러나 그가 20대였을 때 그의 영적인 길에 뚜렷한 도움을 주었던 한 사람이 있다고 말했다. 그는 제2차 세계대전 동안 키프로스에서 군의관으로 복무했던 인도인이었다. 그는 자신이 이 인도인 의사를 만나 수술실에서 한동안 그의 조수 노릇을 하게 된 것은 '다른 세계'에 있는 스승들이 자기를 '인도'했기 때문이라고 했다.

그러나 다스칼로스가 자신의 현생에서 가장 소중히 여겼던 인연은 2차 대전 중에 카사블랑카에서 독일군에게 죽임을 당한 어린 시절의 친구였다. 그들의 우정은 미국의 선교단체에 의해 설립된 라르나카의 중학교에서 비롯되었다. 그 친구 피보스는 그보다 3년 선배였고 어리고 약한 자기 친구를 늘 감싸 주었다. 다스칼로스는 자신이 다른 아이들에게 놀림 당하고 매를 맞으려 할 때마다 여러 번 그가 구해 주었던 이야기를 해주었다.

피보스는 미국으로 이주한 삼촌의 초청으로 미국으로 유학하여 문학공부를 하였다. 그들의 우정은 너무나도 깊어서 다스칼로스는 자신도 미국으로 유학할 계획을 짰다. "우리는 항상 가까이서 살 수 있도록 서로 동서지간이 되자고 농담도 했었지. 하지만 그것은 우리의 운명이 아니었어. 피보스는 미육군에 징집당해 카사블랑카로 배치되었는데 그곳에서 죽음을 맞았던 거야." 다스칼로스는 그가 죽는 순간 그것을 직감했다고 말했다. 그의 눈앞에 친구가 피범벅이 되어 땅에 누워 있는 모습이 보였다. 그때 피보스가 에테르의 몸으로 그에게로 왔다.

"그가 내게로 와서 침대 곁에 섰어. 그는 '스피로, 자네에게 작별하러 왔네. 우리는 오랫동안 서로 만나지 못할 걸세.' 하고 말하고는 사라졌어. 나는 침대에 앉아 잃어 버린 친구를 생각하며 슬피 울었네. 고통에서 벗어나기 위해 그 자리에서 시를 하나 지었지."

"그 시를 기억하고 있나요?" 내가 진지하게 물었다.

"나는 그것을 적어 놓지도 않았지만 그것을 지었을 때만큼이나 생생하게 기억하고 있네." 내가 부추기자 그는 천천히 그 소년시절의 친구에 대한 경의에 찬 시를 읊기 시작했다. 그것은 마치 40년 전에 자신이 느꼈던 고통을 되살리는 듯했다.

겨울밤, 슬프고 음산한 밤
무거운 하늘
폭풍우가 몰아친다.
가늘게 떨리던 불꽃
꺼져갈 시각은 다가오느니
오늘 밤 사랑하는 사람은 죽어간다
우레는 하늘을 울리고
눈가엔 빗방울 듣는다
내 안에 떨리는 절망 폭풍처럼 울어
꿈과 희망을 날려버린다
밤이여 걷혀다오
무겁고 답답한 어둠은
죽음의 밧줄로 나의 목을 졸라맨다
사랑하던 이는 오늘 밤 죽어간다
그 곁에 슬픈 촛불이 탄다

"이제는 죽은 친구와 만날 수 있나요?" 잠시 침묵이 흐른 후 내가 물어 보았다.

"물론, 그는 이 방에 있지." 그가 웃으면서 대답했다. 나는 피보스가 심령-이지계에 살고 있는 영으로서 어떤 방법에 의해 다스칼로스와 교감을 나누고 있다는 뜻으로 그의 말을 이해했다. 그러나 나는 이내 그것이 그의 시가 준 충격에 눈물을 감추려고 애쓰고 있는 야코보스를 가리킨 말이라는 것을 깨달았다.

"이 사람이 피보스란 말입니까?" 나는 다스칼로스를 의심스럽게 쳐다보며 말했다.

"그래요, 그가 피보스야." 그는 서슴지 않고 고개를 끄덕였다. "내 눈에는 그가 야코보스로만 보이는 게 아니야. 나에게 그는 피보스인 동시에 조반니요, 또한 오마르, 라사다트, 그리고 또 다른 여러 인물이지."

그는 자신이 야코보스와 함께 스무 번이 넘도록 환생했다고 주장했다. 그는 자신이 야코보스와 함께 신비의식을 해설하는 사제로서 살았던 고대 이집트 시절에 대해 몇 번 말을 비춘 적이 있었다. 나는 그가 자신의 전생에 대한 기억이 확실함을 추호도 의심하지 않는다는 것을 너무나 잘 알 수 있었다. 그는 자신의 전생을 마치 일기장 읽듯이 기억해 낼 수 있다고 말한 적도 있다.

"고대 이집트에 대한 이야기는 나중에 들을 기회가 있을 거야." 다스칼로스는 나의 요청에 이렇게 대답했다. "하지만 오늘은 너무 늦었고 또 우리는 할 일이 좀 있어요."

7
From Death to Rebirth

죽음에서 환생까지

"인생에 있어서 신의 의지란 생과 사, 그것뿐이다.
그 밖의 모든 것은 우리가 전생으로부터
무엇을 가지고 왔으며, 그것을 현생에서 어떻게
표현하거나 발전시키기로 마음먹느냐에 달려 있다.
거듭되는 환생은 자신이 누구인지를 깨달아
자아의식을 성취함으로써 자신의 근원으로
되돌아가기 위한 것이다.
그것이 얼마나 걸릴지는 그 자신에게 달린 문제이다."

나와 야코보스가 섬의 남동쪽 항구인 라르나카로 가는 버스에 오른 것은 오후 3시쯤이었다. 다스칼로스는 그곳에서 학생들과 월례 모임을 가지기로 했던 것이다. 그들은 저녁 7시에 테아노 '자매'의 집에서 모이기로 했는데 그녀는 다스칼로스의 비밀 모임의 일원이었고, 그는 그녀를 '라르나카의 마녀'라는 애칭으로 부르곤 했다. 다스칼로스는 아침 일찍 라르나카로 가서 그곳의 환자들을 돌보고 있었다.

우리가 니코시아 중심가의 자유광장에서 버스에 올랐을 때 빗방울이 가볍게 듣기 시작했다. 나는 하루 일에 피곤을 느끼며 라르나카에 도착할 때쯤은 녹초가 되어 있지 않기를 바라면서 눈을 감고 앉은 채로 다스칼로스에게 배웠던 '집중 - 이완법'을 연습했다. 내가 의식을 외부로부터 떼어 놓으려고 애쓰는 동안 야코보스는 아무 말없이 내 옆에 앉아 있었다.

나는 최대한 느긋한 마음으로 다스칼로스의 가르침을 떠올렸다. 깊숙이 숨을 들이쉬고 내쉬는 동안 나는 몸 전체에 의식을 집중시켰다. 하나하나의 근육을 의식하면서 이완시켜 머리 끝에서 발가락 끝까지 몸 전체를 축 늘어뜨렸다. 그리고 아무런 잡념도 끼어들지 못하도록 노력했다. 3분 정도 심호흡을 한 다음 의식을 발가락 끝에 집중하였다가 천천히 위로 이동시켜 태양신경총(명치)에 집중했다. 그리고 몸 속의 복부로부터 주위를 둘러싸는 청백의 빛 덩어리를 마음속에 그린 다음 3분 동안 사념을 그 안에 집중시키려고 노력했다. 그리고 편안히 몇 번 심호흡을 하고 나서 그 청백색의 광구를 심장 가까이의 가슴까지 끌어올렸다. 나는 심장 부근의 한 점에서 백장미색으로 빛나는 또 하나의 작은 광구를 마음속으로 그렸다. 두 개의 광구는 가장자리가 서로 겹치지만 각기 독특한 빛깔을 그대로 간직하고 있다. 나는 그 상태를 또 3분간 유지하면서 청백색의 빛이 나의 하반신을 덮고 백분홍빛이 목 주위의 상반신을 둘러싸고 있는 모습을 상상했다. 그 다음에는 의식을 머리의 중심으로 옮겨 보다 작은 황금빛 광구를 그렸다. 그것은 머리를 감싸고 사방으로 15센티미터 정도 밖으로 뻗쳐 있다. 나는 또 3분 동안 머릿속과 두뇌의 각 부분에 의식을 집중했다. 그 다음 이번에는 나의 몸 전체가 빛나는 알과 같은 모양의 눈부신 오라에 감싸여 있는 모습을 그렸다. 다시 내 몸속의 구석구석을 의식해 본 다음, 다음과 같은 자기암시를 했다. '내 온 육신에 평화가, 심령체에는 조화가, 생각 위에는 절대의 정적이 내리기를.' 나는 다시 3분 동안 심호흡을 한 후에 이 명상에서 빠져나왔다.

다스칼로스는 이 명상 행법을 규칙적으로 ― 그리고 가능하다면 아침에 ― 행하면 그 사람의 인격에 매우 좋은 영향을 미칠 것이라고 말했다. 청백색의 빛은 육신을 아주 건강한 상태로 유지시켜 주고 백장미와 황금의 빛깔은 심령 - 이지체를 정화시켜 주고 조화롭게 해준다는 것이다. 나 자신의 경험에 의하면 이 연습과, 다스칼로스가 가르쳐 준 이와 비슷한 다른 행법은 신체를 금방 이완시켜 주는 효과가 있었다. 이번의 경우에도 눈을 뜨자 피로가 사라지고 매우 상쾌한 느낌이었다. 비가 그치고 우리의 눈 앞에는 지평선 위에 걸쳐진 무지개가 장엄하게 펼쳐져 있었다. 때는 3월 중순이라 노랗고 붉은 야생화가 무수히 들판을 덮고 있는 키프로스의 전원 풍경은 한껏 아름다운 모습이었다.

한 시간쯤 달려서 우리는 라르나카에 도착했다. 테아노의 집은 부두를 바라보고 있는 낡은 이층집이었다. 그녀는 60대 초반의 늙숙하고 인정 많은 부인으로, 마치 할머니처럼 우리를 껴안고 입을 맞추며

맞아 주었다. 야코보스와 함께 왔다는 사실과, 다스칼로스가 나의 일에 협조해 주고 있다는 것만으로도 나는 자연스럽게 그들의 '형제'가 되기에 충분했다. 다스칼로스의 말로는 테아노가 전생에 네 번이나 자기 어머니였었다고 했다. "때문에 저분은 나를 볼 때마다 그토록 깊은 모성을 나타내는 거야." 그는 웃으면서 나에게 이렇게 말했었다. 실제로 테아노는 다스칼로스를 마치 어머니가 사랑스러운 아들을 부르듯이 '우리 금둥이'라고 부르곤 했다.

우리는 다스칼로스와 다른 제자들이 도착하기를 기다리며 거실에 앉아 있었다. 과자와 레몬 주스를 들면서 테아노는 자신의 죽은 남편 파블로스의 이야기, 그를 통해서 다스칼로스의 제자가 되고, 또 그의 '내부모임'의 한 식구가 되게 된 사연에 대해 이야기해 주었다.

파블로스는 인생의 대부분을 파리에서 산 시인이었다. 거기서 그는 신비주의에 흥미를 가지게 되었다. 어느 날 그는 유명한 영매를 찾아가서 어떤 철학적인 의문에 대한 답을 구했다. 그 영매는, 그 의문에 대한 답은 그의 장차의 스승으로부터 언젠가는 얻게 되리라고 말해 주었다. 그 스승은 1913년 12월 20일에 태어날 것이라고 영매가 말했는데, 그날이 바로 다스칼로스가 태어난 날이었다. 그녀는 다스칼로스가 성장한 모습을 스케치하고 그 위에다 다스칼로스의 이름 첫글자를 적어서 그에게 주었다.

여러 해가 지나가고 파블로스는 파리를 떠나 키프로스로 돌아와 스무 살 아래인 테아노와 결혼을 했다. 그는 수십 년 전에 영매가 자신에게 주었던 그림을 그대로 간직하고 있었다. 우연히 어떤 사교모임에서 다스칼로스를 만났을 때 파블로스는, 그의 아내의 말을 빌리자면, 숨이 멎어 버렸다. 다스칼로스의 모습은 그 그림의 모습과 완전히 일치했다. 두 사람은 따로 만나 이야기를 나눴고 파블로스는 다스칼로스의 생일과, 그 밖의 다른 사실들을 밝혀 내고는 눈물을 흘리며 그를 껴안았다. "당신이 바로 내가 그토록 여러 해 동안 기다렸던 스승이시군요." "당신도 또한 스승입니다." 하고 다스칼로스가 대답했다고 한다. 다스칼로스보다 스무 살이나 위인 파블로스는 그해에 다스칼로스의 내부모임에 입문했고 죽을 때까지 다스칼로스의 가장 헌신적인 제자로서 남아 있었다고 한다. 야코보스나 코스타스, 테오파니스와 같은 사람들과는 달리 그는 영적 능력이 각성되지 않고 잠들어 있었다. 그러나 그는 영적으로 높은 수준에 있었고 유머감각이 매우 뛰어났다. 테아노가 이야기했다. 어느 날 남편이 한 친구와 함께 바다를 바라보며 야자수 아래 벤치에 앉아 있었다. 갑자기 파블로스가 일어나더니 모자를 벗고 약간 허리를 수그리면서 말했다. "안녕하시오, 다스칼로스." 어리둥절해진 친구가 무슨 일인지를 물었다. 그가 태연히 말했다. "방금 다스칼로스가 자기 몸을 빠져나와 환자를 돌보러 가는 모습을 보았네." 잠시 후에 친구가 일어나서 모자를 벗고 말했다. "잘가요, 다스칼로스." 파블로스가 설명을 청하자 그 친구가 말했다. "난 방금 그가 서둘러서 몸속으로 돌아가는 모습을 보았네."

테아노는 자신이 죽은 남편과 끊임없이 대화를 나누고 있다고 말했고 다른 사람들의 말에 따르면 그녀도 신유의 능력을 가지고 있다고 했다. 그녀는 그 지역의 주교가 자신에게 싸움을 걸어오지 않도록 매우 조심해야만 했었다고 털어놓았다. 그 때문에 그녀는 그곳의 주교와 좋은 관계를 유지하기 위해 노력했다. "어쩔 수 있나요? 사람들은 자칫하면 우리를 오해하기가 십상이니까요." 그녀는 어깨를 으쓱하며 말했다.

테아노는 남편을 아주 자랑스러워했고 나에게 선물로 남편의 시집을 몇 권 주었다. 그리스어로 쓰여진 것도 몇 있었지만 대부분은 불어로 쓰여져 있었고 프랑스 낭만주의의 색채가 강했다. 나중에 다스칼로스가 말하기를, 그들은 자신이 보아온 중에서도 가장 금실이 좋은 부부였다고 했다. 그 이유는 그들이 수세기 동안이나 줄곧 인연을 맺어 왔기 때문이라는 것이었다. 그들은 오래된 영혼들이며 오랜 세월 동안 거듭하여 부부로 만났다는 것이다. 다스칼로스는 나에게 여러 번 이야기하기를, 좋은 부부관계를 이루기 위해서는 한 번의 생으로는 부족하다는 것이었다. 두 사람의 인간이 경험과 사랑을 통해서 서로 조화되기 위해서는 여러 번 부부관계로 환생해야만 한다는 것이었다.

다스칼로스의 제자들이 하나 둘씩 도착해서 모두 스물다섯 사람이 되었다. 스물다섯에서 일흔까지의 남녀가 골고루 모였다. 니코시아의 모임에서와 같이 이들도 이 사회의 지식층에 속했다. 다스칼로스는 모임에 참석하기 위해서 리마솔에서 차를 몰고 온 코스타스와 함께 맨 나중에 도착했다. 야코보스와 코스타스는 다스칼로스가 섬의 여러 곳에서 행하는 강의에 빠짐없이 참석했다. 그들은 스승의 강의를 정신적으로 후원이라도 하듯이 언제나 그의 옆자리에 앉았다.

정식 모임이 시작되기 전에 다스칼로스는 거실에 앉아 커피를 마시며 약간의 잡담을 즐겼다. 그러고는 다른 방으로 옮아가서 참석자 중의 몇 사람과 개인 면담을 가졌다. 다스칼로스는 이들에게 단지 스승의 역할뿐만이 아니라 그들의 개인적인 문제를 들어 주고 충고해 주는 역할까지 했다.

큰 방에 모두가 모여 앉은 후에 코스타스가 정교회에서 사용하는 것과 같은 향에 불을 붙였다. 다스칼로스가 일어서고 모두가 그를 따라 일어섰다. 그는 향로를 높이 쳐들어 십자가를 그었다. 그리고는 짧은 기도문을 외었다.

"오늘은," 그가 기도문을 다 외고 나서 말했다. "심령 – 이지계에 관한 몇 가지 논점들을 다시 살펴보겠습니다. 여러분 중에서 어떤 사람들은 이들 영역의 성질에 대해서 많은 의문을 가지고 계시더군요. 질문을 하셔도 됩니다. 요하난께서 대답해 주실 준비가 되어 있으니까요."

다스칼로스의 왼쪽에 앉은 코스타스가 사회자 역할을 했다. 첫번째로 들어온 질문은 개괄적인 것이었다. "인간이 죽은 다음 환생하기까지 어떤 일이 일어납니까?" 코스타스가 모두 질문의 내용을 알아듣도록 다시 질문을 되풀이했다.

다스칼로스는 그 대답으로서 먼저 죽음에 대한 정의를 내린 다음 죽은 후 그 사람의 자의식적인 인격의 변화를 설명했다.

"앞 시간에 우리는, 육신은 그에 대응되는 에테르 복체 없이는 스스로를 지탱하지 못한다는 것을 배웠습니다. 그러므로 죽음이라고 하는 것은 육신으로부터 에테르 복체가 환원되는 것을 의미합니다. 일반적으로 사망한 사람의 에테르 복체가 환원되는 데는 40일 정도가 걸립니다. 우리 교회에서 죽은 사람의 무덤에 촛불을 40일 동안 계속 밝혀 놓는 것은 바로 이러한 연유에서입니다. 불은 에테르 복체가 환원되는 과정을 촉진시켜 줍니다."

다스칼로스는 또 죽은 사람의 에테르 복체는 매우 유순하기 때문에 흑마술사에 홀려서 나쁜 목적에 사용될 수도 있다고 말했다. 그래서 인도의 관습처럼 시체를 화장하는 것은 바람직한 일이라는 것이다.

"보통 사람들은 죽음이란 두렵고 고통스러운 경험이라고 생각합니다. 그러나 실제로는 그와 정반대입니다. 죽음의 과정은 하루 일에 지쳐서 곤히 잠드는 것과 다를 것이 없습니다. 심한 병에 시달리던 사람이라도 죽는 순간에는 아무런 고통도 느끼지 못합니다. 어떤 위대한 신비가는 이렇게 말했습니다. '저승사자의 입맞춤보다 더 달콤한 키스를 인간은 맛본 적이 없으리라.' 나는 이것을 개인적인 체험을 통해서 알고 있습니다. 사람이 육신을 포기하는 순간부터 그의 얼굴에는 맑은 정적이 떠오릅니다. 그리고 그는 더 이상 고통을 느끼지 않게 됩니다."

"죽은 후에 그 사람은 자신의 미덕과 악덕, 자신의 꿈과 열망을 그대로 지닌 채 심령 - 이지계의 여러 차원 중 한 차원계에서 완전히 의식이 깨어 있는 가운데 생활하게 됩니다. 그의 인격에는 아무런 변화가 생기지 않고 다만 현실적인 공간만 변화하여, 여러분이 알고 있는 그러한 공간은 더 이상 존재하지 않는 상황 속에 놓이게 됩니다. 그는 공간을 관념으로서 인식합니다." 그의 마지막 이야기가 그 뜻을 좀더 명확하게 하기 위한 몇 가지 질문을 이끌어내었다.

그가 계속했다. "예를 들어서 제가 여러분이 잠자고 있는 동안에 여러분을 이 방으로 데리고 와서 어떤 강의를 들려준다고 가정해 봅시다. 여러분은 여러분이 지금 이 공간에 대해서 받아들이는 것과 동일한 인상을 가지게 될 것입니다. 다음날 여러분이 나를 보면 아마도 이렇게 말하실 것입니다. '다스칼레, 우리는 이 방에 왔었어요. 그리고 저마다 마음 내키는 자리를 잡고 앉았어요.' 자, 저의 질문은 이것입니다 — 여러분은 저의 강의를 듣기 위하여 정말로 이 방에 왔던 것일까요? 그러한 상태에서는 심령계에 살고 있는 누구라도 원하기만 한다면 아무리 멀리 떨어져 있는 사람도 같은 강의를 들을 수가 있다는 말입니다. 심령계에서 우리는 마치 TV 방송국과도 같아서 다른 사람들도 우리의 생각에 주파수를 맞추기만 하면 우리가 보는 것을 수신할 수가 있습니다. 우리가 죽거나 유체이탈을 하여 육신을 떠나는 것은 사실 우리 자신의 내부로 들어가는 것입니다. 그렇다면, 의사를 주고받고 하는 것과 모든 다른 경험들도 우리의 내부에서 일어나는 일인 것입니다. 모든 것이 그 안에 있다는 말입니다. 얼마 전에 우리의 스승께서 큰 진리를 말씀해 주셨지요. '우리의 내면에 존재하는 심연은 외부세계의 어떤 심연보다도 결코 작지 않다.'"

"구체적인 예를 들어 드리면 아마도 제가 한 말을 좀더 쉽게 이해할 수가 있겠지요. 죽은 아버지와 대화를 하고 싶어한 삼형제가 심령실험을 해보기로 했습니다. 한 사람은 호주에, 한 사람은 영국에, 또 한 사람은 미국에 있었습니다. 그들은 각자 능력 있는 영매를 통해서 동시에 죽은 아버지와 영계통신을 할 수 있게 되었습니다. 그들은 아버지를 '아래로' 끌어내리려고 했다고 말했습니다. 그들은 실제로 아버지가 어딘가 '위'에 계신 걸로 생각했던 것입니다. 아버지는 아들들에게 그들이 모르고 있는 가족사항에 대해서 이야기해 주었고 후에 그것은 사실이었음이 확인되었습니다. 그러나 그들은 자신이 통화했던 상대가 아버지가 아니라 악마였다는 결론을 내리게 되었습니다. 그들의 결론이란, 자신들이 같은 시각에 지구상의 각기 다른 곳에 있었는데 그것이 어떻게 아버지일 수가 있느냐는 겁니다. 그들은 아버지가 죽은 후에도 물질계와 비슷한 환경 속에서 살고 있는 것으로 생각했던 것이지요."

"그들은 키프로스로 와서 나를 통해 다시 아버지를 만났습니다. 아버지는 전에 그들과 대화를 했던 것이 자신이라는 것을 확인시켰습니다. '나는 너희들 주변의 상황에 대해서는 신경을 쓰지 않았지만 너희 셋 모두에게 이야기했었단다. 너희들을 건드리기도 했는걸.' '어떻게 그럴 수가 있어요, 아버지? 우리는 그토록 서로 멀리 떨어져 있었는데요.' 세 아들이 물었습니다."

"나는 그들에게 아버지를 계속 의심한다면 그가 마음에 혼돈을 일으키게 될 것이라고 주의를 주었습니다. 그가 저쪽 세계에 살고 있다는 사실이 곧 그가 그 세계의 현상의 본질을 이해하고 있다는 것을 의미하는 것은 아니기 때문이지요. 나는 거듭 그들이 대화한 상대는 악마가 아니라 정말 그들의 아버지였다는 것을 확인시켜 주었습니다. 나는 심령계에서의 의사 소통은 서로 비슷한 주파수의 파동을 통해서 일어난다고 설명해 주었습니다. '지구상의 어느 방송국의 전파나 잡을 수 있는 강력한 수신기가 있다고 가정해 봅시다. 이 라디오들을 지구상의 각기 다른 곳에다 놔두고 모두 같은 주파수에다 맞추어 놓으면 모두가 같은 방송을 수신하지 않겠습니까?' 심령계에서의 통신이란 이와 유사한 것입니다. 어느 한 사람의 의식도 서로 혼신되지는 않습니다. 라디오와 텔레비전이 발명된 후로는 일반인들도 심령계의 성질을 이해하기가 훨씬 더 쉬워졌습니다."

"여러분은 심령계와 이지계의 여러 차원들이 서로 같은 공간을 공유하고 있다는 사실을 이해하셔야 합니다. 그리고 그 공간은 지구의 중심을 포함해서 지구상의 모든 곳, 즉 지표면과 지구 주위의 공간입니다. 심령 – 이지계의 차원들이 층층이 쌓여 있는 것으로 상상하지는 마십시오. 지금 바로 이 순간에도 바늘 끝의 내부, 이 공간 속, 그리고 모든 곳에 심령 – 이지계의 모든 차원들이 존재하고 있습니다. 그러한 각각의 차원들이란 곧 존재의 각기 다른 형태, 파동의 다양한 상태이며, 또한 그 파동들에 주파수를 맞추는 다른 방법들인 것입니다. 심령계 안에서 여러분은 자의식을 가진 인격체로서, 의식을 두는 어느 곳에서나 존재하게 됩니다. 그 때문에 생생한 꿈속에서 우리는 아주 먼 거리를 단숨에 움직이는 자신을 발견하는 것입니다. 여러분은 그런 경험을 현실이 아니라 환상이라고 생각합니다만 그렇지 않습니다. 언젠가 여러분도 심령계 속에 있는 자신을 발견하게 되면 그 세계들이 물질계보다도 훨씬 더 현실적임을 깨닫게 될 것입니다. 여러분들은 훨씬 더 힘들지 않게, 훨씬 더 강렬하게 살게 될 것입니다. 하지만 여러분이 발견하게 될 그 세계는 지금 여러분이 알고 있는 이 세계와 여러 모로 비슷하다는 사실을 알게 될 것입니다. 그것은 여러분이 심령-이지계의 파동과 인상을 받아들이는 감수성 여하에 달려 있습니다. 여러분은 자신의 관심사와 소질에 따라서 죽은 후에도 그와 유사한 심령계의 상황 속에 놓이게 됩니다. 여러분은 지금 이 순간 자신이 처해 있는 상황과 똑같은 곳으로, 지옥이나 연옥, 또는 천국에 가 있는 자신을 발견하게 될 것입니다."

"그러나 물질계와 심령계 사이에는 한 가지 중요한 차이점이 있습니다. 심령계에서는 느낌이 훨씬 더 강렬해진다는 사실입니다. 예를 들면 증오와 질투의 감정은 마치 불꽃처럼 타오르게 됩니다. 지상의 생에서 그런 감정은 두뇌의 한계에 의해서 둔화될 수도 있습니다. 심령계에는 그런 한계라는 것이 존재하지 않습니다. 그런 이유로 심령계에서의 생활이 훨씬 더 강렬하게 경험되는 것입니다. 하지만 소위 지옥이라는 것이 심령계에 있는 일종의 고문실과 같은 것이라고는 결코 생각하지 마십시오. 지옥과 연옥들은 인간이 자신의 완성을 향해

올라가도록 경험을 얻게 하기 위한 학교이며 작업장인 것입니다. 실제로 벌이라는 것은 존재하지 않습니다. 단지 경험만이 존재할 뿐입니다. 우리가 고난을 당하는 것은 절대자가 우리의 잘못을 벌하려는 것이 아니라 우리로 하여금 자신이 진정 누구인지를 발견하게 하기 위한 것입니다. 그런 고통스러운 경험들은 우리로 하여금 무지와 망상에서 벗어나도록 도와주려는 목적을 가지고 있는 것입니다. 지옥과 천국은 상대적인 용어입니다. 어떤 사람의 지옥이 다른 사람에게는 천국이 될 수도 있습니다. 예컨대 심령계에 있는 사람이 그의 지옥으로부터 벗어나도록 도와주려면 여러분은 그에게 그가 처해 있는 곳과는 다른 환경을 보여 주어야만 합니다. 만일 그가 생전에 화를 잘 내는 사람이었다면 그는 육신을 떠난 후에도 생전과 비슷한 환경 속에 있는 자신을 발견하게 될 것입니다. 그를 돕기 위해서는 그가 옮아갈 수 있도록 지금보다 조금 더 나은 환경이 있다는 것을 보여주어야만 할 것입니다. 만일 그가 여러분의 제의를 받아들이지 않는다면 그대로 버려두십시오. 그곳이 아무리 끔찍한 지옥이라고 할지라도 그는 자신의 '천국'에서 잘 살 것입니다. 한 가지 실례를 들지요. 나는 생전에 노름꾼에다 싸움꾼이었던 어떤 사람을 도와주려고 한 적이 있습니다. 그는 죽어서 심령계에서도 물질계에서 살던 때와 똑같은 방식으로 살고 있었습니다. 그는 주변의 사람들과 함께 지상에서 익숙해 있던 것과 똑같은 환경을 만들어 놓았습니다. 더러운 창문과 더러운 옷, 식탁, 싸움, 말다툼 등등……. 생전에 잘 가던 찻집과 똑같이 말입니다. 그들은 그곳을 좀더 낫게 꾸며 보려는 생각조차 해보지 않았습니다. 하루는 내가 그에게 말을 걸었습니다. '여보게, 나하고 어디 좀 가볼까?' 나는 그를 그가 속해 있는 상황에서 끌어내어 내가 너무나 좋아하는 베토벤의 교향곡, 특히 '환희'의 파동을 만들어내었습니다. 내가 그에게 말했습니다. '차릴레, 보게나!' 그러면서 나는 그에게 온갖 색깔의 꽃과 호수가 있는 아름다운 숲 등 여러 가지를 보여주었습니다. 나는 그 경치와 음악이 어울리도록 하여 내 딴에는 그를 위해서 천국을 만들어 놓았던 것입니다. 그가 잠시 나를 물끄러미 바라보더니 이렇게 말했습니다. '당신은 심심하지 않소? 돌아가서 내 친구들과 포커나 하고 놉시다. 당신의 깡통북 소리를 들으면서 언제까지나 나를 여기다 세워둘 작정이오?' 내가 무슨 말을 할 수가 있었겠습니까? 그는 나에게는 참을 수 없는 지옥인 자신의 천국에서 살고 있습니다. 제가 그 사람에게 어떻게 천국과 지옥의 차이를 설명해 줄 수 있었겠습니까?"

"또 다른 예가 있어요. 평생토록 이웃을 헐뜯고 욕하면서 살았던 한 성마른 여인이 있었지요. 그녀는 죽어서도 — 이번에는 도가 심해지기는 했지만 — 생전과 똑같은 생활을 계속하고 있었습니다. 그녀가 남겨두고 온 진짜 인간들 대신에 그녀는 자신이 데리고 온 마리아, 엘레니, 엡터비 등의 염체들과 늘 싸우고 있었습니다. 우리는 그녀가 지옥에 살고 있으며, 그 염체들을 깨뜨리고 좀더 눈을 밝게 떠야 한다는 것을 보여주려고 했지만 모두 허사였습니다. 그녀가 자신의 환경에 너더리가 나서 스스로 변화를 찾아 나서게 된 이후에야 그것이 가능했습니다. 여러분들 중에서 언젠가는 보이지 않는 구원자가 되실 분들도 이러한 어려움에 부딪히게 될 것입니다. 여러분은 어떤 사람이 스스로 변화를 찾기 전까지는 그를 도와줄 수가 없다는 사실을 알아야 합니다. 모든 사람은 점진적으로 변화해 갑니다. 그러한 상황에서 우리가 할 수 있는 최선의 일은 자비로운 염체를 만들어 그 사람의 오라에 투사시켜 놓아 그에게 작용하도록 하는 것입니다. 그가 변화될 태세가 갖추어질 때까지 그 염체는 그 곁에 있다가 그를 돕게 될 것입니다."

내가 물었다. "다스칼레, 심령-이지계의 여러 차원들은 개인의 주관적인 인식과는 무관하게 객관적으로 존재하는 것입니까?"

"일전에 제가 심령계에는 나무와 산과 바다와 강 등, 지구상에 존재하는 모든 것, 그리고 지금까지 존재했던 모든 것과, 존재할 가능성이 있는 모든 것이 있다고 말했습니다. 여러분이 실재의 세계라고 생각하고 있는 것은 사실은 좀더 빛나는 다른 세계의 그림자에 지나지 않습니다. 우리가 실재라고 생각하는 모든 물질은 그 빛나는 세계 속에 존재합니다. 심령계의 차원들 속에서 대천사의 능력으로 창조된 강과 산과 숲 등, 지상에 존재하는 모든 것뿐만이 아니라 인간들이 살아 있는 동안이나 죽은 후에 만들어낸 모든 것이 존재합니다. 심령계는 훨씬 더 풍요로운 세계지요. 하지만 그곳에 사는 대부분의 사람들은 자신들이 스스로 만들어낸 염체를 통해서만 그것을 인식합니다. 예를 들어 심령계에서는 우리가 스스로 태양을 만들어내지 않는 한 매일같이 뜨고 지는 태양 같은 것은 존재하지 않습니다. 그리고 우리가 만들어내는 태양은 외부에 존재하는 것이 아니라 우리 각자의 주관적인 심령계 안에서만 존재합니다. 그러므로 인간이 자신의 육신을 버린 후에는 실제의 심령계와 자신의 주관적 심령계, 즉 동시에 두 가지 차원의 존재로서 살게 되는 것입니다. 대부분의 인간들은 워낙 자신의 주관적인 세계 속에 빠져 있기 때문에 자신이 그 속에서 진동하면서 존재하고 있는 심령계의 본질에 대해서는 알지 못하고 있습니다. 예를 들자면 그것은 마치 우리가 여행하는 중에도 자신의 골똘한 생각 속에 빠져 있으면, 펼쳐져 있는 아름다운 전원의 풍경이 눈에 들어오지 않는 것과도 같습니다. 제가 좀 불경스럽게 들릴지도 모를 말을 해야겠습니다. 저 자신의 경험에 비추어보면 자신의 의식을 객관적인 심령계에 맞출 수만 있다면 도저히 견딜 수 없는 지옥처럼 보이는 곳이 실제로는 가장 아름다운 곳으로 보입니다. 그 아름다움을 발견하는가, 못하는가는 우리의 성향에 달려 있습니다." 또 다스칼로스는 진리의 탐구자로서 성장한다는 것은 진정한(객관적인) 심령계와, 사람들이 심령계로 옮아올 때 가지고 오는 염체로 구축하는 주관적인 심령계의 환경을 분별해 낼 수 있는 능력의 계발을 포함하는 것이라고 말했다. 이 심령계에서 추한 것이란, 각자가 자신의 주관적 세계 속에 숨기고 있는 야비하고 사악하며 증오심을 일으키게 하는 염체들이라는 것이다.

"그러한 주관적 세계는 어디에 존재합니까?" 누군가가 물었다.

"공간적인 위치를 묻는 건가요? 다시 말하지만 모든 곳인 동시에 어디도 아닙니다. 하지만 자신의 세계를 구축하고 그 속에서 살고 있는 사람에게 그것은 분명한 경계를 가지고 있으며 그는 그 안에서만 활동할 수 있다고 생각합니다. 그들은 마을을 만들고 교회를 짓고 밭을 일구는 등 물질계에서 소유했던 그대로를 만들어냅니다. 우리가 의식을 그들의 의식에 동조시키면 우리는 그들의 주관적 심령계에 들어가서 그들이 그 속에서 자신의 세계를 어떻게 인식하고 있는지를 알아낼 수 있습니다."

언젠가 야코보스가, 자기는 몇 년 전에 돌아가신 할아버지를 정기적으로 만난다고 말한 적이 있다. 그는 할아버지가 생전에 관심을 쏟던 일에 아직도 빠져 있다고 말했다. 그는 거기서도 오렌지 과수원을 돌보고 그것을 따서 내다팔고, 날씨가 가물까봐 걱정하고 있다는 것이었다!

"우리가 지옥과 연옥으로 부르는 낮은 차원의 심령계는 높은 차원의 심령계보다 어둡습니다. 거룩하고 자비로우신 분은 이러한 차원계의 아름다운 풍경 속에다 마치 병원의 회복실과도 같은 빛을 놓아 두십니다. 그것은 마치 우리가 환자를 돌보는 것과도 같습니다. 우리는 환자가 안정할 수 있도록 창문을 닫고 불빛을 부드럽게 낮춰 주지요. 이같이 절대자께서는 이 낮은 차원계의 모든 장관을 황혼의 빛 속에 잠겨 있도록 하셨습니다. 그것은 그곳에 오는 성하지 못한 사람들이 회복하여 진화하도록 하기 위해서는 적당한 환경인 것입니다. 낮은 차원에서 높은 차원으로 옮아갈수록 마치 태양이 지평선에서 떠오르면서 주변이 점점 밝아오듯이 점차로 밝아집니다. 심령-이지계의 고차원계인 천국은 강렬히 진동하는 빛 속에 둥둥 떠 있습니다. 감성계의 중요한 속성 중의 하나는 물질의 모든 원자들이 고유한 빛을 발산하고 있다는 것입니다. 태양이나 인공 광원만이 빛을 발하는 이 3차원의 세계와는 같지 않습니다."

그의 이 말은 카스타네다[36]가 돈 후안의 제자로 있을 때 체험했던 이야기를 떠올리게 했다. 카스타네다는 돈 후안과 함께 그믐날 밤에 사막을 걷고 있었는데 움직이기가 어려울 정도로 칠흑 같던 어둠이 사라지고 갑자기 해라도 솟아나온 듯 사방이 훤하게 밝아지는 것을 보았다는 것이다. 그는 모든 것을 똑똑히 볼 수 있었고 마치 대낮처럼 아무 어려움 없이 활개를 치며 걸을 수 있었다고 했다. 또 그는 마

---

36 카를로스 카스타네다가 쓴 아메리카 인디언 주술사의 세계와 그 가르침에 관한 체험기는 『돈 후안의 가르침』『또 하나의 현실』 등의 연작으로 출판된 바 있다. (옮긴이 주)

침 그곳에 있던 코요테와 이야기도 나눌 수 있었다고 한다. 카스타네다는 그 순간 다스칼로스라면 그 장소에 대응되는 에테르계라고 부를, 그런 환경 속으로 들어갔던 것은 아닐까? 나중에 내가 이 의문을 다스칼로스에게 말하자 그는 아마도 그것은 이렇게 된 것일 거라고 설명해 주었다.

"먼저 이걸 물어 보자구. 꽃이나 식물과 이야기를 나눌 수가 있겠나? 일반 사람들은 아무리 꽃이나 식물을 사랑한다고 해도 의식적으로 그들과 대화를 할 수는 없어요. 그들에게는 그것들이 자신의 외부의 것, 즉 대상으로만 보이지. 시인이 꽃의 아름다움에 영감을 받을 수는 있어도 자신의 의식 속에 꽃의 유사의식(semi-consciousness)을 포용할 수가 있을까? 그렇지만 심령계에서 상황은 사뭇 달라진다네. 진화해 갈수록 우리는 모든 형태의 생명과 대화를 나눌 수 있게 되지. 모든 사물은 살아 있고 그들만의 언어와 파동과 빛을 가지고 있어서 심령체를 통해서 우리는 그것을 느낄 수가 있네."

"심령계에서는 두뇌로 생각하지 않아. 두뇌를 가지고 있기는 하지만 그것을 필요로 하지는 않네. 심령체의 모든 세포가 인상을 받아들이는 의식의 중추라네. 그리고 눈도 가지고 있지만 같은 이유로 그것을 필요로 하지는 않지. 심령계에서는 자신과 외부의 대상 간의 분리라는 것이 없어요. 어떤 대상에 의식의 초점을 맞추는 순간 우리는 그 대상과 하나가 되어 버리는 거지. 우리는 그것 안에 있으며 동시에 바깥에도 있는 거야. 단, 이것은 우리가 자신의 세계 속에 갇혀서 자신의 주관적인 심령계를 구축하지 않고 실제의 심령계 속에 존재하고 있다고 가정했을 때의 이야기야. 자신의 주관적인 심령계에서는 모든 것이 선입견과 경험에 의해서 채색되어 보인다네."

심령계에서의 이동의 본질에 관해서 누군가가 질문하자 다스칼로스는, 그것은 우리가 지상에서 익숙해 있는 개념의 이동과는 전혀 다르다고 대답했다. "우리는 걷거나 자동차를 타고 이동하지는 않습니다. 하지만 자신이나 다른 사람들이 걷거나 차를 타고 있는 것으로 인식할 수는 있습니다. 이것은 단지 인식에 지나지 않으며 착각일 뿐이지요. 우리가 몸 밖으로 빠져나와 심령계나 물질계의 에테르 복체 속을 이리저리 다닐 때 우리는 마치 날고 있는 것처럼 느끼기도 합니다. 가끔 꿈속에서도 이런 체험을 하지요. 이것이 어떻게 가능한 일인지 한번 의심해 본 적이 있습니까? 우리가 나는 새입니까? 심령계에서는 한순간에 이동할 수가 있습니다. 그것은 우리의 의식을 어떤 방법으로 조정하여 옮기는 문제일 뿐입니다. 예컨대 우리는 '날' 필요도 없이 순식간에 런던에 가 있을 수도 있습니다. 물질계에 있으면서도 의식을 순간적으로 먼 곳으로 이동시키는 방법을 여러분들도 언젠가는 배우게 될 것입니다."

"그것이 어떻게 가능한지 설명해 주실 수 있겠습니까?" 내가 물어보았다.

"말해 줄 수는 있지만 지금 단계에서 그것은 아무 의미가 없는 일입니다. 여러분은 마음속에서 가고자 하는 곳의 심상을 만들어야 합니다. 그 심상 속에서 강렬히 머물고 마음이 흐트러지지 않게 하여 그 심상을 강력히 붙들어 그 장소와 자신을 동화시키면 여러분은 그곳에 있게 됩니다. 그리고 그 순간 그곳에 투시능력자가 있다면 그는 당신의 모습을 볼 것입니다. 진전이 될수록 당신은 그 장소에 자신을 실제로 물현시킬 수 있게 되어 투시능력이 없는 사람들도 볼 수가 있을 것입니다."

"그럼 그 순간 그 사람의 육신은 어떻게 됩니까?" 내가 반문했다.

"그것 역시 여러분이 숙달된 정도에 좌우됩니다. 깊은 잠에 빠진 상태가 될 수도 있습니다. 그러나 완전히 깨어 있는 상태에서 무슨 일이든 할 수 있는 경지에까지 도달할 수 있습니다. 시간이 좀더 지나면 여러분은 초의식적인 자아의식을 발달시켜서 완전히 깨어 있는 가운데, 동시에 지구상의 여러 곳에 가 있을 수도 있습니다."

나는 그가 하는 말을 이해하기가 매우 어렵다고 털어놓았다. 동시에 여러 곳에 존재하다니!

"이것은 어려운 일이지만 여러분이 알고 싶어하셨기 때문에 대강 대답하지 않을 수가 없습니다. 당분간 이에 대해서는 신경을 쓰지 마십시오. 이것은 중대한 진리이지만 여러분은 시공간에 의해 한정된 조건 속에 익숙해 있기 때문에 이해하기가 매우 어려운 것입니다."

그리고 나서 다스칼로스는 '분리'의 세계는, 비록 그것은 우리에게 가장 멋진 천국과 가장 지독한 지옥을 제공하기는 하지만, 가장 보잘 것없는 세계에 속한다고 말했다.

"분리의 세계란 물질계만을 말하는 것이 아니라 심령계와 이지계까지 포함합니다. 그것은 형상과 느낌의 세계입니다. 이것을 분리의 세계라고 부르는 것은 그곳의 사람들이 자신을, 인상을 받아들이고 판단하는 하나의 주체로 인식하기 때문입니다. 그것은 진정한 자아가 아닙니다. 분리를 넘어선 또 다른 세계가 존재합니다. 예를 들면 고차원 이지계 — 이데아(구체적인 생각의 형태를 넘어선 법칙)의 세계 — 가 있습니다. 우리는 물질계, 심령계, 이지계의 세 가지 세계만을 이야기했을 뿐이지만 그 너머에는 우리의 종교에서 '우리 안에 있는 하늘의 왕국'이라고 부르는 곳이 있습니다."

다스칼로스는 잠시 말을 멈추었다가 천천히 말을 이었다. "이 가르침은 겟세마네 동산의 올리브 나무 밑에서 예수께서 제자들에게 하신 말씀입니다. 그는 제자들에게 유체이탈, 물현과 환원, 그리고 여러 가지 다른 비밀들을 가르치셨습니다. 기독교는 본질적으로 지식에 한계를 두지 않았지만 성직자들이 한계와 제약을 둘러싸 놓았습니다. 우리는 진리의 탐구자로서 이성과 탐구와 집중을 통해서 진리를 알고자 합니다. 우리는 그리스도의 이 말씀을 깊이 생각해 보아야 합니다. '진리가 너희를 자유케 하리라.' 그리스도가 이 땅에 오신 것은 우리에게 몇 가지 가르침을 주어서 자신이 빠져 있는 지옥으로부터 벗어나는 길을 보여 주시고 우리를 그와 함께 천국으로 인도하시기 위해서였던 것입니다. 하지만 불행히도 그의 가르침을 깨우친 사람은 매우 적습니다."

다스칼로스는 말을 마치고 잠시 질문을 기다렸다. 그러고는 다시금 심령계는 인간이 자신에게 마땅한 교훈을 얻고 지상에서의 경험을 토대로 적절한 결론을 이끌어내기 위해서 들어가는 학교임을 강조했다. "그 다음에 각 개인은 보다 높고 밝은 차원계로 올라가는데, 어느 정도까지 올라간 후에는 카르마라는 위대한 스승의 명령에 따라 좀더 큰 배움을 위해 지상으로 내려갑니다. 간단히 말해서 심령계는 자의식을 가진 한 인격에서는 새 학기가 시작될 때까지 쉬는 집과도 같습니다. 물론 유급을 해서 한 학년을 처음부터 다시 반복해야 하지만 않는다면 말입니다." 다스칼로스가 이렇게 말하며 너털웃음을 터뜨리자 모두 함께 웃었다.

"보다 낮은 학년에 입학할 수는 없습니까?" 누군가가 이렇게 농담을 했다.

"절대로 안 되지요. 같은 학년에 머물면서 좀더 경험을 쌓을 수는 있습니다. 자의식을 가진 개체는 같은 주파수로 진동하는 다른 친족 영혼들과 비슷한 환경 속에서 태어납니다. 사람들은 그것을 유전이라고 하지요. 그러나 그런 것은 없습니다. 유전이라기보다는 저는 절대자의 전지(全知)가 있어서 사랑을 향해 함께 나아가기 위해서 반드시 함께 지내야 할 사람들을 한자리에 어울리도록 한다고 말하겠습니다. 증오는 실제로 존재하지 않습니다. 그것은 무지로부터 온 망상일 뿐입니다. 물론 이런 문제에 대해서는 깊은 명상과 연구가 필요합니다."

"영혼들은 자신의 운명과 앞으로의 생에서 얻게 될 경험에 대해서 알고 있을까요?" 검은 옷을 차려입은 중년 부인이 물어 보았다.

"자세히 알고 있지는 못합니다. 그러나 자의식을 가진 영원한 영혼은 잠재의식 속에서 알고 있습니다. 하지만 이것은 현재인격의 의식 층까지 떠올라오지 않습니다. 예를 들면 어린아이가 불에 손을 넣어 손을 뎁니다. 그는 그 자세한 일을 기억하고 있지는 못하지만 다시 불 곁에 가게 되면 몸을 움츠릴 것입니다. 이전의 경험을 세세히 다 기억할 필요는 없는 것입니다."

"그러니까 한 생에서 겪게 될 일들이 이미 정해져 있다고 생각해야 할까요?"

"그렇지 않습니다. 자의식을 지닌 영혼은 단지 가능성만을 알고 있을 뿐입니다. 현재의 인격은 행위의 자유를 갖고 있습니다. 그렇지 않다면 인간은 단지 로봇에 지나지 않습니다. 자신의 빚을 어떻게 갚느냐 하는 것은 자신의 선택에 달려 있습니다. 그것은 마치 내가 지금 뉴욕으로 가는 배를 탈 것을 명령받은 것과도 같습니다. 나의 목적지는 정해져 있지요. 하지만 배 위에서의 나의 생활은 나의 소관입니다. 정해져 있는 것은 목적지인 뉴욕뿐입니다."

"그렇다면 모든 것이 신의 뜻에 의한 것이 되겠군요." 여인은 이렇게 우겼다.

"신의 의지란 생과 사, 그것뿐입니다." 다스칼로스는 목소리를 높여 참을성 없는 태도로 심각하게 말했다. "그 외의 모든 일은 당신의 일입니다. 이 문제를 오해하지 맙시다. 우리에게 일어나는 일은 불가피한 일이라고 생각하지 마세요. 그렇지 못하면 우리는 터무니없는 운명론자가 되어 진리의 탐구자가 되지 못합니다. 정해져 있는 것은 여러분이 지상에 태어나서 한 생을 살다가 죽는다는 것입니다. 이것을 피할 수는 없습니다. 인생에 있어서 그 밖의 모든 것은 여러분이 전생으로부터 무엇을 가지고 왔으며, 또 그것을 현생에서 어떻게 표현하거나 혹은 발전시키기로 마음먹느냐 하는 데에 달려 있습니다."

"다시 말하거니와, 이미 결정되어 있는 것은 우리가 처음으로 '인간'이라는 이데아를 통과해 물질로서 내려왔다는 사실뿐입니다. 그 이후의 우리의 운명이란 거듭되는 생을 통해서 우리가 온 곳으로 되돌아간다는 것입니다. 이것이 환생의 일반적인 법칙입니다. 인간은 자신의 근원으로 다시 올라간다는 궁극적인 목표를 가지고 물질로 내려온 것입니다. 그것이 얼마나 걸릴지는 그 자신에게 달린 문제입니다."

"왜 태어났다가 다시 돌아가는 일이 필요한 것입니까?" 내가 물어보았다.

"아마도 자신이 누구인지를 깨달아 자아의식을 성취하기 위해서일 것입니다."

"성원소 속에는 자아의식이 존재하지 않는다는 말씀인가요?"

"존재하지만 그것을 인식하지 못합니다. 간단한 예를 들어 볼까요? 여러분이 환한 방 안에서 태어났다고 합시다. 내가 물어 봅니다. '당신은 빛이 무엇인지 아십니까?' 여러분은 그것을 알겠습니까? 하지만 내가 불을 끄거나 어두운 곳으로 데려가거나 하면 여러분은 빛이 무엇인지 알 수 있게 됩니다. 영원한 존재인 우리는 우리 본연의 모습 이외의 것으로 되지는 않습니다. 그러나 내가 거친 모든 생의 총합인 영구 자아의식을 지닌 나의 인격은 나의 영원한 존재 주변에 나의 고유한 개체성을 형성시킵니다. 존재와 개체성은 동일한 것이 아닙니다. 나는 '인간'이라는 이데아를 통과하기 이전부터도 존재합니다. 그러나 그 관문을 일단 통과하여 물질계의 경험을 거치고 나야만 비로소 나는 내가 존재한다는 사실을 깨달을 수 있는 위치에 서게 됩니다. 즉 우리가 획득하는 것은 존재 속의 개체성입니다. 우리는 우리의 존재를 의식하게 되는 것입니다. 이것이 궁극적인 목표가 아니라면 우리가 물질계로 내려와 환생의 쳇바퀴 속을 돈다는 것은 맹목적인 일이 될 것입니다. 그리스도께서는 탕아의 비유에서 인류에게 존재의 목적을 은밀히 밝혀 주셨습니다."

"그리스도께서는 두 아들 중의 하나가 아버지의 집을 떠난 이야기를 하셨습니다. 그는 세상에 나가 온갖 경험을 해보기 위해 자기 몫의 재산을 나누어달라고 요구했습니다. 그것이 신의 뜻의 일부가 아니었다면 모든 것을 알고 있는 아버지는 그것을 거절했을 것입니다. 그러나 그를 떠나게 버려 두는 것이 신의 뜻이었으므로 그는 집을 떠나 고생을 겪으며 알고자 했던 것을 얻고 집으로 돌아왔습니다. 아들은 자신이 원했던 것을 얻었으며 그것은 현실에서는 이성과 감정과 육체, 즉 그의 현재인격을 얻은 것을 의미합니다. 그는 자신의 몫을 가지고 집을 나갔습니다. 어떤 사람은 집을 떠나 물질계로 내려온 것을 죄악, 또는 타락이라고 할 테지요. 나는 그것을 경험이라고 부르겠습니다. 그 새로운 환경 속에서 아들은 자신의 유산을 낭비한 끝에 결국 돼지몰이가 되었습니다. 사실 그는 온갖 염체를 만들어내어 그것들을 먹이고 자신도 같은 음식, 즉 마음의 가장 저급한 표현을 먹은 것입니다. 이 비유에 나오는 돼지들은 인간들이 끊임없이 만들어내는 염체를 상징합니다."

"어느 날 그는 돼지들 틈에서 사는 생활, 즉 염체의 세계 속에서 살아온 인생에 구역질과 회의를 느꼈습니다. 그는 하인들조차도 기쁘게 사는 아버지의 집으로 돌아가기로 결심했습니다. 그는 이렇게 말했습니다. '아버지, 저는 죄를 지었습니다. 당신의 하인으로라도 있게 해주십시오.' 아들이 아버지 앞으로 한 발짝 나아갔습니다. 아버지는 열 걸음 앞으로 나왔습니다. 벌은 어디로 갔습니까? 여러분은 이 비유에서 어떤 비난이나 처벌을 찾아볼 수 있었습니까? 아버지는 팔을 벌려 아들을 껴안고 집 안으로 데리고 갔습니다. 그를 벌하는 대신 아버지는 아들의 손가락에 반지를 끼워주었습니다. 그것은 영원의 상징이지요. 생명은 끊임없는 운동입니다. 반지 위에서는 어느 방향으로 가든 멈추어지지 않습니다. 시작도 끝도 없지요. 영원을 상징하는 끊임없는 운동뿐입니다. 집을 한 번도 떠난 적이 없는 다른 아들은 영원한 현재 속에 살고 있습니다. 그는 영원을 깨닫지 못하고 있습니다. 그와 반대로 집을 나갔던 아들은 돼지몰이가 되는 경험을 통해서 과거와 현재와 미래라는 시간을 경험했습니다. 비유에 의하면 아버지는 탕아에게 다른 아들의 옷을 입혔습니다. 말하자면 탕아는 자신이 가졌던 것을 하나도 잃지 않았던 것입니다. 그리고 아버지는 육신을 상징하는 살찐 암소를 잡았습니다. 다른 아들이 항의했습니다. '늘 당신을 곁에서 모셨던 저에게는 무엇을 해주셨습니까?' 하지만 그 아들, 즉 대천사는 한 번도 육신 속에 들어가 본 적이 없지요. 아버지는 이렇게 대답했습니다. '아들아, 내가 가지고 있는 것은 다 네 것이다.' 자, 어느 쪽이 더 나은지를 한번 물어 봅시다. 한 번도 궁전 밖을 나가본 적이 없어서 착하기는 하지만 아무것도 모르는 대천사 쪽입니까, 아니면 집으로 돌아와서 다른 형제가 가진 모든 것을 가지고, 거기다가 자아의식까지 가진 탕아 쪽입니까? 성불한(집으로 되돌아온) 인간은 어떤 대천사보다도 우월하다는 것이 법칙임을 염두에 두십시오. 그러므로 따져 보면 영원한 벌이란 것은 없습니다. 단지 우리의 자아의식을 눈뜨게 하는 물질계의 체험만이 있을 뿐입니다. 성 바울은 이렇게 말했습니다. '죽음아, 너의 독침은 어디에 있느냐, 무덤이여, 그대의 승리는 어디로 가버렸는가?'"

다스칼로스가 그리스도의 비유에 대한 설명을 마치자 환생에 대한 질문이 더 나왔다. 확실히 이 주제에 대해서는 모인 사람들의 관심이 큰 듯했다. 누군가가 환생과 인구 증가에 관한 문제를 제기했다. 그는 새로운 영혼이 어디서 생겨나는지가 궁금했던 것이다. 다스칼로스는 물질계와 심령계, 그리고 이지계 사이에는 끊임없는 교류가 있다고 간단히 대답했다. 지금 태어나는 사람은 존재의 다른 차원으로부터 올 수도 있다는 것이다. 죽은 사람들은 또 다른 우주로 옮아간다. 우리는 맨 처음의 탄생이 어떻게 일어나는지 알고 있으므로 그것을 문제삼을 이유가 없다. 즉, 그것은 성원소로부터 방사되는 빛이 '인간 이데아'를 통과함으로써 비롯되는 것이다. 이것은 영원히 지속되는 과정이다.

"다시 환생하여 내려오기까지 사람은 얼마 동안이나 심령계에 머무르게 됩니까?" 내가 물어 보았다.

"장미십자회[37]의 주장으로는 144년이라고 합니다. 다른 사람들은 50년이라고도 하고 또 어떤 이는 500년이라고도 하지요. 1,000년이 걸린다고 하는 사람들도 있어요. 나는 모두가 다 엉터리라고 말합니다. 정해진 시간이 없습니다. 그것은 사람마다 다르지요. 예를 들면 나는 한 신비가를 알고 있는데 그는 다시 태어나기까지 심령계에서 열 달밖에 머물지 않았다고 했습니다."

"언제 지상으로 돌아올지는 누가 정하는 것입니까?" 누군가가 물어 보았다.

다스칼로스는 대답했다. 심령계에서 얼마간 지낸 다음 전생에서의 경험을 이해하고 나면 지상에서의 경험에 대한 새로운 욕구가 일어나는 시점이 찾아온다. 그러면 그는 자신을 낳아줄 비슷한 영혼을 찾게 된다. 투시능력자는 기회를 기다리면서 예비 부모의 오라에 붙어 있는 영혼을 볼 수 있다고 한다. 그것은 보통 아버지와 어머니 사이를 왔다갔다 한다는 것이다.

"심령계에 있는 동안 그가 스스로 나서서 자기를 낳아줄 사람을 찾아 돌아다닌다는 뜻인가요, 다스칼레?" 내가 캐물었다.

"물론이지."

"하지만 저는, 이 일은 환생을 책임지고 있는 존재에 의해서 결정되는 것으로 생각했는데요……"

---

[37] 장미십자회Rosicrucians: 1484년 독일의 크리스티안 로젠크로이츠Christian Rosenkreuz가 창설한, 연금마법술을 행하는 비밀결사. (옮긴이 주)

"그 존재는 여러분을 다른 사람들과 함께 한 마을 안에 가두어 놓지만 어느 집에 들어갈지는 여러분에게 달린 것입니다. 수백 년 동안 자신과 오라가 비슷한 사오십 명의 사람들과 가까운 관계를 유지하고 있었다고 생각해 봅시다. 여러분은 그들을 사랑하고 그들은 여러분을 사랑합니다. 그들이 여러분을 자식으로 맞이할 수도 있습니다. 자신이 둥지를 틀 만한 곳이라면 여러분은 어디든지 들어갈 수가 있습니다. 너무나 가까운 사이라서 가는 곳마다 마주치게 되는 사람들이 있습니다. 한편으로는 유유상종의 법칙에 의해서 영문도 모르고 같이 어울리게 되는 사람들도 있습니다. 이제 이해하시겠습니까? 구멍의 크기가 다양한 망으로 된 그릇을 생각해 봅시다. 여러 가지 크기의 자갈을 거기에다 붓고 잘 흔들어 주면 구멍보다 더 큰 것들은 위에 남고 나머지는 빠져나갈 것입니다. 남은 것들은 빠져나갈 다른 구멍을 찾겠지요. 한 개의 자갈이 빠져나갈 수 있는 구멍은 수십 개가 될 수 있습니다. 그중에서 어느 구멍을 택하든지 상관이 없습니다. 수세기에 걸쳐서 깊은 사랑으로 맺어진 개인들 사이에는 강한 인력이 작용해서 같은 구멍을 통과할 수도 있습니다. 이러한 환생의 과정은 매우 복잡한 문제여서 조심스러운 연구가 필요합니다."

"당신의 말에 비추어 보면 빠져나갈 적당한 구멍을 찾아내는 일은 어느 정도 자신에게 달렸다는 뜻인 것 같군요."

"물론입니다. 카르마가 허락하는 한에서 말이지요. 빠져나갈 수 있는 곳이라면 아무 데고 선택하는 것은 여러분에게 달려 있습니다. 수천 개의 구멍 중에서 통과할 수 있는 구멍은 예컨대 200개밖에 안 된다는 점을 유의하십시오. 바구니가 흔들리는 동안에 그 200개의 구멍 중에서도 여러분에게 맞는, 즉 카르마가 비슷하고 파동이 비슷한 가장 가까운 구멍으로 빠져나오는 것이 자연스러운 이치지요."

"하지만 우리가 스스로 선택한 구멍이 우리에게 문젯거리를 일으킬 수도……." 내가 반론을 꺼내자 그가 말을 가로챘다.

"그것은 별개의 문제입니다. 우리는 분명히 문제를 가지고 있습니다. 하지만 서로 파동이 맞기 때문에 우리는 빚을 함께 갚아야만 합니다. 문제를 피할 수는 없는 것입니다. 신의 뜻도 이와 마찬가지입니다. 제가 조사해 본 환생의 경우들은, 예외없이 이 법칙이 무자비하게 작용한다는 사실을 보여 주었습니다. 우리는 거기에서 벗어날 수가 없습니다. 왜 우리는 서로 어울릴까요? 우리는 주고받을 것이 있다는 뜻입니다. 우리에게는 전생에 끝맺지 못했던 일이 있을 것입니다. 그렇다면 그것은 우리를 진화시키기 위한 고통으로서 반드시 닥쳐옵니다. 혹은 우리가 모르는 사이에 다른 이들에게도 고통을 주어 우리 자신뿐만 아니라 그들도 진화하도록 하는 것입니다. 여러분은 혹 이렇게 말할지도 모르지요. '나를 이토록 억압하는 부모님이 나와 도대체 무슨 공통점이 있단 말인가?', 혹은 여러분이 부모라면 '그는 왜 하필 아무 죄도 없는 우리 가정에 끼어들어 말썽을 피우는 것일까?' 이제 아시겠습니까? 그것은 카르마의 법칙 속의 인과응보입니다. 한편 카르마의 법칙을 관장하는 존재가, 어떤 사람을 자신이 빚을 갚기에 가장 적당한 방법을 찾아서 적합한 구멍에 넣어 주는 수도 있습니다. 이 네 가지 존재가 어떻게 작용하는지는 나도 모릅니다."

"네 존재라구요?"

"그들은 네 가지 염체입니다. 대천사의 영원한 실체, 즉 법칙이지요. 그들은 미카엘, 라파엘, 오리엘, 샤마엘 천사라고 분류되는 존재들입니다. 샤마엘에 속하는 천사들은 우리에게 악의 개념을 줍니다. 그들을 통해서 우리는 사탄이라는 존재를 가지게 되지요. 이 네 존재들이 모두 함께 작용하여 각각의 인간들이 어디로 환생해야 할지를 결정하게 됩니다. 그들은 그 사람의 심령 - 이지체를 지어 줍니다. 그들이 어떻게 에너지와 자기력과 세포들을 통해서 일하는지는 우리로서 이해하기가 매우 어렵습니다. 한 영혼이 어떻게 하여 자신을 지상으로 끌어내려 놓는 소용돌이 속에 휘말려드는가 하는 것은 복잡한 문제이지요."

"환생설을 지지할 수 있는 논리적인 근거, 그리고 그것이 망상이 아니라 실재임을 보여줄 수 있는 증거가 있나요?" 내가 캐물었다.

"먼저, 그 자체로서 증거가 되지는 못하지만 환생설을 지지해 주는 역사적, 종교적인 논거가 있습니다. 둘째, 환생이 공상이 아니라 실재라는 것을 확실히 보여 주는 사례들이 있지요. 그리고 세 번째로, 각자에게 환생의 실재성을 보여 주는 가장 좋은 증거는 자신의 전생에 관한 기억을 일깨워 내게끔 하는 것이지요. 자, 한 가지씩 이야기해 봅시다."

"비록 다수는 아니지만 세계의 많은 사람들이 환생을 삶의 현실로서 받아들이고 있습니다. 지구상의 대부분의 종교들이 환생에 대해서 확실히 언급하거나, 아니면 그에 대한 시사를 해놓고 있습니다. 불교와 도교, 힌두교의 신비전통 속에서 환생은 당연시되고 있습니다. 이슬람교를 이해하는 사람들, 즉 수피들에게도 역시 환생은 현실입니다. 기독교에도 환생이 시사되어 있습니다. 동양의 종교에서는 물론 환생의 개념이 훨씬 더 쉽게 받아들여지고 있습니다. 왜냐하면 이 종교들에서는 다른 차원계와의 직접적인 접촉을 많이 하기 때문입니다.

서구사회와는 달리 동양에서는 지상을 떠나 다른 차원에서 살고 있는 존재들과의 접촉이 끊이지 않고 있습니다. 그러므로 그들은 이런 차원들이 실재한다는 것을 더 잘 알고 있지요. 기독교에서는, 장로회의에서 성경에 있는 환생에 대한 구절들을 삭제해 버리기로 하기 이전까지는 환생의 개념이 널리 받아들여지고 있었습니다."

다스칼로스는 덧붙여서, 영원한 파멸의 개념은 성직자들이 헌신적인 신도들을 겁주어 복종하도록 만들기 위해서 날조한 잔인하고 포악한 교리임을 힘주어 말했다. 그 때문에 인간에게는 천국으로 들어가는 오직 하나의 길, 즉 교회와 목사의 권위에 복종하는 길밖에는 남지 않게 된 것이다.

"이러한 교리는 어리석기 짝이 없으며 또한 그들이 교회에서 찬양하는 '자비롭고 인애하신 하느님'을 모독하는 것입니다. 정교를 믿는 사람들조차도 환생을 받아들인다는 것을 우리는 알고 있습니다. 이러한 개념은 오리겐(Origen, 2~3세기경 알렉산드리아에서 살았던 신학자)이나, 다른 많은 사람들의 연구 속에서 발견할 수 있습니다. 『신약성서』 속에서도 장로들의 검열에서 살아남은 것들 중에, 예수가 제자들에게 이렇게 묻는 장면이 있습니다. '사람들이 인자를 누구라고 하는가?' 그러자 그들이 대답합니다. '엘리아, 곧 죽은 자들 가운데서 온 선지자들 중의 하나'라고. 즉 환생했다는 것이지요. 그리스도는 그들에게 이렇게 말했을 수도 있었을 것입니다. '그건 당치도 않다. 그런 일은 없느니라.' 그러나 그 대신 그는, 자신이 정말 엘리아이지만 사람들이 자기를 알아보지 못했다고 말합니다. 그들은 세례 요한에게 그가 정말 엘리아인지 물어 보았습니다. 그는 아주 정확히 대답했습니다. '나는 엘리아가 아니다. 지금 나는 요한이다.' '그러면 당신은 누구요?' 하고 그들이 물었습니다. '나는 광야에서 외치는 목소리다.' 즉 그것은 엘리야가 사막 속에서 자신을 발견했던 것과 비슷한 상황을 말한 것입니다. 세례 요한은 엘리아와 똑같은 성품과 똑같은 나약함을 보여 주었습니다. 그리고 바울이 고린도 사람들에게 보낸 편지는 또 어떻습니까? 그는 이렇게 말했습니다. '여러분의 아들들은 여러분보다 이전에 왔습니다.' 이 말은 환생을 시사해 주고 있지 않습니까? 성경에 의존하기보다는 환생의 실제성을 훨씬 더 뚜렷이 나타내어 주는 증거가 있습니다. 어린아이가 배우지도 않은 외국어를 갑자기 유창하게 구사하기 시작한다면 증거가 되지 않겠습니까? 게다가 자신은 누구였노라고 주장하고 그 친척까지 확인할 수 있었다면 말입니다. 증거가 남아 있는 이러한 사례는 많습니다."

"진리의 탐구자들에게 훨씬 더 유력한 증거는 그 자신이 언젠가는 잠재의식 속으로 들어가서 자신의 전생을 기억해 내는 것입니다. 참으로 이보다 더 확실한 증거는 없지요."

"왜 우리는 모두 전생을 기억하지 못하는 것입니까?" 누군가가 이렇게 물어 보았다.

"그것은 자신을 위한 것입니다. 그것은 과거의 습관과 욕망에 매달리지 않고 더 나아갈 수 있는 기회를 가질 수 있도록 배려하는 신의 자비의 일부지요. 예를 들어 현생에서 훌륭한 선교사가 된 사람을 가정해 봅시다. 그는 전생에서 그랬던 것처럼 술로 문제를 일으키지는 않을 만큼 진화되어 있습니다. 그러나 우주의 기록 속에는 술버릇에 대한 그의 기억이 남아 있습니다. 그가 현생에서 그러한 기억을 다시 일깨운다면 과거의 습관이 되살아나서 다시 알코올 중독자가 되어 버릴 수도 있지요. 그리스도께서는 이것을 빗대어, 쟁기질하는 사람은 지나온 고랑을 돌아보지 않고 앞만 보고 간다고 했습니다."

"다스칼레, 술버릇에 대한 기억이 아직도 남아 있다고 하셨는데, 그것이 염체로서 존재한다는 뜻인가요? 숙달된 사람이라면 그런 염체와 접촉할 수 있을까요?" 내가 말했다.

"우주심 위에 새겨진 것은 어떤 것이나 영원히 남아 있습니다. 예컨대 제가 4,000년 전에 이집트에 살았던 라사다트라는 한 스승을 만나고 싶다고 합시다. 그는 지금 이 순간 살아 있습니까? 아니면 죽은 영혼입니까? 우주 기억 속에서는 라사다트뿐만 아니라 그의 다른 전생들도 모두 살아 있습니다. 우리는 잠재의식 속에서 과거의 모든 전생과 연결되어 있으며 의식 속에 떠올리는 어떠한 전생도 살아 있는 실체인 것입니다. 라사다트는 살아 있습니다. 왜냐하면 그를 방사해낸 존재가 살아 있기 때문입니다. 소크라테스는 여러 번 환생했을 것입니다. 아마도 그는 지금 다른 문화권 속에서 다른 이름을 가지고 다른 육신으로 살고 있을지도 모릅니다. 그러나 소크라테스라는 이름으로 환생했던 그 존재가 지금은 다른 육신 속에 있을지 모른다는 사실과 무관하게 옛날의 소크라테스를 우주의 기억창고로부터 불러내어 심지어는 그를 우리 앞에 반(半) 물현시켜, 함께 대화를 나눌 수도 있습니다."

"그 소크라테스는, 옛날에는 소크라테스였지만 지금은 다른 사람인 그 존재와 같은 식으로 말하고 행동할까요?"

"아닙니다. 우주기억 속의 소크라테스는 살아 있는 염체일 뿐이지 인간이 아니라는 사실을 기억하십시오. 예전에 소크라테스였던 자아의식은 더 이상 남아 있지 않습니다. 만일 소크라테스를 불러와서 대화를 나눈다고 가정할 때 그것은 당시의 지식과 머리로부터 나오는 것입니다. 소크라테스는 자신의 생애 동안 알았던 것 이상의 것을 이야기해 줄 수 없는 것입니다."

"'아브라함과 이삭과 야곱의 하느님은 죽은 자의 하느님이 아니라 살아 있는 자의 하느님이니라……'고 그리스도께서 말씀하셨습니다. 여러분들은 스스로 얼마나 이 말의 뜻을 이해했다고 생각하십니까? 그는 그들의 자아의식을 가진 영혼을 말한 것이 아니라 그 당시의 자아의식을 가진 인격체를 말한 것입니다."

"다스칼레, 전생의 염체를 불러낼 수 있는 사람들은 어떤 사람들인가요?"

"그 사람 자신, 혹은 높은 스승들이지요. 하지만 스승들은 여러분의 약점과 좋지 못한 습관을 일깨워 놓게 될까봐 전생에 대해서는 이야기해주기를 꺼립니다."

그리고 다스칼로스는, 어떤 스승들은 사람들의 과거를 마치 책 읽듯이 읽어낼 수 있다고 말했다. 그는 그 사람 전생 인격의 염체와 의식을 '동조'시킴으로써 그 염체의 생각과 느낌을 똑같이 경험할 수가 있는 것이다. 과거의 전생이 아직도 살아 있지 않다면 그런 일은 불가능할 것이다. "우리의 전생의 책 속에 있는 페이지들은 생명이 없는 종잇조각들이 아니라 살아 있는 염체들인 것입니다." 그가 말했다.

"그러면 우리는 언제쯤이나 현재의 자의식을 가진 인격에 혼란을 주지 않고 전생의 기억을 떠올릴 수 있게 될까요?" 내가 물어 보았다.

"진리의 탐구자들은 각자가 천천히, 꾸준히 그 방법을 배우게 될 것입니다. 처음에는 전생을 직관적으로 느끼다가 나중에는 모든 기억이 되살아날 것입니다. 그 기억은 현재의 자의식을 가진 인격이 영원한 인격에 더욱 밀접히 동조될수록 되살아날 것입니다. 그러면 우리는 마치 훌륭한 배우처럼 우리가 맡았던 역할을 기억해 낼 수 있게 될 것입니다. 지구는 우리들 각자가 자신이 맡은 다양한 역할을 연기하면서 완성을 향하여 나아가며 배우는 무대입니다. 보이는 것 때문에 스스로 혼란되지 않고 과거를 돌아볼 수 있게 되면, 그때는 안전하게 전생을 기억해 낼 수 있을 것입니다. 안전하게 전생을 기억해 내려면 우리는 먼저 선과 악의 개념을 초월해야만 합니다. 우리가 전생의 나약하고 불완전했던 점에 구애받지 않고 우리의 길을 나아갈 수 있도록 신께서 자비롭게 우리의 과거에 대한 기억의 문을 닫아걸어 놓으신 것입니다."

"당신은 우리의 전생이 우주기억 속에서 살아 있는 염체라고 하셨습니다만, 그렇다면 전생의 염체를 접해서 그것의 형태에 변화나 영향을 미칠 수도 있을까요?"

"내가 겪었던 체험담으로 답변을 대신하지요. 몇 달 전에 나는 나 자신이 심령계에서 강의하는 모습을 관찰해 보려고 했습니다. 스승(요하난)께서 이렇게 말씀하셨습니다. '너는 강의를 할 것이지만 그것은 네가 아니다.' 그래서 나는 말하자면 뒤로 물러나 앉아서 나 자신이 이야기하는 것을 듣고 있었습니다. 자신을 관찰하다가 나는 내가 실수를 한 것을 발견했습니다. 스승께서는 내가 수개월 전에 심령계에서 강의하는 염체를 마치 수학처럼 정확하게 보여준 것입니다. 그것은 마치 나의 모습을 비디오를 통해서 보는 것과도 같았습니다. 내가 자신의 실수를 발견했을 때 끼어들어서 그것을 정정할 수가 있었을까요? 아닙니다. 나는 그것에 무엇을 빼거나 더할 능력도, 권리도 없습니다. 그때 나는 단지 강의를 하고 있는 사람, 즉 나 자신의 염체에 의식을 동조시킨 상태일 뿐이었거든요. 나는 이 강의를 관찰자로서 되살려낸 것입니다. 만일 다른 사람이 그 염체에 자신의 의식을 동조시켰다면 그도 같은 강의를 들을 수 있었을 것입니다. 하지만 내가 새로운 염체를 만들어서 적당한 정정을 가하는 것은 가능합니다. 그것은 별개의 일이지요. 그러나 한번 각인된 것은 지워지지 않고 살아있습니다. 이 사실이 어쩌면 우리에게 천국과 지옥의 의미를 설명해 줄 수 있을지 모르겠습니다. 나 자신의 염체가 스스로 만든 지옥에 머물면서 과거의 문제를 벗어나지 못한 현재인격에 영향을 미치고 괴롭힐 수도 있습니다. 우리가 지옥이나 천국에 남겨둔 염체로서의 자신의 생으로부터 거꾸로 영향을 받지 않도록 신께서 자비롭게도 기억의 문을 닫아걸어 놓은 것도 이 때문입니다. 그러나 카르마의 법칙에 의해, 현재인격이 살아 있는 과거의 그림자와 항상 연결되어 있다는 것을 우리는 명심해야만 합니다."

"여러분이 오늘 꺼낸 주제는 아무리 이야기해도 끝이 없습니다. 오늘의 이야기가 여러분에게 심령 - 이지계의 본질에 대한 기본적인 개념을 가질 수 있게 했으면 좋겠군요." 다스칼로스는 이렇게 말하며 강의를 끝맺었다.

8
Encountering the Logos

신과의 만남

"신과 만나고 싶을 때는 언제나 팔을 올려 미완성의 삼각형을 만든다.
그리고 '나의 사랑이시여, 오십시오' 하고
성령을 부르면 그가 삼각형을 완성해 준다.
신과 만날 때는 배와 머리에서 밝은 빛이 방사되며
엄청난 에너지로 몸이 손상된다.
때문에 성령의 불에 타버리지 않고 성령에 자신을
동화시키기 위해서는 어느 수준까지
영적 진화가 되어 있어 '초의식적 자아의식'의
상태에 들어갈 수 있어야 한다."

"형제 자매 여러분……." 다스칼로스가 간단한 기도를 마치고 나서 말했다. "요하난께서 여러분의 질문을 기다리십니다."

잠시 침묵이 흐른 후에 누군가가 유다와 예수의 관계에 대해서 물었다. "유다가 그리스도를 배반하게 된 그 사건의 진정한 의미는 무엇입니까? 그는 예수님과 어떤 관계였으며, 왜 자살했을까요?"

그날은 마침 희랍 정교에 있어서 가장 중요한 축제 기간인 성 주일(Holy Week) 전의 금요일이었으므로 그것은 때맞은 질문이었다. 다른 몇몇 사람들이 이에 대해서 자신의 의견을 말하고, 몇 가지 다른 의문이 제기된 다음에 다스칼로스가 유다와 예수의 관계에 대해서 설명하기 시작했다.

"다른 제자들은 유다를 야망에 찬 귀족정치주의자, 히브리 민족주의자, 즉 로마인들을 유대로부터 몰아내려고 하는 열성당원으로 생각했습니다. 그는 예수를 만나고 나서 매우 기뻐하여 이스라엘을 로마의 지배로부터 해방시킬 것을 꿈꾸었지요. 배반자 유다는 자신으로 하여금 비이성적인 행동을 하게끔 만든 상황에 휘말려들었던 것입니다. 어떤 이들은 그것을 배신이라고 했고, 또 어떤 사람들은 그의 행동을 찬양했습니다. 제가 설명하지요."

"다른 제자들과 마찬가지로 유다는 예수의 사랑을 독차지하려고 했습니다. 그는 여러 번 스승을 포옹하고, 그의 입맞춤을 받기 위해 다른 제자들을 밀치고 나서기도 했습니다. 유다가 스승에게 입을 맞추고 그의 스승에 대한 사랑을 표현했다는 사실에 유의하십시오. 요한과, 좀 예의를 차리는 제자들만이 이런 식으로 예수에게 자신의 사랑을 나타냈습니다. 예컨대 베드로는 스승의 몸에 절대로 입맞추지 않았습니다. 그와 같이 완고한 사람에게는 예수를 포옹하고 그에게 입맞춘다는 것은 거북하기 짝이 없는 일이었습니다. 유다는 예수와 날로 가까워졌습니다. 아마도 그는 요한을 빼놓고는 다른 어느 제자들보다도 예수와 가까웠습니다. 결과적으로 그는 예수께서 행한 기적을 거의 모두 목격할 수 있었지요. 유다의 야심은 무엇이었을까요? 예수를 왕위에 앉히고 그를 보좌하는 것이었습니다. '주의 이름으로 오는 선조 다윗의 왕국에 축복 있으라!'고 하는 시구를 지은 사람이 누구이겠습니까? 예수가 예루살렘에 입성할 때 군중들을 부추겨서 야단스럽게 환영하도록 한 장본인이 누구라고 생각하십니까? 배반자 유다였습니다. 예수께서 바리새인들에게 둘러싸여 있을 때 그들 중의 하나가 예수에게 당신이 과연 하느님의 아들인지 말해보라고 대들었습니다. 예수께서 대답했습니다. '네가 사실을 말했노라.' 유다는 다른 두 제자와 함께 그곳에 있었고, 일어난 일을 눈여겨 보고 있었지요. 바리새인들이 예수를 못마땅하게 여겨 그에게 돌을 던졌습니다. 그러나 첫번째 돌이 예수를 맞히기도 전에 그는 홀연히 사라져 버렸고 돌은 그가 섰던 빈 자리에 떨어졌습니다."

"유다는 이 광경을 목격하고 예수를 이스라엘의 왕으로 추대할 계획을 꾸미기 시작했습니다. 한번은 그가 제자들과 군중들이 모인 자리에서 가져온 왕관을 예수의 머리에 씌우기 위해서 쳐들었습니다. 예수는 또다시 사라져 버렸고 왕관은 배반자 유다의 손에 들려 있었습니다. 그때 유다는 생각했습니다. '나는 당신이 이것을 받아들이지 않을 수 없게 만들겠소. 사람들이 당신을 해치고 놀리기 시작하면 당신도 마음을 바꾸겠지. 그들이 당신을 공격하면 당신도 별수 없을 걸. 당신은 어쩔 수 없이 손을 들어 당신의 영광, 당신의 권능을 보여 주겠지. 당신은 사악하고 짐승 같은 자들의 가식에 신물이 날 것이고,

그러면 왕이 되고 말 거야.' 그러니까 유다의 목표는 그리스도를 적에게 팔아먹는 것이 아니라 그로 하여금 유대의 지도자가 되게 함으로써 로마인들을 몰아내는 것이었습니다. 그러나 예수는 스스로 이렇게 분명히 말했습니다. '유다야, 나의 왕국은 이 지상의 것이 아니니라. 이것을 명심해라.' 그리스도께서 이 세상의 권세에 관심이 없다는 것, 이것을 유다는 받아들이려고 하지 않았던 것입니다."

"유다는 반역자가 아니라 경솔한 제자였습니다. 예수는 다른 제자들과 똑같이 유다의 발을 씻어 주고 그 발에 입맞춰 주었습니다. 그리고, 가서 하려던 일을 하라고 말했습니다. 그리스도는 유다를 사랑했습니다. 그러나 유다는 예수의 가르침을 이해하지 못했습니다. 사실, 그의 제자들 중에서도 오직 몇 명만이 그를 이해했습니다. 요한과 빌립보와 야고보였지요. 빌립보는 이전에 델피의 그리스 신비의식에 관여했었기 때문에 예수를 이해할 수 있었습니다. 다른 제자들은 성령이 강림하신[38] 이후에야 그를 이해하게 되었지요."

"예수는 자신의 십자가 고난을 미리 알고 있었고 유다 앞에서 이렇게 자신의 부활을 예언했습니다. '나는 성전을 허물어 사흘 만에 다시 지으리라.' 이것은 무슨 뜻이었을까요? 그는 비유로 말한 것입니다. 하지만 유다는 오직 자신이 듣고 싶어하는 내용만, 그리고 자신의 애족적인 계획과 자신의 사고방식에 합치하는 말만을 들으려고 했습니다. 자신의 스승이 십자가에 못 박혀 죽게 될 것을 깨닫자 유다는 그리스도를 의심하기 시작했습니다. 그는 스승이 능력을 잃어 버

---

38 성령 강림: 예수가 부활 승천한 후 오순절 날 제자들이 모여 있을 때 성령이 불로서 내려와 제자들이 방언으로 하느님을 찬양하게 한 일. 그후 그들의 믿음이 강해지게 되었다. 『사도행전』에 나오는 이야기. (옮긴이 주)

려서 채찍질을 당하고 발길에 차이며 능욕당할 것을 피하지 못하는 것이라고 생각했습니다. 예수가 이마에 피를 흘리며 가시면류관을 머리에 쓰고 십자가를 지고 가는 것을 보았을 때 유다는 그의 부활마저 의심하기 시작했습니다. 그는 절망에 빠져 자포자기의 고통 속에서 자살해 버린 것입니다."

"유다를 반역자라고 부르는 것은 너무 가혹합니다. 나는 그를 그렇게 행동하게 만든 정신적인 상황을 무지, 혹은 혼동이라고 말하겠습니다. 유다는 예수를 병적으로, 어리석게, 그리고 자기중심적으로 사랑했습니다. 그는 또한 자신의 상상 속의 조국을 사랑했습니다. 이 세계는 이러한 민족주의적 열성당원들로 가득합니다. 여러분은 오늘날 아랍인과 이스라엘인들 간에 그토록 많은 피를 흘리게 한 이스라엘에서의 혼돈과 혼란상이 대부분 이 시대의 열성당원과 애국자들의 사념과 욕망의 산물임을 알고 있습니까? 지금에 와서야 제정신이 돌아온 사람들은 자신이 일으켜놓은 죄악을 깨닫기 시작하고 있습니다. 그러므로 우리들 앞에는 해결하고 소멸시켜야만 할 많은 상황들이 놓여 있습니다. 왜냐하면 그러한 상황들에 대해 매우 예민하고 감수성이 강한 사람들이 있기 때문입니다. 배반자 유다가 그러한 사람이었습니다. 우리는 그를 배반자라고 불러서는 안됩니다. 예수의 제자가 한번은 탄식하여 이 배반자에 대해 험한 말을 했습니다. 그러자 예수께서 말씀하셨습니다. '이것을 알아라. 너희가 유다와 같은 자에게 배반자라고 말을 할 때마다 너희는 나를 핍박하고 있는 것이니라.'"

"유다는 그 이후 여러 번 환생했습니다. 다른 인간들과 똑같이 부자로, 가난뱅이로, 박복한 자로, 보통 사람으로……. 지금 그는 유태인의 몸으로 환생해서 위대한 신비가가 되어 있습니다."

잠시 침묵이 흘렀다. 누군가가, 그리스도를 배반하는 것이 유다로서는 반드시 겪어야만 할 경험이었는지를 물었다.

"그것은 비극적인 역할이고 쓴 경험이었습니다. 그러나 그가 그 수준의 파동을 가지고 있었기 때문에 그것은 전적으로 자신의 책임이었지요. 유다의 역할은 신의 계획 속의 일부였습니다. 그의 역할이 그 계획의 전개를 도운 것입니다."

"예수로서는 배신을 당할 필요가 있었던 것입니까, 아니면 다른 식으로 붙들릴 수도 있었을까요?" 하고 누군가가 물었다.

"아마 그것은 인간들의 주의를 끌기 위해서 필요했을 것입니다. 인간들이 이 사건에 관해서 그를 거룩한 자로 부르는 편과 그의 신성을 부정하는 편으로 갈라져 서로 싸우도록 만들기 위해서 말입니다. 적절한 상황이 무르익도록 논쟁을 일으키기 위해서는 그렇게 되었어야만 했을 것입니다."

"성령이 강림한 이후에 제자들은 빛을 받았습니다. 그들은 『사도행전』에서 어떤 행동을 보였나요?" 누군가가 질문했다.

"그들이 2년 전에 한 행동, 심지어는 성령이 강림하기 한 달 전까지 한 행동과 비교해 보면 그들의 행동에는 엄청난 변화가 있었습니다. 그런데 그들이 빛을 받았다고 말할 때 그것은 무엇을 의미하는 것일까요? 그들이 일순간에 밝은 태양과 같이 변했다는 것일까요? 그것은 이치에 닿지 않습니다. 그리고 그들로서도 그러한 경험을 감당하기란 불가능했을 것입니다. 그들의 깨달음은 서서히 진행되었습니다. 그들은 한 번에 자신이 감당해 낼 만큼의 빛을 받아들였습니다. 그들은 각자의 불완전한 면을 그대로 지니고 있었습니다. 그들이 영적인 길로 진보해 나아가게끔 빛이 주어진 것입니다. 하지만 성령이 강림했을 때 그들은 그 자리에서 은혜를 받아 기적을 행할 수 있게 되었습니다. 이것은 예사로운 일이 아닙니다. 사도들은 대부분이 무식한 어부들이었는데 갑자기 철학자처럼 행동하고 말하기 시작했다는 사실을 생각해 보십시오. 베드로의 경우를 예로 들어 봅시다. 그 시대의 지식인들과 비교해 보자면 우리로서도 그가 상스럽고 견문이 좁은 자라고 하지 않을 수 없을 것입니다. 그런데 그가 갑자기 변하여 위대한 스승이 되었습니다. 전에 어부였던 베드로를 아는 사람들은 후일 성령 강림 이후에 그를 만났을 때, 그의 모든 불완전한 면에도 불구하고 그의 달라진 면모를 느낄 수가 있었습니다. 그 불완전함이란 어떤 것이었을까요? 그것은 그의 광신적인 히브리 민족주의였습니다. 그는 그리스 문화에 젖어 있는 유태인들과 이방인 제자들에 대해서 반감을 보이기 시작했습니다. 그는 신플라톤파 철학에 반기를 들었습니다. 그는 요한과 자주 충돌했지요. 나중에는 그리스인 친척을 가지고 있는 바울과도 싸우기 시작했습니다. 베드로는 히브리인의 정서를 강하게 지니고 있어서 새로운 종교 안에 그리스의 영향이 침투하는 것을 용납할 수가 없었던 것입니다. 다른 사도들이 그에게 할례의식은 폐지되어야 한다는 것을 이해시키려고 했을 때 그는 그들을 얼빠진 자들이라고 비난했습니다. 나는 그의 광신주의를 악하다고 하지는 않겠습니다. 그것은 단지 그의 사고방식이었고, 그가 소중히 여겼던 전통을 지키기 위한 한 가지 방편이었을 뿐입니다. 이러한 의견의 불일치는 사도들이 깨달음을 얻고 난 후에도 남아 있었습니다. 그들은 자신이 감당할 수 있을 만큼의 빛만을 받았을 뿐이었던 것입니다. 지나치게 눈부신 빛처럼 눈에 해로운 것은 없습니다. 그것은 태양을 정면으로 바라보는 것과도 같습니다. 눈이 멀어 버리지요. 그러니까 문제는 얼마나 많은 빛을 주느냐 하는 것이 아니라 그 사람에게 이로울 만큼 얼마나 적절히 주느냐 하는 것이지요."

"그리스도는 자신의 영광을 제자들이 감당할 수 있는 한에서 충분히 보여 주었습니다. 나는 산상의 변모[39]를 기억하고 있습니다. 요한과 베드로와 야곱이 예수와 함께 있었습니다. 타보르 산에서 예수의 얼굴이 변했을 때 그 빛을 그들이 견딜 수가 있었습니까? 그들은 눈을 가리고 쓰러져 버렸지요."

"변모하신 이유는 무엇이었나요." 누군가가 질문했다.

"분명한 것은, 그가 자신의 능력을 드러내 보이려고 한 것이 아니라는 사실입니다. 그는 신성(神性)의 경지에 들어가려고 했던 것입니다. 범우주적인 성령이 그 자신을 신성의 경지에 들여놓으려고 했던 것이지요. 타보르 산에서 일어난 예수의 변모는 그가 십자가형을 이겨내고 신인 동시에 인간으로서 자신을 부활시킬 수 있도록 신인(神人)이 되는 하나의 입문 과정이었습니다. 부활 후, 예수가 신성의 경지에 완전히 동화되었을 때, 그는 제자들 앞에 인간인 예수의 형상으로, 즉 아직도 손에 못자국이 나 있는 육신으로 나타나서 말했습니다. '나는 하늘과 땅의 모든 권능을 받았노라.'"

"예수가 무덤에서 사라졌을 때 그는 자신을 환원시킨 것입니까?" 누가 이렇게 물었다.

"물론이지요. 그는 자신의 육신을 완전히 환원했습니다. 그가 이전에는 그러지 않았냐고 물으실 테지만 그렇지는 않습니다. 전에 그는 육신을 어떤 곳에다 잠에 빠진 상태로 놓아 두고 유체이탈을 했습니

---

[39] 산상의 변모: 예수가 산 위에 올라 기도할 때 용모가 변화하여 해처럼 빛나고 옷에서 흰 광채가 났다고 함. 『신약성서』에 나오는 이야기. (옮긴이 주)

다. 그러고는 에테르질을 응축시켜서 눈에 보이는 새로운 육신을 만들어내었던 것입니다. 부활한 이후에는 문제가 전혀 다릅니다. 그는 영, 즉 절대영이 되어서 자의식을 가진 하나의 완전한 인격으로서 언제든지 전에 지녔던 육신, 십자가형의 상처까지 지닌 육신을 만들어낼 수가 있었습니다. 이것은 유체이탈과는 다르지요. 높은 스승은 그가 아직도 육신 속에 머무르고 있는 동안 자신을 물현시키는 것과 이것과의 차이를 알 수 있습니다. 이런 그는 죽으면 자신의 육신을 지구상의 어느 곳에서만 물현시킬 수 있습니다. 이것은 전혀 다른 것입니다."

"다음에 만납시다. 예수님의 사랑이 여러분과 여러분의 가정과 온 세계에 함께 하실 것입니다."

모임이 끝나고 제자들이 돌아간 후에 나는 야코보스, 코스타스와 함께 다스칼로스의 집에서 저녁을 보내며 이야기를 나누기로 했다. 무슨 이야기를 할 것인가는 특별히 정해 놓지 않았다. 보통 화제가 자연스럽게 형성되고, 그러면 다스칼로스가 이야기를 시작했다. 그는 이야기하기를 좋아했는데, 특히 가까운 제자들과 함께 있을 때면 아무리 지쳐 있어도 어떤 주제를 놓고 이야기를 시작하는 순간부터 힘을 되찾아 완전히 변화된 모습을 보이는 것이었다.

야코보스와 내가 한 찻집에서 식사를 마치고 다스칼로스의 집에 도착한 것은 저녁 여덟 시쯤이었다. 코스타스는 먼저 와서 다스칼로스와 잡담을 나누고 있었다. 다스칼로스는 어떤 어려운 일과, 친척과의 문제 때문에 하루종일 골치를 앓았다고 넋두리를 하고 있었다.

"그들은 나를 한시도 쉬게끔 내버려 두질 않아." 그가 이렇게 하소연했다.

"당신은 너무나 순진하고, 사람들은 당신의 그런 점을 이용하려고 하는 게 문제예요." 야코보스가 반 농담조로 말했다.

"자네 말이 맞네, 나는 그분께서 나에게 '마음이 온유한 자는 복이 있느니라' 하고 말씀하시는 것을 들었다네." 다스칼로스가 쾌활하게 대답했다.

나는 그가 진담을 하는지 농담을 하는지 분간할 수가 없었다. 그래서 확인을 해보려고 재빨리 물어 보았다. 다스칼로스는 머리를 단호히 저으며 태도를 바꾸어서 부드럽고 진지한 목소리로 말했다.

"그럼, 그럼, 나는 그를 만났다네."

"그 이야기를 해주실 수 있겠습니까." 나는 녹음기를 준비하면서 부탁했다.

"해주지, 녹음을 하지 않겠다면 말이야." 나는 그의 희망을 받아들여 녹음기 대신 노트와 연필을 준비했다. 그는 받아적는 것에 대해서는 한번도 반대하지 않았던 것이다. 내가 준비를 모두 갖추고 나자 그가 입을 열었다.

"그것은 나의 전생 중에서도 가장 기억에 남는 슬픈 일이었지. 나의 이름은 제이슨이었고 부모님은 그리스 문화에 젖어 있는 유태인이었어. 우리 집은 골고다 언덕의 기슭에 있었네. 그 집에는 울타리로 둘러싸인 마당이 있었고 몇 마리의 염소를 길렀었지. 마당 구석에 본 채로부터 떨어진 방이 하나 있었는데 나의 삼촌이 거기 혼자 살면서 종교와 철학 공부에 몰두해 있었던가, 아니면 그런 흉내만 내고 있었던가 했지. 나의 어머니와 누나는 미리암(Miriam)이라고 불렸던 예수의 어머니를 알고 있었다네. 그들은 예수가 설교하시는 것을 자주 가서 듣곤 했지. 예수는 실제로는 예수아(Jeshoua)라고 불렸어.

예수의 제자 요하난(요한)은 우리 가족을 알고 있었고 나를 데리고 예수님의 말씀을 들으러 가곤 했지. 당시 나는 어린 소년이었지만 예수님이 하시는 말씀을 이해할 수 있었다네. 그러한 진리는 내게는 새로운 것이 아니었으니까. 나는 그 전생에서 이집트의 신비가였었거든. 나는 바로 요하난이 예수께로 데려가곤 했던 그 아이들 중의 하나였던 거야."

"그것이 당신과 요하난의 첫인연이었나요." 내가 물어 보았다.

"아닐세, 훨씬 더 이전으로 거슬러 올라가지." 그는 이렇게 대답하고 나서 이야기를 계속했다.

"그 당시 요하난은 스무 살이었지. 아버지는 어머니와 누이가 미리암과 예수와 가깝다는 사실, 내가 예수에게 자주 간다는 사실을 모르고 계셨어. 아버지에게 큰 영향을 미치고 있었던 삼촌은, 예수를 혹 마술을 부리는 자로 생각하고 있었지. 그들은 두 분 다 예수의 처형을 주장하는 쪽이었어. 우리는 예수가 아무런 죄가 없다고 우겼지만 아버지는 요지부동이었지. 그래서 우리는 우리의 접촉을 비밀로 했다네."

"예수께서 십자가형을 당하는 날, 나는 어떤 일이 일어나는지 보려고 뛰어갔다네. 나는 사람들이 골고다 언덕 위를 향해 가는 것을 보았지. 행렬의 맨 앞에는 사형을 언도했던 재판관들이 있었네. 본디오 빌라도는 판결대로 그들을 처벌하기 위해 법복을 입은 판관들을 행렬에 앞세웠던 것이지. 그들 뒤로 열댓 걸음 떨어져서 예수께서 십자가를 지고 가고 있었어. 병사들이 그의 주위로 사람들이 접근하는 것을 창으로 막고 있더군." 다스칼로스는 일어서서 몸짓을 하면서 그 광경을 설명했다.

"나는 어렸기 때문에 그 창 밑으로 기어들어가서 예수님 앞에 섰지. 그리고 그의 얼굴을 들여다 보았다네. 그의 이마에는 피가 흐르고 있었네. 그는 나를 보고 미소를 지었지. 나도 웃음을 지으려고 했지만 눈물이 쏟아졌어."

다스칼로스는 그 광경을 설명하면서 눈물을 글썽거렸다. 그가 눈물을 흘리는 모습을 보기는 이번이 처음이었다.

"내가 그에게 말했어. '당신을 사랑해요.' 그는 나에게 계속 미소를 지었어. 병사들이 이것을 보고 화를 내며 나를 밖으로 쫓아냈지. 하지만 나는 다시 한번 시도했어. 나는 앞질러 달려가서 다시 그들의 창 밑으로 들어가려고 애를 썼지. 마음씨 좋게 생긴 한 병사가 나를 보고 쉽게 들어갈 수 있도록 창을 위로 올려 주었어. 그래서 나는 다시 예수님 얼굴을 마주 볼 수 있었지. 그는 나에게 미소를 보내려고 했지만 그의 얼굴에는 슬픈 기색이 돌고 있었어. 아마도 그는 장차의 일을 알고 있었을 테지. 이때 다른 병사가 나를 보고는 잔인하게도 나의 발을 군홧발로 밟았어. 로마군들은 군화 밑창에 튼튼한 못을 달고 다녔다네. 그 고통은 참을 수가 없더군. 그 병사는 나의 발가락을 문자 그대로 뭉개 버렸던 거야. 걸을 수가 없었어. 나는 군인들 사이로 기어나와 집으로 가려고 안간힘을 다했지. 그 순간만큼은 나는 나 자신밖에는 아무것도 생각할 수가 없었다네. 통증은 너무나 지독했어. 내가 800미터쯤 기어갔을까? 지진이 일어나고 하늘은 온통 구름에 덮였다네. 집과 성벽들이 무너졌어. 내가 집에 도착했을 때 우리 집은 그 근방에 그대로 서 있는 유일한 집이었다네. 삼촌의 방은 그대로 박살이 나 있었지. 나는 혼잣말로 '이젠 아버지께 지진으로 발을 다쳤다고 하면 되겠군' 하고 말했지. 나는 아직도 아버지를 두려

위하고 있었거든. 집에 도착하자 어머니는 나의 상처를 살펴보고는 곧장 달려나가 술과 약초를 구해 오셨지. 어머니는 상처를 술로 닦아 내고 약초를 발라 헝겊을 처매어 고정시켜 주셨어. 아버지가 삼촌과 다투는 소리가 들려 오더군. 그는 삼촌이 자기를 오도했다고 나무라고 있었던 거야. 그러고는 방으로 들어와서 어머니와 누이를 얼싸안고 사과하셨어. 그는 예수가 정말 하느님의 아들이었다고 말했어. 삼촌은, 여전히 지진이나 다른 현상들은 자연적인 것일 뿐 예수와는 전혀 관계가 없는 일이라고 주장하고 있었지. 아버지는 그를 집 밖으로 쫓아내 버렸다네."

"나의 상처는 더욱 악화되고 있었지. 몸이 마비되어 가는 것을 느낄 수가 있었어. 파상풍이 틀림없다고 생각했어. 침대에 누워 있었는데 예수께서 벽 속으로부터 마치 밝은 빛과도 같이 나오시는 것을 보았어. 그때는 그가 부활하신 직후였네. 다른 식구들도 그를 보았는지 무릎을 꿇었어. 그는 나에게 손을 내미시면서 '이리 오라'고 말하셨네. 어머니께서 울면서 예수께 하나뿐인 아들을 제발 데리고 가지 말라고 빌었다네. 하지만 나는 그와 함께 갔지. 그곳이 어디였는지는 기억이 나지 않지만."

내가 그의 이야기를 믿을 수 없는 것만큼이나 그는 자신의 경험이 진실임을 털끝만큼도 의심하지 않았다. 그의 말의 진실성을 검증해 볼 도리가 없었으므로 나는 차라리 그의 경험을 가능한 한 빠짐없이 기록하기 위해 계속해서 질문하기로 마음먹었다.

"다스칼레, 당신은 예수의 말씀을 기억하고 있습니까." 내가 이렇게 물었다.

"자세히 기억하기에는 내가 너무 어렸지. 하지만 그의 가르침이 나에게 생소하지는 않았다는 것을 지금도 기억하네. 아까 말했듯이 나는 이집트에서 신비사제로서 비슷한 경험을 했거든. 나는 베드로가 금발에 팔뚝이 굵고 거칠게 생긴 사나이였던 것을 기억한다네. 그는 늘 작대기를 들고 다니며 예수께 접근하려고 하는 사람들을 쫓아내곤 했지. 베드로는 요하난의 학식을 부러워했다네. 그는 글을 몰랐기 때문에 열등감을 느끼고 있었어. 요하난은 베드로가 스승에게 접근하는 사람들을 몰아내는 모습을 볼 때마다 고개를 절레절레 흔들며 실소하곤 했지. 하지만 요하난의 모습이 나타나기만 하면 그는 이내 얌전해졌다네. 한번은 예수께서 몹시 피곤하여 돌 위에 앉아 한쪽 다리를 쭉 뻗고 있었어. 나는 땅바닥에 엎드려 그의 발에 입을 맞추었지. 그러자 그가 말하셨네. '왜 그러느냐, 애야. 내 발이 먼지투성이인 것이 보이지 않느냐?' 내가 대답했지. '저 자신은 한갓 티끌에 지나지 않는걸요, 예수님.' 그는 나의 손을 잡아 일으켰어. 그리고 나를 껴안고 이마에 입을 맞추며 말하셨지. '다시는 그런 말을 말아라. 너는 티끌이 아니란다.' 그리고 그는 나를 축복해 주셨어. 나는 예수님을 참으로 사랑한다네." 그가 나직이 말했다.

"신비가들이 흔히 논란을 벌이듯 그는 해탈한 인간이 아니야. 그는 성령 그 자체가 육화(肉化)하신 걸세. 나는 그를 부르고 싶을 때는 언제나 팔을 들어올려 미완성의 삼각형을 만들지." 다스칼로스는 두 팔을 치켜들어 시범을 보였다. "그리고 '나의 사랑이시여, 오십시오' 하고 성령을 부르지. 이것이 내가 그를 부르는 말이야. 그러면 그가 삼각형을 완성해 주신다네."

"지금까지 몇 번이나 그를 불러 보셨습니까." 내가 물었다.

"이번 생에서는 네 번이야. 쉬운 일은 아니라네. 그를 만난 다음에 다시 일상의 상태로 되돌아온다는 것은 매우 고통스러운 일이거든. 그를 만날 때는 나의 배와 머리에서 밝은 빛이 방사되는 것이 느껴지고 방 안이 몹시 더워진다네. 한번은, 테오파니스도 나와 같이 성소에 있었는데, 열기 때문에 양초가 구부러졌었지."

그는 자신의 말을 강조하려는 듯이 나의 무릎을 치면서 말했다. "나는 그런 일을 하지 않아. 왜냐하면 그것은 몸을 손상시키거든. 나약한 육신이 감당하기에는 그 에너지가 너무나도 엄청나단 말일세. 너무나 벅찬 희열로부터 되돌아오는 것도 고통스럽지. 그와 함께 그곳에 머물고 싶어진다네. 그것은 마치 우주비행사가 되었다가 감방 안에서 최후를 맞는 것과도 같다네. 성령의 불에 타버리지 않으려면 어느 수준까지 영적인 진화가 되어 있어야만 해. 요하난을 만나는 것도 마찬가지야. 자네는 요하난을 만날 수가 없네. 그는 이 지구 차원의 성령이지만 자네가 낮은 차원에서 진동하고 있는 한 그는 자네를 태워 버릴 테니까."

"그런 황홀경에 들어가는 것이 그렇게 고통스럽다면 당신은 이제 그런 일을 하지 않을 건가요?"

"나는 몇 번이고 할 거야. 육신에 어떤 일이 생기건 상관하지 않아."

그는 결연한 어조로 대답했다. 이전에 그가 말해 온 바로 미루어보건대, '타버리지' 않고 성령에 자신을 동화시키기 위해서는 그가 말한 '초의식적 자아의식'의 상태에 들어가야만 한다. 그래서 나는 그 말이 특별히 무슨 의미인지 물어 보았다. 그에 의하면 그것은 첫째, 자신의 영구자아를 지속적으로 자각하고 있는 것을 의미하며, 그것은 전생까지도 자각하는 것을 포함한다는 것이었다. 그 다음으로는 그가 물현과 환원에 숙달되어 있음을 뜻하며, 셋째, 의식이 동시에 일곱 군데 이상의 장소에 가 있을 수가 있어서 그곳에서의 인상과 경험을 수집할 수 있음을 뜻하는 것이라고 하였다.

"하지만 그것은 해탈한 인간이나 가질 수 있는 능력이 아닐까요?"

"그래요, 일종의 능력이지, 하지만 그것이 해탈 그 자체는 아니라네."

"그리고 당신은 이 모든 것을 할 수 있다는 말씀입니까?"

"그렇다네."

"그러면 당신은 해탈한 인간인가요?" 다스칼로스는, 자신이 해탈의 경지에 들어갈 수는 있지만 그 상태에 계속 머물러 있지는 못한다고 대답했다.

"물질계에 살면서 동시에 해탈한 인간이 된다는 것은 불가능한 일이라네."

나는 다시 그 해탈의 개념이 다른 신비가들이 말하는 신의식(god consciousness)과 비슷한 것인지를 물어 보았다.

"맞아, 우리는 신의 의식을 지니고 있지만 신의식, 즉 해탈의 상태 속에 지속적으로 머무르고 있지는 않지."

"다스칼레, 당신이 지상에 머무르고 있는 이유는 무엇인가요?" 내가 화제를 돌려 질문했다.

"사랑이지. 스승을 물질계에 묶어 놓는 것은 사랑이라네. 다른 사람의 카르마를 대신 짐으로써 그들을 돕기 위해서 돌아오는 거야. 자네가 자신의 카르마로부터 해방되면 다른 사람을 도와줄 것을 결심할 수가 있지. 그것이 자네를 지상에 묶어 놓게 되는 거라네."

다스칼로스가 갑자기 지금까지 조용히 귀를 기울이고 있던 야코보스와 코스타스를 향해서 말했다. "난 배가 고픈데, 자네들은 어떤가?"

나는 종이와 펜을 의자 위에 놔두고 그들을 따라 부엌으로 갔다. 우리는 이내 한 쟁반의 과일과 오이, 토마토, 빵과 치즈 등을 차려왔다. 이 메뉴는 어쩐지 우리가 나눴던 예수에 관한 이야기와 걸맞아 보였다. 우리는 음식을 맛있게 먹었다.

9
Cosmology

우주의 비밀

"누군가 '당신은 행복을 찾을 수 있다는
텅 빈 자족성과, 현실적인 존재의 시련과 고난 중에서
어느 쪽을 원하는가' 라고 묻는다면 나는 이렇게 답할 것이다.
만일 내 곁에 그 눈을 가만히 들여다
볼 수 있는 사랑하는 사람이 있다면 나는 그쪽을 택하겠다고.
그것을 나약함이라고 탓해도 좋다.
하지만 그것은 절대적 '있음'의 속성으로
우주가 창조되게 한 그것과 동일한 내적 충동일 것이다.
아무리 더럽고 썩은 물이라도 태양빛으로
사랑스럽게 어루만져주는 그것…"

나는 조심스럽게 자리에서 일어나 작별인사를 하고 집을 나와 나의 차 쪽으로 걸어갔다. 수요일 저녁, 내부모임이 열리는 날이었다. 나는 이 모임의 일원이 아니었기 때문에 적당히 자리를 피해 주는 것이 좋을 것 같았기 때문이다. 모임은 15분쯤 후에 시작될 예정이었고 다스칼로스의 제자들은 이미 거의 다 모여 있었다.

내가 차 안으로 들어가려고 할 때 야코보스가 문 밖으로 나오면서 나에게 손짓을 했다. 뒤따라 다스칼로스가 나오면서 기다리라는 손짓을 했다. "오늘 모임에 자네가 참석해도 좋을지 요한님께 허락을 청해 보자구." 내가 그들에게로 되돌아가자 그가 말했다. 나는 매우 기뻤다. 나는 며칠 전에 야코보스에게 내부모임에 몇 번만 참석해 보고 싶다는 의사를 밝혔었다. 아마 야코보스가 다스칼로스에게 그러한 나의 뜻을 전한 모양이었다.

"야코보스와 코스타스가 성소에서 함께 명상하면서 자네가 모임에 참석할 수 있도록 허락을 청할 것이라네." 집 안으로 함께 걸어가면서 다스칼로스가 거듭 말했다.

오래지 않아 야코보스로부터 요한님께서 허락하셨다는 전갈이 왔다. 나는 내부모임의 일을 살필 수 있는 기회가 주어졌을 뿐만 아니라 특히 다스칼로스의 제자인 로이조스가 오늘 입문할 예정이었기 때문에 더욱 기뻤다.

나는 이미 내부모임의 회원들을 대부분 알고 있었다. 그들은 성소에 모여 흰 수도복을 걸치고 다스칼로스를 기다리고 있었다. 내부모임의 제복인 흰 수도복을 걸친 그들의 모습을 보는 것은 처음이었다.

"들어오게, 이 티베트 사람아." 다스칼로스가 장난스럽게 나의 팔을 잡아끌어 성소 안으로 인도하면서 말했다. 그는 사람들에게 이렇게 말했다. "요하난께서 키리아코를 알아보시고, 그가 지혜에 목말라 함을 아시고 우리의 모임에 그가 참석할 수 있도록 허락하셨습니다." 그리고 그는 내가 몇 번 티베트에서 태어났으며 그러므로 내가 신비적인 가르침에 대해서 전혀 문외한은 아니라는 점을 설명했다. 그는 내가 가르침을 빨리 이해할 수 있었던 것이 전생에 열심히 수행한 덕분이라고 말했다. 그리고 그는 사람들에게 내가 당분간 내부모임의 의식에 참석하는 것에 대해 반대의사가 있는지를 물어 보았다. 반대하는 사람은 아무도 없었다. 그러자 그는 나의 목에 기다란 흰 천을 걸쳐 주고 자신의 흰 옷을 나에게 입혀 주었다.

로이조스는 제단 앞에서 커다란 그리스도의 그림을 마주보고 서 있었다. 제단 위에는 접어 놓은 흰 수도복이 놓여 있고 그 위에 날 없는 칼이 놓여 있었다. 코스타스가 흰 초에 불을 켜고 향을 태우는 동안 야코보스가 스위치를 올려 그리스도 상의 양편에 있는 두 개의 밝은 전구에 불을 켜서 그리스도의 모습을 밝혀 놓았다.

다스칼로스가 무릎을 꿇고 오른손을 날 없는 칼 위에다 올려놓았다. 잠시 동안 그는 눈을 감고 기도문을 중얼거린 다음에 다시 일어섰다.

"그대는 지금부터 야코보스가 읽을 일곱 가지 서약에 따르기를 동의하는지 말해 주기 바란다. 이것은 그대가 흰 수도복을 입기를 바란다면 자신과 해야 할 서약이다. 이것은 맹세가 아니라 약속이다."

전에 다스칼로스는 맹세란 무거운 의무를 수반하는 것이라고 말했었다. 맹세를 깨뜨린다는 것은 비극적인 결과를 초래할 수 있다. 반면에 약속을 이행하지 못하면 오직 자신에게만 책임이 있다는 것이다. 이어서 다스칼로스는 일곱 가지 서약은 영적인 완성을 향한 열쇠라고 설명했다. 그것은 다스칼로스가 일곱 살 때 요하난이 그에게 주었던 것이다. 이 일곱 가지 서약은 절대적인 것이며 고칠 수 없고 영원한 가치를 지닌 것이라고 그는 말했었다.

"나는 자신에게 서약하나니," 야코보스가 먼저 시작했다.

"나는 자신에게 서약하나니," 로이조스가 낮은 목소리로 따라서 말했다.

"내가 온 마음으로 속하는 절대자에게 언제, 어디서나 헌신하겠습니다." 야코보스는 로이조스가 그의 말을 따라 하면 다음 문장을 계속 이어나갔다.

"신의 뜻에 언제, 어디서나 헌신할 각오를 다지겠습니다."

"말씀과 생각의 신성한 은총을 언제, 어디서, 어떤 상황에서나 선하게 쓰도록 하겠습니다."

"지혜롭고 거룩한 법이 나에게 주는 어떤 형태의 시험과 시련에도 불평 없이 참고 견뎌 내겠습니다."

"이웃 사람들에게, 설사 그들이 나에게 어떤 행동을 한다고 하더라도, 온 마음과 영혼을 바쳐 진실하게 봉사하고 사랑하겠습니다."

"매일 절대자에 대해 명상함으로써 나의 생각과 욕망과 행위가 신의 뜻에서 한 치도 어긋남이 없도록 하겠습니다."

"나의 모든 생각과 욕망과 말과 행동이 거룩한 법칙에 완전히 조화되었는지를 매일 밤 살피고 점검하겠습니다."

로이조스가 일곱 가지 서약을 마치자 다스칼로스가 오른손을 들고 모두가 귀를 기울이고 있는 가운데 엄숙한 목소리로 말했다. "흰 수도복은 상도, 특권도 아니다. 그것은 지고 가야할 무거운 십자가이다. 그것은 이웃 사람들에 대한 영원한 봉사를 다짐하는 약속이다. 이곳의 형제들은 모두 그대가 흰 수도복을 입을 자격이 있음을 인정한다.

이 옷은 그대가 영혼을 순수하게 지녀야 함을 상징하는 것이다. 사랑이 그대의 삶에 있어서 지배적인 힘이 되어야 한다. 어느 누구도 미워하지 말라. 그대를 해치는 자조차도. 필요하다면 강인함을 지키되 오직 사랑으로 그리하라. 그리고 늘 그대의 이웃 사람들을 위해 무엇이 최선의 것인지를 염두에 두라." 그리고 그는 로이조스가 '흰 수도복의 형제'가 되는 것에 누구든 반대의사가 있는지를 물어 보았다. 전원이 만장일치로 그가 '엑시오스(Axios)', 즉 '진실로 귀한 자'임을 선포했다. 테오파니스와 코스타스가 제단에서 흰 수도복을 가져와서 로이조스에게 입혀 주었다. 다스칼로스를 따라서 모든 형제들이 로이조스의 이마에 입을 맞추었다. 그러고 나서 그는 무릎을 꿇었고 다스칼로스는 그의 머리 위에 날 없는 검으로 십자가를 그었다. 로이조스는 날 없는 검의 육각별이 새겨져 있는 곳에다 입을 맞추었다.

"이제 우리는 사랑의 성찬식을 거행하겠습니다." 다스칼로스가 이렇게 말하고 테오파니스에게 자리를 내주었다. 테오파니스는 포도주를 물에 타서 제단 위에 있던 은제 성찬배에다 부었다. 그는 눈을 감고 양손으로 성찬배를 받쳐들고 팔을 뻗어 그리스도의 상 앞에 들어올렸다. 우리는 무릎을 꿇었다. 쥐죽은 듯한 침묵이 흐르는 가운데 그는 몇 분간 그렇게 있었다. 테오파니스가 돌아서자 모두 일어섰다. 그는 다스칼로스로부터 시작해서 모든 형제들에게 성찬을 베풀었다. 그들은 테오파니스의 손에 입을 맞추었다. 나를 제외한 모두가 '성부와 성자와 성령의 이름으로' 성찬배를 세 번씩 마셨다. 그러고 나서 테오파니스는 그 '축복받은' 포도주를 플라스틱 컵에 조금 부어서 나에게 주면서 같은 의식을 반복하여 마시게 하였다. '성부의 이름으로.' 나는 한 모금을 마셨다. 그리고 '성자의 이름으로', 그리고 '성령의 이름으로.' 나는 컵을 비웠다.

다른 사람들이 모두 성소에서 스토아로 건너간 다음 다스칼로스가 나에게 말했다. "방금 자네가 본 의식의 상징적인 의미를 설명해 주지. 사랑의 성찬식은 내가 제자들에게 항상 참석하도록 권하는 교회의 성찬식과 같은 것은 아니라네."

"사랑의 성찬식의 목적은 무엇인가요?"

"내부모임을 시작하기 전에 그리스도의 성령의 축복을 받아야 한다네. 사랑의 성찬식을 행하는 사람은 이지계의 심상을 만드는 데 아주 숙달되어 있는 사람이어야만 하네. 테오파니가 컵을 들고 눈을 감고 있을 때 그는 먼저 기도를 올리고 나서 성찬배 속에서 빛을 발하는 눈부신 태양의 모습을 형상화하지. 그러고 나서는 그것을 다시 지워 버린다네. 그런데도 그 태양이 더욱 강렬하게 계속해서 빛난다면 그것은 성령이 강림한 증거야. 컵 안의 물과 포도주는 축복을 받은 것이지."

"이 의식을 집전할 수 있는 사람은 테오파니뿐인가요?"

"아니야, 늘 그렇지는 않아. 우리는 번갈아가면서 하지. 단지 의식을 강력하게 집중할 수 있는 심령 – 이지계의 능력이 있는 사람들 중에서만 말일세."

"날 없는 검에 새겨진 것의 의미는 무엇입니까?" 나는 이렇게 물어 보면서 제단 위에 놓인 그 신성한 물건을 바라보았다. 짧고 무딘 날 위에는 이렇게 씌여 있었다. '주여, 모든 권능이 당신의 순결한 발 아래 있사옵니다.'

"그 이야긴 강의가 끝난 다음에 하기로 하지. 다른 사람들이 기다리고 있으니까." 옆방으로 가면서 그가 재빨리 말했다.

다스칼로스는 작은 무리의 청중들을 마주보고 앉고 코스타스는 깊은 생각에 잠긴 듯한 모습으로 그 옆에 앉았다.

코스타스가 진지하게 말했다. "키리아코, 오늘 들으시는 내용은 녹음하시거나 다른 사람에게 이야기해서는 안 됩니다." 나는 이미 코스타스와 가까운 사이가 되었지만 그는 내가 모임에 참석을 허락받은 데 대해 불안해하고 있음을 알 수 있었다. 다스칼로스나 야코보스와는 달리 그는 '신비'를 드러내는 데 훨씬 더 조심스러웠다. 나는 그에게 내부모임의 강의내용을 녹음하거나 받아적지 않을 것이라고 다짐해 주었다.

"영혼과 빛과 불의 자식들인 여러분······." 다스칼로스는 낮은 목소리로 강의를 시작했다. 그가 자신의 제자들을 이런 식으로 부르는 것을 보기는 이번이 처음이었다. 강의를 끝마치기 전에 그는 나에게 강의실 밖에 먼저 나가 있으라고 했다. 그것은 요하난께서 내부모임의 회원들만이 수행해야 할 명상법을 가르쳐 줄 시간이기 때문이라는 것이었다.

나는 거실에서 기다렸다. 스토아에서 잡담 소리가 들린 것은 30분이 지나서였다. 명상 수업이 끝난 모양이었다.

다스칼로스가 먼저 나오면서 커피를 찾았다. 그는 나를 강의실에서 내보낸 데 대해 미안해하면서 그것은 요하난의 뜻이었다고 설명했다. 나는 전혀 언짢은 마음이 아니었음을 그에게 확신시키고 터키식 커피를 끓이겠다고 나섰다.

"날 없는 칼의 의미를 이제 설명해 주실 수 있겠습니까?" 내가 김이 오르는 커피 잔을 그에게 건네며 물었다.

"자네는 잊어먹지도 않는군. 안 그래?" 야코보스와 코스타스가 함께 자리하자 그가 짓궂은 표정으로 말했다.

"날 없는 칼은 우리 모임의 상징물이야." 그가 설명을 시작했다. "우리는 '백색형제단'이라고 불리는 더 큰 단체에 속해 있지. 하지만 우리의 보이지 않는 스승께서는 우리의 모임을 '진리 탐구를 위한 모임'으로 부르라고 하셨네. 그것은 우리의 모임이 악용되지 않도록 유럽의 어떤 단체로부터 구별시키기 위한 것이었지."

"'백색형제단'은 언제부터 시작되었나요?"

"인간이 눈을 위로 향해 뜨고 '나는 누구일까?' 하고 물어본 바로 그때부터라네. 그리고 그들은 무릎을 꿇고 이 우주를 다스리는 크나큰 힘에 대해서 고개를 갸웃거렸지."

"제 생각에는 이 세상의 종교들이 모두 이 백색형제단에 속할 자격이 있는 것 같군요."

"맞아, 단, 그 종교들의 핵심적인 본질이 우주적인 사랑인 한에서 말이야. 그런데 특히 우리의 진리 탐구의 모임은 그리스도께서 나신 해에, 세 명의 동방박사가 찾아온 바로 그 이후부터 비롯되었다네." 그러고 나서 다스칼로스는 이 백색형제단의 한 지부가 생기게끔 한 역사적 사건에 대해서 간단히 이야기해 주었다.

"람 왕은 자기 친구인 현자 체키나타와 함께 인도로부터 투시능력을 통해서 그리스도가 태어나실 일을 알고 있었다네. 람이 그리스도가 태어나실 정확한 시간까지 계산해 낼 수 있었다는 사실을 상상해 보게. 그는 체키나타와 함께 낙타를 타고 먼 길을 떠나 알맞은 시각에 예루살렘에 도착했지. 람은 그의 왕국을 동생에게 맡기고 시종도 거느리지 않고 길을 떠났어. 그들은 생각의 힘으로 노상강도들로부터 자신을 보호할 수가 있었지. 예루살렘으로 가는 길에 그들은 둘로 나뉘어져 있던 아르메니아를 지나갔네. 한쪽 나라는 티크란 왕이 다스리고 있었고 한쪽은 그의 동생인 위대한 신비가 가스파르가 다스리고 있었지. 가스파르는 티크란과 화해를 하고 그에게 전 아르메니아의 왕위를 양보했다네. 그리고 그는 두 박사와 함께 순례여행을 떠났지. 그들은 아라비아 사막의 왕인 발타자르를 만났다네. 이 다음 이야기는 『성서』에도 전해지고 있지."

"마침내 움막에 도착하자 람 왕은 자신의 황금빛 임금옷을 벗어서 그 신인(神人)의 발아래에 놓았지. 그러고는 자신의 검을 꺼내 두 동강 내어 예수 앞에 놓고 말했네. '주여, 모든 권능이 당신의 순결한 발 아래 있나이다.' 그는 무릎을 꿇고 예수에게 입을 맞추고 '캄 엘 키오르(Cham el Chior)'라고 말했지. 그것은 고대 인도어로, '나는 신을 보았네' 라는 뜻이라네."

"세 명의 현자는 자기들 나라로 돌아가서 진리 탐구의 모임을 시작했네. 자네도 보았지만 내부모임의 형제들은 아무 무늬도 없는 흰 옷만을 입는다네. 그가 자신의 임금옷을 벗어 그리스도의 발 밑에 놓은 이후로 우리의 이 옷은 '카멜키오르'의 속옷을 상징하게 된 것이지."

"참으로 흥미로운 이야기로군요!" 내가 감탄했다. 나의 말이 끝나기 전에 어린 마리오스가, 테오파니스가 성찬식에 사용했던 포도주병을 손에 들고 자랑스럽게 문간에 나타났다. 로이조스의 입문식에도 함께 있었던 이 아이는 제단에서 병을 집어들고 온 것이 틀림없는데 속에 든 포도주는 스토아에 온통 흘리고 온 것이었다.

"괜찮아, 또 한 병 사면 되지." 다스칼로스가 다른 사람들을 안심시켰다. "마리오는 이제 성찬배에 든 축복받은 포도주와 병 속의 포도주가 다르다는 것을 알 거야."

"그가 어떻게 그 차이를 안단 말이죠?" 내가 의아해했다.

"마리오는 투시능력이 있어. 그는 축복받은 포도주가 빛을 발하는 것을 볼 수 있거든. 그가 쏟은 포도주는 빛이 나지 않았어. 포도주를 쏟은 것은 그가 그 두 가지의 차이를 시험해 보는 방법이었던 거야."

"야! 마리오의 장난에 대한 변명으로서는 아주 그럴 듯한데요!" 내가 놀랐다는 듯 그렇게 말하자 모두가 웃었다.

코스타스와 야코보스가 떠난 후에 내가 물어 보았다. "다스칼레, 당신이 아까 하신 강의 내용에 대해 약간만 더 설명해 주실 수 있겠습니까? 저는 당신이 말씀하신 절대자의 '자족성'이니 '신성한 표현성(divine expressiveness)'이니 하는 말들의 정확한 뜻을 잘 이해하지 못했습니다."

"절대자의 본성을 인간의 머리로 이해하기는 어렵다네." 내가 녹음기를 켜놓자 그가 설명을 시작했다. "여러 번 말했지만 우리는 자신을 알지 못하고는 신을 알 수가 없어. 만약 우리가 그 경지에 다다른다면 우리의 자아는 신을 비추어 주는 거울 구실을 해서 우리로 하여금 신을 알게끔 해주지. 우리의 작은 의식은 초의식 속에서 깨어나게 되는 걸세. 하지만 우리의 두뇌가 절대자를 이해하기에는 선천적인 한계를 가지고 있다고 할지라도 절대자의 속성을 희미하게나마 알 수는 있지. 우주의 기억을 조사해 본 나의 개인적인 경험을 근거로 이야기해 보지. 나는 절대자가 '있다'는 것을 알고 있네. 하지만 이 절대자가 온갖 종교들이 우리에게 제시해 놓은 그런 이상한 신이라고는 상상하지 말게. 절대자는 일체이며, 유일자 속의 변화무쌍한 실체야. 절대자의 근본적인 속성 중 하나는 자족성, 혹은 독자성이야. 이 말은, 그 속에 모든 것이 완벽하게 충족되어 있다는 뜻이지. 아무것도 부족하지 않으며 아무것도 필요치 않다는 얘길세."

"절대자의 본성이 오직 독자성뿐이었다면 이 우주의 창조는 불가능했을 테지요?" 내가 덧붙였다.

"훌륭해. 절대자의 또 다른 본성은 바로 자신을 현상화시키고자 하는 내부의 충동이야. 그것은 말하자면 '신성한 표현성'이라고 해도 좋겠지. 이것은 절대자 안에서 진동하고 있다네. 그것은 생명과 운동성을 지니고 있는 것이지. 운동하지 않는 생명을 상상할 수 있겠나? 없지. 많은 신비가들이 이러한 관찰 결과를 근거로 신은 곧 운동성이라고 결론을 내렸다네. 이것은 오해야. 운동성으로서의 생명은 절대자의 본성이지 절대자 그 자체는 아니거든."

"자, 이제 정신 차려야 해. 이 점은 이해하기가 힘드니까. 무한자의 그 무한함 속에 아무런 현상도 없다고 가정해 보게. 우리가 무한자에 대해서 무엇을 알 수 있겠나?"

"하지만 그런 경우엔 우리는 존재하지도 않을 텐데 아는 사람이란 또 누굽니까?" 내가 지적했다.

"맞았어. 우리는 존재하지 않을 거야. 하지만 우리는 여전히 '있어!'"

"성원소, 즉 영원한 영혼으로서 있다는 뜻인가요?"

"그렇지. 무한자가 생명과 운동과 진동을 내부에만 지니고 있고 진동하거나 움직이는 아무것도, 누구도 없다면 우리는 그저 절대적인 자족성 안에 갇혀만 있었을 거야. 우리는 존재하지 않았겠지. 하지만 자신을 현상화하려는, 즉 우주를 창조하려는 것은 절대자의 본성이야. 마음[40]이 생겨났다네. 언제냐고? 그것은 절대자의 일부니까 사실

---

[40] 마음mind: 드러나지 않은 절대자가 자신을 표현하는 도구. 마음은 모든 우주, 즉 존재의 모든 차원을 이루고 있는 질료이다. 모든 것은 마음이다.

은 늘 있어왔지."

"다스칼레, 마음이라니, 무슨 뜻입니까?"

"마음은 절대자의 신성한 표현성을 실현시켜 주는 궁극의 질료야."

"그것은 물론 거친 물질우주도 포함하겠군요." 내가 덧붙였다.

"물론이지. 거친 물질우주뿐만이 아니라 모든 우주, 즉 심령계, 이지계, 고차원 이지계, 그리고 그 너머의 우주까지. 모든 것은 마음이지만 마음이 곧 절대자는 아닐세. 그것은 절대자가 자신을 나타내는 도구일 뿐이지. 절대자는 겉으로 나타난 모든 현상을 초월해 있다네. 잠시 생각을 해봐. 우리 주변의 모든 사물이 신의 생각이 물현된 것이란 사실을."

"다스칼레, 그리스도 로고스[41]와 성령[42]의 차이는 무엇입니까?" 내가 이렇게 물었다.

"자네가 그걸 물어 보니 반갑군. 그리스도 로고스와 성령은 절대자가 마음을 통해서 자신을 나타내는 두 가지의 다른 방법이라네. 성령이란 우주를 창조한 절대자의 힘인 비인격적인 초의식을 말하는 것이야. 그리고 그리스도 로고스는 절대자의 일부로서 이 로고스에 의해서 자아의식이 존재하는 것이지. 영원한 존재인 우리는 로고스인 동시에 성령이야. 동물들은 단지 성령일 뿐이야. 알겠나? 절대자를 머리라고 한다면 성령은 왼팔이고 로고스는 오른팔에 해당한다네. 이것

---

41 로고스logos: 자아의식과 자유의지를 있게 하는 절대자의 일면. 영원한 존재로서의 인간은 로고스적인 동시에 성령적이다. 동물은 성령적일 뿐이다. 그리스도 로고스인 예수는 절대자의 로고스적인 본성을 가장 완전하게 나타낸 존재이다. 인간이 영적으로 진화해 갈수록 인간 내면의 로고스적인 면이 발현된다.

42 성령Holy Spirit: 우주 창조를 가능케 한, 절대자의 힘을 표현하는 비인격적 초의식. 절대자의 역동적인 일면.

이 삼위일체야. 이제 사람들이 왜 교회에서 '성부와 성자와 성령의 이름으로'라고 찬양하는지 알겠나?"

"당신이 '그리스도 로고스'라고 말할 때에 그것은 예수 그리스도를 말하는 것인가요?"

"아니야. 예수님 자신도 이렇게 말했지. '산과 언덕이 있기 전에 내가 있었느니라.' 그리스도 로고스는 예수가 태어나기 이전에 절대자 안에 늘 있었어. 나사렛의 예수는 범우주적인 로고스가 가장 완벽하게 나타나신 모습이므로 우리는 그를 '그리스도'라고 부르지. 그리스도는 땅 위로 내려오는 모든 인간들을 비추어 주는 빛이야. 예를 들어서 설명하자면, 그리스도를 지구에 비추는 태양이라고 한다면 검은 돌은 그 빛을 거의 반사하지 못하지. 다른 빛깔의 돌은 좀더 많은 빛을 반사할 수가 있겠지. 하얀 대리석은 훨씬 더 많은 빛을 비추어 내잖아? 각각의 돌들이 비추어 내는 빛은 그 돌의 질과 빛깔 여하에 달린 거라네."

"우리들 각자가 그 돌들이란 말씀이지요?"

"맞아. 로고스의 빛이 우리의 내면에 얼마나 비치는가 하는 것은 자아의식인 우리가 얼마나 진화되어 있는가, 우리의 심령 - 이지체가 얼마나 발달되어 있는가에 달린 문제야. 하지만 그 돌들이 지금은 아무리 어두운 색깔을 띠고 있다고 하더라도 언젠가는 모두 태양의 빛에 의해 석고처럼 하얗게 변할 거라네. 알겠나? 지금 우리는 '있음'과는 구별되는 '존재'에 대해서 이야기하고 있네."

"그 둘은 어떻게 구별됩니까?"

"'존재'하는 모든 것은 진화와 현상으로부터 초월해 '있다네.' 그것은 절대자 안에, 영원한 현재 속에 있어."

"이제는 정말 머리가 혼란스러워지는데요." 내가 엄살을 섞어서 말했다.

"잘 듣게. 우리는 우리가 존재하기 이전에 성원소, 영혼으로서 '있다네.' '인간 이데야'를 통과해서 분리와 존재의 세계에 진입하게 되면 우리는 '존재'를 취하게 된다네. 존재하는 것은 시작과 끝이 있고 그 끝은 또 다른 존재의 쳇바퀴를 시작하는 출발점이 되는 것이지. 그러나 영원한 실체로서의 우리는 그저 '있을' 뿐이야. 우리는 늘 있어 왔네. 우리가 자아의식을 가지게 되는 것은 존재의 쳇바퀴를 통해서이지. 이것이 내가 전에 자네에게 설명해 주었던 탕아의 비유의 참뜻이라네. 그리스도가 '나는 길이요, 진리요, 생명이니라'고 하신 말씀이 무슨 뜻이라고 생각하나? '나는 시간이라. 나는 시공간 속에 펼쳐지는 현상의 전개 뒤에 숨어 있는 절대자의 지혜니라.' 예수의 말씀들을 자네가 얼마나 이해할 수 있다고 생각하나? 기독교는 깊은 교의를 지니고 있지만 우리는 지금껏 그 물 위에 떠다니기만 했어. 아직도 더욱 깊은 곳을 탐사해야만 한다네."

"이렇게 해서 인간의 머리로 절대자의 두 가지 본성과 세 가지 특질을 이해할 수가 있는 거야. 두 가지 본성은 이제 살펴보았듯이 로고스와 성령이지. 자연을 관찰해 보면 우리는 또한 신의 세 가지 속성을 이해할 수가 있어. 말하자면 전지, 전능, 절대선(絶對善)이 그것이지. 우리는 이러한 속성을 물질의 최소입자로부터 가장 큰 은하계에 이르기까지 공통적으로 발견할 수가 있다네. 미시적인 우주에서 참인 것은 거시적인 우주에서도 또한 참이야. 만물은 드러나지 않은, 나타나 있지 않은 거룩한 독자성 속에 있네. 신성한 독자성 속에는 또한 신성한 표현성이 있어서 이것을 통해서 '있는' 것의 현상화가 비롯되는 것이지."

"다스칼레, 존재와 있음의 차이에 대해서 좀더 설명해 주시겠어요?"

"보통 사람들은 존재 그 너머에 아무것도 없다고 생각하지. 자네가 '신은 존재합니까?' 하고 묻는다면 나의 대답은 물론 '아니다'야. 신은 그저 '있을' 뿐이거든. 존재란 우리가 마음이라고 부르는 궁극의 질료를 통해서 형상화된 신이야. 존재하는 것은 어느 것이나 시작과 끝이 있다네. 절대자로서의 신은 시작도, 끝도 없지."

"『요한복음』에 보면 '태초에 말씀이 계시니라……'라고 되어 있는데요?" 내가 이렇게 반박했다.

"그것은 희랍어 원전을 오역한 것이야." 다스칼로스가 나의 말을 가로채어 대답했다.

"자네도 알다시피 '아르케(arche)'라는 단어는 우리 희랍어로 '시작'이라는 뜻과 '권능'이라는 뜻이 있지. 이것을 잘못 옮겨서 '시작(태초)'이라는 뜻으로 옮긴 거야. 그것은 '권능 안에 로고스가 계시나니……'라고 옮겼어야만 해."

"존재와 있음에 대해서 한 가지만 더 묻고 싶습니다. 있음은 실재를 뜻하고 존재는 물질계, 심령계, 이지계를 포함한 현상계를 뜻한다고 말할 수 있겠는데요, 이런 관점에서 본다면 실재의 세계에 진입한다는 것이 존재를 초월해서 '있음' 속으로, 즉 비존재의 상태로 물러나는 것을 뜻한다고 할 수 있을까요?"

"아주 훌륭해. 온갖 차원의 세계를 초월하여 '있음' 속으로 두려움 없이 들어간다는 것은 쉬운 일이 아니라네. 나는 내 개인적인 경험에 비추어서 이야기하고 있는 거야. 우리는 자신이 유일한 실재인 생명의 일부라는 것을 느끼면서도 비존재의 개념 속으로 들어간다네. 이것은 붓다조차 혼동에 빠지게 만든 것이 틀림없는데, 그는 열반을 공(空)의 상태라고 했지. 사실 그것은 공이 아니야. 그는 여전히 자신의 존재를 인식하고 있거든. 현재의 인격 속에서 우리는 자신을 세 개의 거울을 통해서 비추어 본다네. 물질의 거울, 심령적 존재의 거울과, 이지적 존재의 거울, 즉 구체화된 생각의 거울 말이네. 내가 자네에게 망치를 주고 '이것 봐. 이 세 개의 거울은 자네의 모습을 전혀 엉터리로 보여 주고 있으니까 깨버려' 라고 했더니 자네가 그것을 깨버렸다고 해보자구. 이젠 자네는 무엇일까? 생각으로서의 자신, 심령으로서의 자신, 물질적인 존재로서의 자신의 모습을 볼 수가 없게 되었어. 이제 자네는 누구인가? 자네는 여전히 자네야. 거울을 깨기 전의 자신보다 더도, 덜도 아니란 말이야. 하지만 자네의 모습이 '비추어지지' 않는다면 자네는 생명의 한 현상이 될 수가 없다네. 내가 그 비존재의 느낌(그러나 '절대적 있음' 안의 있음) 속으로 용감하게 돌입했다고 할 때, 내가 원한다면 언제든지 그로부터 빠져나와 다시 나를 물질 속에 투영시킬 수가 있을까? 즉 육신으로 태어날 수가 있을까? 대답은 물론 '그렇다'야. 우리는 영원한 존재라네."

"우리가 인간 이데아를 통과해서 육신으로 태어나기 이전의 상태가 바로 그런 상태였을 것 같군요."

"맞았어. 자네가 초자연적인 세계의 경험을 많이 쌓은 도인이라고 한다면 자네는 언제든지 원하는 대로 그러한 상태로 들어갈 수가 있다네."

"그러한 상태로 들어가기가 겁나지 않을까요?"

"글쎄, 사실을 말하자면 나는 수백 년 전, 아주 오랜 옛날에 그것을 경험했는데 처음에는 굉장히 겁이 났지. 하지만 나는 스승의 도움을 받을 수가 있었어. 자신을 어떤 것에 비추어진 모습으로 느끼지 않는, 그런 존재의 상태에 들어간다는 것은 크나큰 행복감과 자족감, 독자성을 느끼게 해주었어. 독자성이니, 자족성이니 하는 말 외에 다른 말이 있을지 모르겠군. 하지만 그런 상태에서조차도 돌아가고 싶은 욕망이 생기게 되지. 그런데 그것을 진짜 욕망이라고 할 수는 없어. 왜냐하면 그것을 욕망이라고 하는 순간 나는 저절로 심령계에 와 있게 되거든. 그렇다고 그것을 생각, 즉 책임감이라고 할 수도 없어. 그렇다는 것은 곧 내가 이지계에 있다는 것을 의미하게 되니까. 그러면 스스로 족한 '있음'이면서도 나를 되돌아가도록 재촉하는 이 비존재의 상태는 과연 무엇일까? 그것은 아마도 스스로 자신을 표현하려고 하는 '있음'의 본성일 거야. 큰 스승들이 그랬고 예수께서도 그랬지."

"자신 속으로 들어갈 때 — 이것은 인간의 관점에서 보면 공이고, '있음'의 관점에서 보면 자족 속으로 들어가는 것이지만 — 나는 물질계로 다시 되돌아가는 것이 나의 본성임을 깨닫는다네. 이것은 순전히 나 자신의 체험을 바탕으로 이야기하는 걸세. '당신은 우리가 행복이라고 부르는 것을 찾을 수 있는 텅빈 자족성 쪽에 있기를 원하십니까, 아니면 현상적인 존재의 시련과 고난 쪽입니까? 하고 자네가 묻는다면 나는 말하겠네. 만일 내 곁에 그 눈을 가만히 들여다볼 수 있고 체취를 맡고 발을 쓰다듬어 볼 수도 있는 사랑하는 사람이 있다면 나는 그쪽을 택하겠다고. 그것을 나약함이라고 하든지, 혹은 아무렇게나 불러도 좋아. 하지만 그것은 우리들 존재의 속성이 아니라 '있음'의 속성인 걸. 아마도 이것은 절대적인 '있음' 그 자체에 내재하여 이 우주가 창조되게 한 그것과 동일한 내적 충동일 거야. 아무리 더럽고 썩은 물이라도 태양빛으로 사랑스럽게 어루만져주는 그것 말일세."

그는 잠시 말을 멈추었다가 다시 입을 열었다. "나의 말이 불경스러운 것일지도 몰라. 하지만 나는 이렇게 느끼고 있어. 온갖 고통과 불완전함에도 불구하고 물질의 세계는 아름답단 말일세. 자네는 내가 틀렸다고 생각하나?"

그의 질문은 나를 당황하게 만들었다. 그의 목소리와 뚫어져라 쳐다보는 눈초리는 마치 내가 그에게 어떤 대답을 해줄 만한 위치에 있는 사람이라도 되는 것처럼 나의 대답을 기다리고 있는 듯했다.

나는 어물거렸다. "제가 그 대답을 드릴 수 있다면 얼마나 좋을까요?" 사실 나는 그의 세속적인 애착에 감동했다. 그것은 한 선사(禪師)의 이야기를 떠올리게 한다. 그는 평생토록 물질세계란 본질적으로 그림자와도 같이 허무한 것임을 가르쳤다. 그가 죽을 때가 되어 제자들이 그의 마지막 말을 듣기 위해 모였다. 그가 한 말은 "나는 살고 싶다, 살고 싶어" 하는 말뿐이었다. 제자들은 실망했다. "아니, 스승님께서 어찌 그런 말씀을 하신단 말씀입니까?" 제자들이 반문했다. "정말이다, 정말 살고 싶구나." 그는 이렇게 되뇌이고는 눈을 감았다. 그것이 스승의 마지막 가르침이었던 것이다.

다스칼로스의 집을 나선 것은 초저녁이었다. 우리는 다시 만나서 절대자의 본성과 우주 안에서의 인간의 위치에 대해서 논의를 계속하기로 했다. 한편 나는 토요일에 코스타스와 만날 약속을 해놓고 있었다. 그는 그날 니코시아로 오기로 되어 있었던 것이다. 그는 나와 함께 리마솔로 돌아가서 그날 오후에 열리기로 되어 있는 그의 제자들과의 모임에 참석할 예정이었다. 코스타스는 그 자신이 스승이기도 했다. 나는 이미 그의 모임에 몇 번 참석했었는데 공식 강의 후에 이어지는 토론의 수준이 매우 높은 데 감탄했었다. 아버지가 노동자인 야코보스와는 달리 코스타스는 1974년 터키에 점령당하기 전까지 이 섬의 큰 항구도시였던 파마구스타에서도 부유한 집안의 출신이었다. 그 이후에 그는 아내와 두 아이를 데리고 리마솔로 피난와서 큰 자동차 정비공장을 운영했다. 터키의 침공 이전에 그는 5년간 영국에 유학하여 기계공학을 전공했었다. 나는 그의 제자들과 사귀면서 그들이 대부분 코스타스나 다스칼로스가 행한 신유의 현상을 목격한 이후부터 이 모임에 참석하게 되었다는 것을 알게 되었다. 40대 중반의 한 여인은 12년 간이나 앓아온 끔찍한 두통을 코스타스가 고쳐준 이래로 그의 모임에 참석하게 되었다고 이야기해 주었다. 코스타스의 가장 뛰어난 학생인 한 공무원은 걷지 못하는 자신의 어린 딸을 다스칼로스가 고쳐준 이후로 모임에 참석하게 되었다고 했다.

"제가 다스칼로스를 찾아갔을 때는 딸이 세 살 때였습니다. 나는 아이를 무릎 위에 앉히고 의자에 앉아 있었습니다. 그는 딸아이의 상태를 나에게 말해 주고 있었지요. 갑자기 그가 딸아이에게 손을 내밀면서 '이리온, 아가야' 하는 것이었습니다. 내가 미처 무슨 일이 일어나고 있는지를 깨닫기도 전에 아이는 내 무릎에서 미끄러져 내려가서 그에게로 걸어가는 것이었어요. 그는 아이를 안아서 자기 무릎에 앉혔습니다. 한동안 나는 겁에 질려 있었습니다. '이 사람이 내 아이에게 무슨 짓을 하고 있는 걸까?' 나는 속으로 이렇게 생각했지요. 그때까지 그 아이는 거의 걸음을 걷지 못했습니다. 또 그 애는 낯선 사람을 무서워했습니다. 그 애가 다스칼로스의 무릎에 앉아서 웃고 있는 모습을 보고 나서야 나도 비로소 안도하여 기적이 일어난 것을 깨달았지요. 그가 아이의 신발을 벗기고 바닥에 내려놓으면서 '자, 아가야, 한번 걸어봐' 하고 말했습니다. 그 이후로 그 애는 정상적으로 걸어다니고 있답니다."

다른 한 제자는 전에 다스칼로스의 모임에 나갔었는데 리마솔로 이사를 한 이후로 코스타스의 모임에 참석하게 되었다고 한다. 그가 말했다. "저는 신장결석으로 몹시 아파 수술을 하기로 했었습니다. 수술하는 날 일어나서 옷을 입으려고 했는데 너무나도 아파서 침대에 도로 쓰러져 버렸지요. 누워 있는데 다스칼로스의 모습이 머릿속에 떠올랐습니다. 그래서 나는 그가 우리에게 가르쳐준 대로 어떤 빛깔의 광선을 마음속으로 콩팥에다 주사시켰습니다. 몇 분간 집중하고 있는 동안 신장의 결석이 부숴져서 통증은 사라져 버렸습니다. 저는 수술을 하지 않고 스스로 병을 고쳤던 것입니다."

"다스칼로스를 알게 된 지 얼마나 되었지요?" 리마솔로 차를 몰아가는 동안에 내가 코스타스에게 물어보았다.

"제가 기억을 할 수 있을 때부터입니다. 그는 나를 자기 무릎 위에 앉히곤 했지요." 코스타스가 웃음을 지으면서 말했다. "부모님이 그의 제자였었습니다. 나는 아주 어릴 적부터 그의 가르침을 들으며 자란 셈입니다. 제가 꼬마였을 때의 어느 날, 나는 아버지에게 볼기를 맞고 있었는데, 다스칼로스가 우리 집으로 왔습니다. 그가 아버지에게 말했습니다. '당신은 한 사람의 스승을 때리고 있다는 사실을 아십니까?' 그때는 그의 말이 무슨 뜻인지를 이해하지 못했습니다."

그는 자신이 누구였는지를 '깨닫게' 된 것은 겨우 5년밖에 안 되었다고 말했다. 전생에 대한 기억이 되살아나기 시작한 것이다.

그는 전생에 한번은 리차드 왕실의 기사로 십자군 전쟁에 참가했었다고 했다.

"영국에서 공부하고 있을 때 그곳 시골의 풍경이 매우 친숙하다는 느낌을 강하게 받았습니다. 하지만 실제의 기억은 최근에 와서야 떠올랐습니다. 정말이지, 이것은 꿈이 아닙니다." 코스타스는 이렇게 말하면서 나의 반응을 확인이라도 하듯이 나를 한번 쳐다보았다. "그 전생의 체험은 매우 강렬했던 것이 틀림없어요. 한번은 제가 유체이탈을 했을 때 난생처음 무섭도록 시커먼 염체를 만났지요. 본능적으로 나는 나의 칼을 찾았습니다. 곧 그것은 염체를 대항하는 방법이 아니라는 것을 깨닫긴 했지만요." 코스타스가 웃으면서 말했다.

"그러면 그 괴물에게 어떻게 대항했나요?"

"밝은 빛을 발하는 염체를 만들어내어 그 시커먼 염체에게 보냈지요. 하는 방법만 안다면 절대로 실패하지 않습니다." 코스타스는 이어서 만일 염체가 자신에게 너무 벅찬 상대라고 여겨지면 언제든지 자신의 육신으로 돌아오기만 하면 안전하다고 말했다.

"우리의 몸은 성과도 같습니다. 몸은 외부의 적으로부터 우리를 지켜줍니다." 수킬로미터나 가는 동안 우리 앞에 가로막고 달리던 큰 트럭을 추월하면서 코스타스가 말했다.

"'깨달음'이란 말은 무슨 의미로 쓰이는가요? '깨닫게' 되기까지 밟아야만 하는 어떤 단계가 있나요?"

"우리에게 '깨달음'이란 것은 우리의 현재인격과는 다른 그 무엇인 우리 자신의 실체를 깨닫게 하는 것을 의미합니다. 그것은 지나간 전생을 기억하는 것도 포함하고 있습니다. 이것은 보통 세 단계를 거쳐서 일어납니다. 먼저 잠재의식 속에서 자신이 태어나기 이전에도 살았었다는 느낌을 갖기 시작합니다. 이것은 내가 글래스고우에서 공부하고 있을 때 일어난 일이지요. 두 번째 단계는 꿈의 형태로 마음속에 어떤 현상이 떠오르기 시작하는 것입니다. 세 번째 단계는 의식적으로 과거의 어떤 경험을 되살릴 수 있게 되는 것입니다."

"앞의 두 단계를 거치지 않을 수도 있나요?"

"보통은 안 됩니다. 저는 지금 진리를 탐구하는 길을 가는 보통 사람들에 대해서 이야기하고 있습니다. 뛰어난 스승에게는 처음의 두 단계가 필요하지 않을지도 모르지요. 아마도 다스칼로스는 깨달음을 얻은 채로 태어났을지도 모르죠. 아니 거의 그럴 겁니다. 하지만 그가 아무런 수행도 하지 않는다고 생각하지는 마십시오. 그도 역시 한 사람의 제자입니다. 신(a god)으로서 다시 깨어나기 전까지는 누구나 제자의 신분을 벗어날 수가 없습니다. 지혜의 길에 접어드는 순간 당신은 자신의 십자가를 의식적으로 지기 시작합니다. 또한 당신은 다른 사람들의 십자가를 의식적으로 지기 시작합니다."

"다른 사람의 카르마를 대신 진다는 뜻입니까?"

"그렇습니다. 사랑으로요. 신유를 행할 때는 의식적이건 무의식적이건 간에 다른 이들의 고통을 받아들이게 되지요. 이건 매저키즘이 아닙니다. 삶을 좀더 완전하게 누리는 것이지요. 행복이라고 불리는 것에 좀더 가까이 가는 것입니다. 물론 거친 물질 속에는 행복이 존재하지 않습니다. 단지 쾌락과 일시적인 만족만이 있지요."

"그러면 행복은 어디에 있습니까?"

"진정한 행복은 오직 이지계에만 있습니다. 따라서 모든 존재의 단계마다 행복한 의미는 달라집니다. 지혜의 길로 들어서면 삶은 보다 더 의미 깊은 것이 됩니다. 자신이 우주의 미아가 아니라는 사실을 깨닫는다는 것이 하찮은 일로 생각되십니까?" 코스타스가 열을 올려 말했다.

"당신이 그러한 믿음을 갖자면 그렇게 생각하는 것이 아마도 바람직하겠지요." 내가 심술궂은 심사로 이렇게 대꾸했다.

"아녜요, 직접 체험을 하게 되면 그 어떤 것도 당신의 확실한 느낌을 흔들어 놓지 못할 것입니다." 그가 이렇게 대답했다. 그것은 다스칼로스나 야코보스도 한결같이 되풀이하던 모범적인 대답이었다. 그들은 가르침의 사명을 가지고 있으며 이웃 사람들로 하여금 무지와 절망의 어둠 속으로부터 빠져나오도록 도와주는 것이 자신의 일이라고 굳게 믿고 있는 것이었다.

"코스타, 당신은 가르침의 내용을 공개하는 것을 매우 꺼리는 것 같던데 왜 그렇게 조심스러워하는지요? 비밀을 지켜야 할 이유가 있나요?"

"들어봐요, 키리아코. 사람을 갑자기 너무 밝은 빛 속에 데려다 놓는 것은 지혜로운 일이 아니지요. 눈이 멀어 버릴 수도 있어요. 아직 받아들일 태세가 되지 않은 사람에게 어떤 진리를 드러내어 놓는다면 그것이 그를 해칠 수도 있어요."

"어떻게 진리가 어떤 사람에게 해를 끼칠 수가 있다는 거죠? 예를 들어 주실 수 있겠습니까?"

"말씀드리지요." 코스타스는 나의 질문에 몇 분간 생각에 잠기더니 결심한 듯이 말했다. "몇 달 전 우리는 한 형제를 모임에서 추방해야만 했습니다. 그는 유체이탈의 방법을 배운 후에 그것을 남용했거든요."

"어떻게요?" 내가 물어 보았다. 코스타스가 웃는 모습이 보였다.

"그는 고등학교의 교장이었는데 유체이탈을 해서 여학생들의 기숙사 방으로 찾아가곤 했던 겁니다." 우리는 웃음을 터뜨렸다. "그는 모임에 다시 받아들여 달라고 빌었지만 나의 뜻은 움직일 수가 없었습니다. 나는 그의 오라 속에 이기심이 잔뜩 배어 있는 것을 보았습니다. 우리가 그를 그대로 뒀다면 그는 이러한 능력을 나쁜 일에 써먹고 싶은 유혹을 계속 받았을 테고 그것은 다른 사람들뿐만 아니라 무엇보다도 그 자신에게 해가 되는 일이거든요. 신비주의에 발을 들여놓은 이상 이런 종류의 실수는 몇 생을 지나도록 그 사람을 똑같은 상황 속에 묶어 놓을 수도 있습니다. 신비적인 길을 높이 올라갈수록 거기서 떨어지는 고통은 더욱 심합니다. 신비주의가 비밀을 지키려는 이유는 이것입니다. 잊지 마세요. 당신이 미성숙한 상태에서 내부모임에서 배운 명상법으로 차크라를 어떻게든 열게 된다면 당신은 엄청난 공포에 빠지게 될 것입니다. 만일 그런 일이 일어난다면 당신의 영적인 감수성은 몇 생 동안이나 위축되어 버릴 것입니다."

"아니면 수용소에서 생을 마칠 수도 있겠지요." 내가 거들었다.

"맞습니다. 그 때문에 이 길을 인도해 줄 훌륭한 스승을 갖는 것이 현명한 일이라는 것이지요. 그것이 가장 안전한 길입니다. 어떤 사람이 이러한 진리를 받아들일 준비만 되어 있으면 스승은 언제나 그 앞에 나타나게 되어 있습니다."

"사실대로 말하자면 어떤 신비적인 정보가 그에게 재앙이 될지 은총이 될지를 판단하기란 매우 어렵습니다. 이런 것은 세속적인 흥밋거리에 집착해 있는 사람에게는 혼란을 일으켜 놓기가 쉽거든요. 어떤 사람에게는 도움이 된 것이 다른 사람에게는 해가 될 수도 있다는 말입니다."

"모임 내부에서 강의된 내용을 책으로 볼 수는 없습니까?"

"요하난께서 우리에게 내려주신 가르침은 어디에도 기록해 놓지 않습니다."

"나는 다스칼로스와 당신, 그리고 다른 사람들이 영적인 문제에 대해서 당신들이 얻고 있는 지식들이야말로 절대적이라는 확신을 가지고 있는 것을 보았습니다만, 다른 신비체계와 상이한 점이 있는데도 불구하고 어떻게 그토록 확신을 가질 수 있는지요?"

"우리의 정보는 바로 그 근원으로부터 오는 것이기 때문입니다. 요하난은 단지 다른 세계에 사는 한 사람의 스승이 아닙니다. 그는 그리스도가 가장 총애하는 제자이며 우리 혹성의 진화를 굽어보고 있는 존재인 것입니다."

"그렇다면 다스칼로스는 전혀 오류가 없는 사람이란 뜻인가요? 당신은 그가 말하는 것을 모두 진리로 받아들입니까?"

"전혀 그렇지 않습니다. 당신도 보셨겠지만 우리 사이에도 의견의 불일치가 있습니다. 특히 세속적인 문제에 있어서는요."

코스타스는 존재의 낮은 차원에서는 불일치가 있는 것이 당연하다고 말했다. 왜냐하면 육체적인 두뇌는 지혜를 받아들이는 데 언제나 장애가 되기 때문이라는 것이다. 그러므로 세속적인 문제를 해결하는 방법이란 보이지 않는 스승이나 다스칼로스의 뜻을 강요하는 것이 아니라 토론과 의견의 일치를 통한 것이어야 한다는 것이다. "하지만 존재의 높은 차원에서는 지식이란 순수한 빛과 지혜입니다. 그곳에 올라가는 자는 누구나 그것을 흡수하게 됩니다. 스승들은 우리에게 어떻게 하라고 강압적으로 명령하지 않습니다. 그들은 우리에게 길을 보여 주고, 그 길로 나아가는 것은 우리에게 달려 있습니다. 물론 우리는 나아가다가 실수도 할 것입니다. 그러나 그것은 깨달음의 한 방법입니다."

"정치, 사회의 문제에 대한 우리들의 견해가 다를 수도 있습니다. 하지만 우리들은 모두 이러한 문제가 궁극적으로 별 가치가 없음을 알고 있습니다. 그러므로 우리는 그런 문제에 마땅한 만큼 이상의 가치를 두지 않습니다. 예를 들자면 나의 모임에는 다양한 정당의 당원들이 있습니다. 실제로 공산당의 지도적인 당원도 한 명 있었습니다."

"믿기가 어렵군요. 신비주의자 공산당원이라, 하하하……."

"그럼요." 코스타스가 힘주어 반박했다. "하지만 그는 결국 자신의 영적인 활동과 정치적인 역할을 조화시키지 못했다는 사실을 말하지 않을 수가 없군요. 그의 아내는 우리 모임을 그만두지 않으면 그를 당에 고발해 버리겠다고 위협했지요."

"당신은 그에게 뭐라고 충고해 주었나요?"

"모임 참석을 잠시 그만두고 당에 남아있으면서 가정불화를 정리해 보라고 했습니다. 공산당원으로서의 자신의 위치에서 동료 인간들에게 봉사하는 길이 있을 테지요. 공교롭게도 그의 아내는 암으로 시달렸는데 우리는 모임에서 그녀를 원격으로 도와주려고 애를 썼습니다."

우리는 니코시아와 리마솔 중간쯤에 있는 한 마을인 스카리노우에서 잠시 차를 내려 쉬었다. 그곳은 오래된 운전자의 휴식처로서 거기서는 토속 음식과 수박껍질과 호도로 만든 과자, 그리고 어느 곳에나 있는 터키식 커피를 마실 수 있었다.

코스타스는 나의 그칠 줄 모르는 질문에도 귀찮아하는 기색 없이 자신과 다스칼로스와의 관계, 모임에서의 자신의 역할 등에 대해서 이야기해 주었다.

그는 요하난의 가르침과 치료에 너무나 많은 시간을 보내고 있기 때문에 자신의 사업을 돌볼 시간이 거의 없다고 했다.

차로 돌아가면서 코스타스가 말했다. "우리는 다스칼로스 앞에서는 마치 난쟁이 같아요. 그는 영적인 길에서 우리보다 몇 광년을 앞서 있거든요. 하지만 사람들은 그가 누구이며 그가 무엇을 하는지를 전혀 모르지요. 대개의 사람들은 그를 단지 무당이나 마법사 정도로 생각하고 시시하기 짝이 없는 볼일로 그를 찾아오곤 하지요."

"예를 들면요?"

"작년에는 한 사내가 와서 형수의 정부를 '처치' 해 달라고 했습니다. 다스칼로스가 화가 나서 그에게 당장 떠나라고 했습니다. 그 친구는 호주머니에서 돈을 한 줌 꺼내어 그의 눈 앞에 흔들어 댔습니다. '이거 보이시오, 선생? 5파운드짜리 지폐요. 내가 부탁한 대로만 해준다면 다 당신 게 되는 거요.'"

"다스칼로스가 얼마나 화를 냈을지 짐작이 가는군요." 내가 한마디 했다.

"그의 대답은, '당신의 그 돈을 접어서…….'"

"그 다음은 가히 짐작이 갑니다." 나는 이렇게 말하고 그와 한바탕 웃었다.

"다스칼로스는 또 한 주일 동안이나 끈질기게 자신을 방해한 어떤 사람에 대해 꾹 참고 있었습니다. 그는 복권을 파는 사람이었는데 다스칼로스에게 그중에서 행운권을 뽑아 보라는 것이었지요. 다스칼로스는 그런 일은 할 줄 모른다고 설명하고 곱게 떠나 달라고 했습니다.

그러나 그것은 헛수고였고 그는 복도에 몇 시간이나 버티고 앉아 있었습니다. 젊은 여자들이 방문했을 때 이 친구가 다시 비열한 소리를 하자 마침내 다스칼로스도 인내심을 잃어 버렸습니다. 다스칼로스는 그의 귀를 잡고 집 밖으로 끌어내어 목덜미를 두 차례 때려서 쫓아 버렸습니다. 그는 머리를 감싸고 이렇게 말했습니다. '지독한 악마로군, 너는 나보다 더 미친 놈이야.'"

"가끔 사람들은 다스칼로스를 골려주려는 속셈을 가지고 찾아오기도 합니다. 한 부부가 죽은 형제의 사진을 가지고 왔을 때 나도 그 자리에 있었습니다. 다스칼로스는 그것을 만지는 순간 그 '죽은' 자가 멀쩡히 살아서 집 밖의 차 안에서 기다리고 있다는 사실을 알아냈습니다. 그는 넌더리를 내며 그들을 돌려보내 버렸습니다."

"단지 사진을 만지는 것만으로 어떻게 그의 생사까지 알아낼 수가 있는지 참 신기하군요."

"그건 세상에서 가장 쉬운 일입니다." 코스타스가 자신있게 말했다. "사진은 그 사람의 파동과 자장(磁場)에 동조할 수 있게끔 해주는 매개물이 됩니다. 만일 그 사람의 은줄[43]이 손상되지 않았다는 것을 알 수 있다면 그 사람은 살아 있는 것입니다."

"듣기에는 간단하군요."

코스타스가 설명했다. 심령체를 육신과 연결시켜 주는 것이 이 은줄이다. 만일 심령계에서 만난 사람이 이 은줄을 가지고 있다면 그 역시 물질계에 살고 있는 사람이라는 뜻이 된다. 은줄이 없다면 그는 심령계에서만 살고 있는 사람이라는 뜻이다.

---

43 은줄silver cord: 육신과 심령체를 연결하고 있는 회백색의 끈. 육신이 사망하면 이 끈이 느슨해지고 마침내는 육체로부터 떨어져 나간다고 한다. (옮긴이 주)

유체이탈을 할 때 그는 어떤 느낌을 느끼는지를 물어본 나의 질문에 그가 대답하는 동안 우리는 리마솔에 다다르고 있었다.

"육신을 이탈하려면 강력한 의식집중이 필요합니다. 육적인 두뇌는 진동을 완전히 멈추어야만 합니다. 우선 당신은 잠재의식의 문을 닫는 법을 알아서 생각이 정신통일을 방해하지 않도록 해야 합니다. 그리고 당신의 수행이 좀더 진전된 이후에 배우게 될 특별한 명상기법을 통해서 육신을 빠져나올 수 있게 됩니다. 유체이탈의 첫단계에서는 극도로 긴장된 상태에 놓이게 됩니다. 자신의 몸이 안과 바깥, 양쪽에 다 있는 것 같은 느낌이 들지요. 이것이 가끔 육신을 빠져나오지 못하게 만드는 요인이 됩니다. 몸을 빠져나와 의식이 몸 가까이에 있을 때 그것을 돌아보고 생각하려고 하는 커다란 유혹을 느끼게 됩니다. 그렇게 하는 순간 당신은 다시 몸 안으로 돌아오게 되지요. 몸 밖에 있을 때 우리는 우주로부터 에테르를 흡수하여 그 힘으로 신유를 일으킬 수 있습니다."

"몸 안으로 되돌아오면 기분이 어떤가요?"

"나는 완전히 깨어 있으며, 믿을 수 없을 정도로 에너지에 차 있지요. 자신이 생명에 차 있음을 느낍니다. 유체이탈을 해 있는 동안에 에테르를 워낙 많이 받기 때문에 그것이 우리에게 활력을 채워 주지요. 신체의 모든 세포들이 생명력에 차 있습니다. 당신이 처음으로 이것을 경험하면 스스로 알게 될 것입니다."

"제가 과연 할 수나 있을지 의심스럽군요."

"낙담 마세요." 코스타스가 확신시키려는 듯이 말했다. "어떤 형제는 20년 동안이나 유체이탈을 연습했지만 성공하지 못했습니다. 마침내 그가 연습을 그만두기로 결심했을 때 그는 자신이 몸 밖에 있는 것을 깨달았습니다. 우리는 자연에서 발견하는 한계의 법칙을 항상 마음속에 새겨두어야 합니다."

"그게 뭡니까?"

"얼음은 그것을 물로 녹여줄 임계온도가 될 때까지는 얼음으로 남아있습니다. 물은 또 증기의 형태로 변화시켜 줄 임계온도에 다다를 때까지는 액체 상태로 남아 있습니다. 이것은 수행에 있어서도 마찬가지입니다. 당신은 어떤 심령 - 이지계의 능력을 얻으려고 몇 년 동안을 애쓰다가 진전이 없어서 실망에 빠지게 될지도 모릅니다. 하지만 당신은 자신도 모르는 사이에 임계점을 향해 나아가고 있는 것입니다. 언젠가는 예기치 않게 잠에서 깨어나 심령 - 이지계에서 의식을 가지고 살기 시작하게 될 것입니다. 하지만 꺾이지 않으면서 견디지 않는 한 당신은 성공하지 못할 것입니다."

시간 가는 줄 모르고 있는 동안 우리는 벌써 리마솔에 도착해 있었다. 거리는 떠들썩했다. 극좌파 단체에서 근방에 있는 영국군 기지에 대해 반전 시위를 벌이고 있었다. 시위대의 행렬은 나의 인척이 살고 있는 아파트 부근의 공원에서 끝났다.

우리는 시끄러운 확성기를 통해서 울려나오는 정치연설과 구호, 미키스 테오도라키스의 저항가요 소리를 들을 수 있었다. 이 유명한 그리스의 작곡가는 이 시위에 참가하기 위해 비행기를 타고 섬으로 날아온 것이다. 그가 쉰 듯한 목소리로 즉흥적이고 귀에 거슬리는 합창을 주도하는 소리가 들렸다.

진땀을 뺀 끝에 우리는 가까스로 군중들 틈을 뚫고 모임을 가지기로 한, 코스타스의 제자가 사는 아파트에 시간에 맞추어 도착할 수 있었다. 시위에 가담한 몇 명을 빼고는 거의 다 와 있었다.

짧막하게 기도를 한 다음에 코스타스는 일전에 다스칼로스가 행한 강의 내용이 등사된 종이를 천천히 읽었다. 그것은 절대자와 성원소의 본성에 관한 것이었다. 코스타스가 말했다. 동일한 모나드로부터 방사된 개인들은 서로간에 독특한 친화력을 가지고 있다. 우리는 이러한 사람들과 텔레파시로 연결되어 있고 서로 영향을 미친다. '분리의 세계'에서는 심지어 원수라고도 생각할 수 있는 형제가 있지만 우리는 그들과 영적으로 연결되어 있다.

우리가 영적으로 진보한다는 것은 잠재의식적으로 우리의 형제들도 함께 일어나도록 돕는 것이다. 각자의 영적인 진보는 모든 사람의 영적인 진보를 이끌어준다. 그러므로 우리들 각자의 향상은 우리의 형제들의 진보에 의존하게 된다.

코스타스는 몇 번인가 자신이 다스칼로스, 야코보스, 테오파니스와 함께 동일한 모나드에 속한다고 했었다. 그러므로 그들은 늘 텔레파시로 연결되어 있다는 것이다. 한 사람에게 무슨 일이 일어나든지 다른 사람들도 그것을 느꼈다. 다스칼로스가 가벼운 사고를 당했을 때 코스타스는 즉각 다스칼로스가 다쳤던 그 자리에 통증을 느꼈다고 말했다. 그는 일을 중단하고 그날 내내 침대에 누워 있어야만 했다는 것이다. 그의 통증에는 아무런 의학적인 원인이 없었다.

정규 강의가 끝나자 모나드와 인간과 절대자의 관계에 대한 두 시간 동안의 열띤 토론이 있었다. 내가 마지막으로 질문을 했다.

"당신의 말대로라면 절대자는 전지하니까 우리의 선택과 행위가 어떻게 될지를 이미 알고 있겠군요. 그렇다면 우리의 선택의 자유는 어디에 있다는 겁니까?"

나의 질문이 파문을 일으켰다. 이 모임의 거의 모든 회원들이 이 진퇴양난의 문제에 걸려 있는 듯했다. 코스타스는, 인간은 자유로우며 자신의 행위와 자신의 카르마를 만드는 일에 전적으로 책임을 져야 한다고 주장했다. "우리가 방사하는 염체를 변화시킨다면 우리의 운명도 바꿀 수 있습니다. 미래에 대한 어떤 계획도 지금까지 일어났던 것을 바탕으로 한 가능성에 지나지 않습니다. 지나치는 매순간마다 우리는 자신의 선택에 의하여 미래의 역사를 다시 쓰고 있는 것입니다." 코스타스는 인간이 자신의 생각과 행위에 전적으로 책임이 있다고 하는 주장을 뒷받침하기 위한 논리를 계속 펴나갔다. 그리고 자유의지라는 개념을 우리에게 이해시키려는 진지한 뜻으로 자신이 과거에 같은 문제로 고민하고 있을 때 겪었던 심령계의 체험을 이야기해 주었다.

"종종 어떤 진리를 표현할 만한 단어를 발견하지 못하는 때가 있습니다. 이것은 요하난조차도 부딪치는 문제입니다. 하루는 그가 우리에게 절대자와 미래와의 관계의 본질을 깨우치게 하기 위해서 우리를 영원한 현재의 내부로 데려갔습니다. 우리는 큰 기둥들이 받치고 서 있는 거대한 신전 안에 있었습니다. 신전의 바닥과 벽은 대리석으로 되어 있었습니다. 둥근 지붕은 은으로 되어 있었습니다. 우리는 신전의 뒤쪽을 바라보았는데 끝이 없었습니다. 입구에는 끊임없이 증축물이 지어지고 있었습니다. 마치 신전은 입구에서 끊임없이 커지고 있는 것처럼 보였습니다. 신전 안으로 들어갈수록 우리는 시간을 거슬러가고 있었습니다. 요하난도 있었지만 우리에게 신전을 구경시켜 주고 있는 것은 다른 스승이었습니다. 양 벽면에는 부조가 새겨져 있었고 새로운 것이 끊임없이 새겨지고 있는 것이 보였습니다. 다스칼로스가 그것들이 무엇인지를 물어 보았습니다. 대답은, '우주, 즉 분리의 세계에서 일어나고 있는 모든 일을 소상히 기록하는 것은 로고스다'였습니다. 그리고 다스칼로스는 허락을 받고 그 부조의 일부분을 만져 보아 기록된 사건을 잠시 동안 경험해 볼 수 있었습니다."

"이 시간의 신전에서 우리는 미래에 대해서는 아무것도 기록되어 있지 않다는 것을 발견했습니다. 어떤 것도 미리 기록되어 있지 않으며 미래는 영원한 현재 속에서 끊임없이 창조되고 있다는 사실을 이해할 수 있도록 교훈을 얻은 것입니다. 우리는 인간의 자유가 추상적인 개념이 아니라 실재라는 것을 경험으로 이해하게 되었던 것이지요."

10
The Guardians of Planet Earth

지구의 수호자

1979년 7월 11일, 그 뜨거운 여름날의 이변은
적어도 그 체험의 진실성만은 의심할 수 없는,
지구촌의 '불가사의한 사건'이었다.
정상궤도를 이탈한 미국의 우주선 스카이랩이
마침내 추락할 것으로 예상된 그 날,
다스칼로스는 '대참사'를 막기 위해 유체이탈을 통해 날아올라
우주공간의 스카이랩에 접근했다.
놀랍게도 그곳에서 만나게 된 '외계인'들은
자신들을 '지구정원의 수호자'라고 소개했고,
요동치는 스카이랩을 바로잡기 위해
온힘을 쏟기 시작했는데…

라디오에서 지구 궤도를 돌고 있는 미국의 스카이랩에 대한 최근의 소식을 전하는 아나운서의 소리를 들은 것은 우리 집에서 다스칼로스와 야코보스와 함께 점심식사를 하고 있던 중이었다. 그날은 1979년 7월 11일로, 스카이랩이 대기권에 진입하기로 되어있는 날이었고 세계의 매스컴이 잔뜩 촉각을 곤두세우고 있었다. 항공기들도 스카이랩이 떨어질 것으로 예상된 시간에는 운항을 취소했고 염려와 불안감이 공기 속에 팽배해 있었다. 보도된 바에 의하면 미국은 스카이랩에 대한 통제력을 잃어 버렸기 때문에 스카이랩이 인구가 밀집된 지역에 떨어질 가능성도 있다는 것이었다.

다스칼로스는 짓궂은 표정을 지으면서, 며칠 전에 스카이랩이 자기 집에 떨어지지 않을지 물어 보러 밤중에 그의 집을 찾아온 한 마을사람의 이야기를 꺼냈다. 그는 가난한 사람이었는데 혼자서 막 세 칸짜리 집을 지어 놓은 참이었던 것이다. 뉴스를 듣고 걱정이 된 그의 아내가 '스트로볼로스의 마법사'에게 가서 어떻게 될 것인지 물어 보고 오도록 남편을 떠밀어 보낸 모양이었다.

다스칼로스는 그토록 늦은 밤에 하찮은 일로 방해를 받게 된 사실에 기가 막혔다. "스카이랩에 깔릴 게 당신의 운명이라면 그렇게 될 거요!" 그가 이렇게 소리쳤다. 불쌍한 농부는 공포를 가라 앉히지 못하고 돌아갔다. 다스칼로스는 자신의 운명이나 점쳐 보려는 따위의 어리석은 문제로 그를 찾아오는 사람들에 대해서는 언제나 너그럽지만은 않았다. 사람들을 놀려주는 것은 그의 습관적인 장난거리 중의 하나였다. 하루는 그가 마당에서 꽃에 물을 주고 있는데 한 사나이가 와서 그를 찾았다. 방문객은 그를 정원사쯤으로 생각한 모양이었다. "나는 그 파키르(fakir, 이슬람교 신비수행자)를 만나러 왔소. 그가 어디에 있는지 아시오?" 다스칼로스가 대답했다. "예, 그는 이층에서 바늘침대 위에 누워 있습니다. 올라가서 찾아보세요." 그는 계단을 올라갔다가 몇 분 후에 돌아와서는 아무도 없더라고 말했다. "창문이 열려 있었나요?" 다스칼로스가 진지한 표정으로 물었다. "예." 그의 대답에 다스칼로스는 어깨를 으쓱하면서 말했다. "아, 그렇다면 어디로 날아가 버린 게 틀림없어요."

내가 어제 신문에서 어떤 인도의 요기가 자신이 스카이랩을 재로 만들어 버리면 아무 문제도 없을 것이라고 호언했다는 기사를 읽은 이야기를 꺼냈다.

"그건 참 위험한 일이에요. 자신의 몸을 태울지도 모르거든요." 야코보스가 말했다.

"그 인도의 요기만이 스카이랩에 대해서 작업을 하고 있는 게 아니야." 다스칼로스가 음식을 삼키고 나서 입을 열었다. "스카이랩의 궤도를 바꿔 놓기 위해서 애를 쓰고 있는 많은 신비가들이 있다네. 나도 하루종일 그 일을 하고 있었지." 그러더니 그가 갑자기 야코보스를 향해서 낮은 목소리로 말했다. "로이조스란 녀석이 오늘 아침 집에 왔는데 내가 무엇을 하고 있는지를 알아챘어. 그 녀석은 가끔은 영민하다가도 가끔은 통나무 같거든."

나는 어떤 중요한 일이 일어날 것임을 깨닫고 노트를 찾았다. 에밀리는 7월의 뜨거운 공기가 들어오지 못하도록 이미 창문을 모두 닫고 커튼을 내려 놓았다. 거리는 조용했다. 시에스타(낮잠) 중이었다. 오후 한 시에서 네 시까지 모든 상점과 관공서가 문을 닫았다. 거리에는 움직이는 물체가 거의 보이지 않았다.

다스칼로스가 이제 스카이랩이 '위에서' 어떤 상태로 있는지 다시 점검해 볼 때가 되었다고 말했다.

그는 소파 위에 반쯤 누운 듯이 등을 기댔다. 나는 연필과 노트를 들고 그를 마주보고 앉았다. 에밀리는 내 옆에 놀란 얼굴로 앉아 있었다. 야코보스는 근심스러운 얼굴을 하고 다스칼로스의 맞은편에 앉았다.

"나와 함께 갈까?" 다스칼로스가 그에게 물었다.

"아뇨." 그가 얼굴을 찌푸리며 대답했다.

다스칼로스는 몸을 떠날 준비를 하며 눈을 감았다. 야코보스는 인상을 잔뜩 찌푸린 채 초월상태에 들어간 듯한 스승의 배꼽 부위를 지켜보고 있었다. 우리는 일어나고 있는 일을 말없이 지켜보고 있었다. 등골이 오싹해지는 듯한 분위기가 흘렀다. 10분 후에 그는 깨어났다.

"저 위는 무척 어두워." 그가 어두운 표정으로 말했다. "다른 사람들도 있어. 인도인들, 티베트인들, 그리고 미국에서 온 한 사람의 흑인도 보았네. 나는 유일한 유럽인이었지. 그들은 어둠이 두려운지 스카이랩에서 멀찍이 떨어져 있었어. 나는 가능한 한 가까이 가려고 했네. 스카이랩은 미친 듯이 요동하고 있었어." 그는 손으로 스카이랩이 움직이는 시늉을 해보였다.

"다스칼레, 당신은 그 위에서 무엇을 했습니까?" 내가 물었다.

"나는 스카이랩이 인구가 적고 바다가 많은 남반구 쪽으로 향하도록 힘을 썼지."

"그렇게 되도록 어떤 노력을 했다는 거죠?"

"나는 마음속에서 달과 같은 모양의 원반을 만들어서 그것을 스카이랩을 향해 보내어 부딪히게 해서 남쪽으로 방향을 틀도록 한 거지." 그리고 그는 은줄이 자신을 몸 안으로 당기고 있었다고 말했다.

"그 때문에 나의 태양신경총(명치) 부위가 그렇게 떨렸던 거야, 자네들도 알았겠지만." 우리 부부는 몰랐었다. 야코보스만이 알았다.

"이번엔 자네도 나와 함께 그걸 밀어 보지 않겠나?" 다스칼로스가 다시 야코보스를 부추겼다. 야코보스는 다시 거절했다. 그 대신 그는 스승의 몸을 돌보고 있겠다고 했다. 그는 필시 다스칼로스의 모험이 매우 위험한 것으로 생각하고 있는 듯, 근심의 빛을 감추지 못했다.

"내가 숨을 쉬고 있는 한은 나를 건드리지 말게." 다스칼로스가 웃으면서 말했다.

"전번처럼 돌아오라고 또 뺨을 때리지 말란 말이야."

그는 눈을 감았다. 그는 깊은 초월상태에 들어간 듯했다. 야코보스가 지켜보고 있었다. 에밀리와 나는 우리 눈 앞에서 펼쳐지는 기이한 드라마를 그저 말없이 앉아서 보고만 있었다. 몇 분 후에 다스칼로스가 다시 눈을 떴다.

"스카이랩은 무서운 속도로 날고 있는데 마치 술취한 사람처럼 요동을 하는군." 그가 이렇게 알려 주면서 다시 손으로 그 모양을 보여 주었다. 그리고 그는 다시 눈을 감고 전보다 더 깊은 초월상태에 들어갔다. 몇 분이 지났다. 야코보스는 전보다 더 근심스러워하는 낯빛이었다. 그는 나에게 10분이 넘었는지 물어 보았다.

"아니, 이제 7분이 지났군요." 야코보스는 다스칼로스의 팔목을 잡고 맥박을 재어 보았다. "이젠 그가 돌아올 때입니다." 그가 중얼거리면서 마치 우리가 의논 상대나 되는 듯이 쳐다보았다. 그가 말을 마치자마자 다스칼로스가 눈을 떴다. 그는 방금 본 일 때문에 매우 흥분해 있었다.

"스카이랩은 탑만큼이나 큰데 지금 대기권에 진입하려고 하고 있어." 나는 스카이랩을 탑에다 비교하는 것이 재미있어서 그가 심각하게 이야기하는데도 불구하고 진지한 표정을 지키느라고 진땀을 빼야 했다.

다스칼로스가 잠시 말을 멈추고 우리를 바라보았다. 그가 우리의 미심쩍어하는 기색을 알아차린 모양이었다. 그는 웃으면서 나에게 지금의 이 일들을 다른 사람들에게 이야기해서는 안 될 것이라고 말했다. 당장 '소동'을 일으키게 될 것이라는 것이다. 그는 너무 '공상적'인 일들에 대한 이야기가 퍼짐으로써 요하난의 가르침마저 진지하게 받아들여지지 않게 될 것을 염려하고 있었다. 나는 그 7월의 뜨거운 여름날에 일어난 신기한 사건을 이야기하고 싶은 충동을 이기지 못했음을 고백하지 않을 수 없다. 나는 그들의 체험이 진실한 것임을 의심하지 않았다. 최소한으로 줄여서 말하더라도 그것은 우리에게는 기이한 일이었음이 틀림없었지만 말이다. 물론 나로서는 직접 '올라가' 볼 수가 없었기 때문에 그들의 체험의 객관적인 진위를 조사해 볼 도리가 없었다.

"이젠 마음이 바꿔지 않았나?" 다스칼로스가 야코보스에게 다시 물어보았다.

"아뇨." 제자는 주의깊은 의학도처럼 자기 스승의 신체상태를 지켜보는 쪽을 택했다. 다스칼로스는 다시 초월상태로 들어갔다. 그가 다시 움직이기를 기다리는 동안 방안에는 침묵과 정적이 지나갔다. 다시 눈을 떴을 때 그는 전보다 더 흥분해 있었다.

"방금 석 대의 비행접시를 보았네. 그 안에 탄 존재들과 대화를 했는데 그들은 스카이랩이 균형을 회복하도록 하는데 방해가 되니까 나에게 원반을 던지지 말라고 했어. 자기들의 방법이 더 낫다면서 나보고 자기들 쪽으로 와서 작업하는 것을 구성하라는 거야." 그는 그 존재들이 스카이랩에 광선을 비춘 상태로 남쪽으로 움직여 스카이랩을 당기려고 했다고 설명했다. 그는 야코보스의 손을 잡아끌며 다시금 함께 가자고 졸랐다. 그러는 동안 나는 라디오를 살짝 들어 BBC에 방금 들어온 뉴스를 들었다. 아나운서가 미국은 우주선이 남부 대서양이나 인도양에 떨어질 것으로 보고 있다고 전했다. 그들은 아직도 우주선에 대해 통제력을 회복하지 못했고 인구밀집 지역에 추락할 것을 염려하고 있었다. 다스칼로스가 다시 초월상태로부터 빠져나와서 생기 있는 목소리로 그 외계인들과의 경험에 대한 이야기를 전했다.

"그들은 정말 진보된 존재들이야. 그들은 고차원 이지계에 살고 있고 형체가 없어. 그들은 나에게 형체를 버리고 자기들에게로 오라고 했네."

"정말 그러실 건가요?" 스승을 단념시킨다는 것은 불가능하다는 것을 너무나 잘 알면서도 야코보스가 말했다.

"아, 물론이지." 다스칼로스가 단호하게 말했다. 그리고 자신이 할 일을 설명했다.

"이제 나는 나의 형체는 남겨두고 형체 없이, 오직 자아의식만을 가지고 올라가는 거야." 그가 새로운 모험에 대해서 설명하고 있을 때 에밀리는 고모가 방금 데리고 온 우리의 두 아이를 맞이하러 현관으로 서둘러 나갔다. 2년 6개월 된 아들인 콘스탄틴은 다른 방으로 들어가서 혼자서 놀고 6개월 된 딸아이 바시아는 다스칼로스 앞의 마룻바닥에서 시끄러운 소리를 내며 기어다녔다. 나는 아이의 소리가 그에게 방해가 되지 않는지 물어 보았다. 그는 소리는 전혀 방해가 되지 않으니 원한다면 음악을 연주해도 상관 없다고 우리를 안심시켰다. 그러고는 잠시 쉰 후에 다시 초월상태로 들어갔다. 이번에는 그의 손이 격렬하게 떨리고 안면근육이 경련을 일으켰다. 야코보스는 계속 주의해서 지켜보고 있었다. 10분 후 그는 다스칼로스의 맥박을 검사했다. 그는 맥박수가 1분에 110회를 넘었다고 속삭였다. 다스칼로스는 곧 눈을 떴다.

"그들이 스카이랩을 미는 일이 애로에 부딪혔어. 우주선은 귀가 먹을 정도로 소리를 내고 있어. 그 초지능적인 존재들은 매우 열심히 작업을 하고 있어. 그들에 비하면 우리는 아무것도 아니야. 그들이 궤도 수정에 실패하면 우주선은 캐나다에 떨어질 거야." 그러고는 또 다시 '올라갈' 준비를 했다.

"맥박이 140까지 올라가도록 내버려두게. 내겐 그 편이 쉽겠어." 그가 제자에게 지시했다.

"위험하지 않다고 장담할 수 있습니까?" 야코보스가 거의 절망적으로 고개를 떨구는 모습을 보고 내가 물어 보았다.

"우리가 스카이랩을 남쪽 방향으로 돌려놓지 못한다면 그것은 더욱 위험한 일이야. 이런 일을 해보는 것은 난생 처음이군." 그는 말을 마치자 눈을 감았다. 야코보스가 스승의 맥박을 짚고 있는 동안 8분이 지나갔다.

"이제 제 궤도에 들어갔어." 다스칼로스가 눈을 뜨고 일이 잘 된 데 만족해하며 말했다.

"다스칼레, 육안으로 그들을 볼 수는 없나요?"

"없지. 그들은 이지계에 살고 있거든. 그들은 형체가 없어요." 그러면서 다스칼로스는 외계인들과의 체험을 훨씬 더 소상하게 이야기하기 시작했다.

"'우리는 지구 정원의 수호자예요.' 그들은 이렇게 말했어. '당신네 지구는 시끄러운 아이들로 가득한 유치원 같아요.' '지구는 기생충과 바이러스가 가득한 정원이지요.' 내가 이렇게 대꾸했지. '아녜요, 그것은 생명의 한 표현일 뿐이지요.' 그들이 이렇게 되받더군."

"그들은 여럿이서 작업을 하고 있는 듯했는데 그것이 나에게 비행접시와 같은 인상을 주었던 거야. 나는 그들이 실제로 비행접시인지 물어보았지만 그들은 나의 질문을 무시하는 듯했어. 그 대신 그들의 대답은, 자기들은 '우주인(space people)'이라는 거야. 그들은 우리 지구의 주위에서 산다네. 지구는 거기에서 보니까 아름다운 공과도 같았어."

"나는 나 자신을 이들과 동조시켜서 이야기를 나누었다네. 나는 그들 속에 있었고 그들은 내 속에 있었지. 나는 그들을 다시 만나고 싶다며 지구로 한번 내려오라고 했어. 그들은 거절하더군. 멀리서 우리를 지켜보는 편이 낫다는 거야. '당신은 방법을 아니까 이리로 와서 만나기로 해요' 하고 그들이 말했어."

"아마도 그들에게는 지구를 방문하는 것이 유쾌한 일이 못 되는 모양이야. 내가 몸속으로 돌아가려고 하자 그들이 이렇게 권하더군. '이리로 와서 우리들 사이로 지나가요, 그러면 내려가도 편안해질 테니.' 그후로 나는 아주 편안해졌어. 그들은 우리를 진정으로 사랑하고 있다네." 다스칼로스는 이 초지능적 존재들의 모습을 되새기면서 자신의 놀라움을 표시했다.

"그들은 마치 강렬하게 반짝이는 빛의 형체처럼 느껴졌지. 그들을 수효로 세는 것은 불가능하다네." 그는 잠시 말을 멈추고 자신의 경험을 생각하고 있었다. "생각은 참 아름다운 것이야! 나는 그들의 생각을 받아들이고 있었어. 그리고 그것을 이해할 수가 있었지. 내가 알고 있는 것은 그들도 모두 알고 있다는 느낌을 받았어. 그들은 아마도 대천사의 군대일 거야."

"그들이 자아의식을 가지고 있다고 생각하십니까?"

"물론 그들도 가지고 있지."

"하지만 그것은 당신이 대천사들은 성령적 존재이지 로고스적 존재가 아니라고 하신 말과 모순되지 않습니까?"

"아마 지구에서는 맞는 사실이 의식이 높은 차원에서는 적용되지 않는지도 몰라. 그러니까 성령적 존재 역시 자아의식을 가지고 있을지도 모른다는 말일세. 이것에 대해서는 연구를 해봐야 되겠어."

오후 4시 반이 되자 거리는 활기를 되찾았다. 열기가 가시고 바다로부터 불어오는 오후의 산들바람이 한숨을 돌리게 해주었다. 다스칼로스가 나에게 차로 집까지 태워다 달라고 했다. 집으로 가는 중에도 그는 이 새롭고 흥분되는 체험에 놀라워하고 있었다.

저녁 아홉 시에 나는 BBC 뉴스를 들었다. 아나운서는 미국의 과학자들이 스카이랩에 대해 부분적인 통제력을 회복했다고 보도했다. 그러나 아직도 미국 북부나 캐나다 쪽에 떨어질 위험성이 있었다.

그날 밤 늦게 BBC는 스카이랩의 파편이 인도양과 호주의 사람이 살지 않는 지역에 떨어졌다고 보도했고 그제야 모두들 안도의 한숨을 내쉬었다.

나는 다음날 야코보스와 만나 그 기이한 사건에 대해서 이야기를 나눴다. 나는 그에게 실제로 다스칼로스가 몸 밖으로 빠져나가는 것을 보았느냐고 물어 보았다. 그는 다스칼로스가 정수리를 통해서 마치 연기처럼 피어올라 몸을 빠져나가는 모습을 보았다고 말했다. 연기처럼 보인 것은 실제로 그의 에테르 복체였다. 그는 자신의 에테르 복체를 사용한 것이다. 왜냐하면 그는 심령계가 아니라 물질지구의 에테르 복체에서 작업을 했기 때문이다. 스카이랩은 심령계가 아닌 물질지구 위에 있는 것이다. 야코보스는 다스칼로스의 맥박이 140까지 육박했었다고 말했다. 그가 끝내 다스칼로스와 함께 가기를 사양했던 것은 이 때문이었다. 그는 다스칼로스의 상태를 감시해야 했던 것이다. 이런 작업은 그만큼 위험한 것이었다.

그날 늦게 우리는 다스칼로스를 만나 스카이랩에 관한 이야기를 계속했다. 그는 집에 도착하자마자 스카이랩을 감시하기 위해 다시 '올라갔었다'고 했다. 스카이랩은 대기권에 진입하는 순간 마치 쾌속정이 물 위에서 튀는 것처럼 요동하기 시작했다고 했다.

"미국은 스카이랩을 통제할 수 없다며 그것이 캐나다나 메인 쪽으로 떨어질까봐 걱정하고 있다가 갑자기 신호가 탐지되어 스카이랩을 남쪽으로 돌려 놓을 수가 있었던 거죠." 야코보스가 그들에 대해 빈정대는 투로 이렇게 말했다.

"그 초지능적 존재들이 아니었다면 스카이랩은 아마도 캐나다에 떨어졌을 거야. 나는 그들이 스카이랩을 남쪽으로 돌려놓으려고 애쓰고 있는 것을 세 번 봤어. 그들은 스카이랩이 지평선에 나타나기를 기다렸다가 그것을 향해서 광선을 쏘았어. 미국은 대기권에 들어오면 분해되는 스카이랩을 연구해야만 해."

아직은 초저녁이었고 다스칼로스는 느긋이 이야기를 즐기고 싶어하는 기분인 것 같았다. 평상시답지 않게 전화도, 찾아오는 손님도 없었다. 야코보스가 차려온 터키식 커피를 마시면서 우리는 밤늦도록 이야기를 계속했다.

나는 다스칼로스에게 스카이랩에서 작업하던 외계인들 외에 그전에도 외계인을 만난 적이 있는지 물어 보았다.

"있었지" 하면서 그는 과거에 겪었던 다른 체험에 관한 이야기를 털어 놓았다.

"나는 페트라 토우 로미오(Petra Tou Romiou, 희랍 신화에 의하면 아프로디테가 태어난 남부 해안의 한 지방. 다스칼로스는 그곳이 지구상의 에너지(혹은 자기력) 중심 중의 한 곳이라고 했다.) 근처에서 그의 존재를 느꼈다네. 야코보스와 테오파니스와 함께 유체이탈을 해 있을 때였지. 나는 그들이 몸으로 되돌아가는 것을 도와 주고 나서 그를 찾아보려고 그곳으로 되돌아갔어. '난 당신을 봤어요, 어디에 있지요?' 내가 이렇게 속삭였지. '나는 당신 안에 있어요.' 그가 속삭였어. '나는 의사소통을 위한 공동의 장을 갖기 위해서 당신 속에 들어와 있어요. 내가 당신에게 체험을 좀 해보게 해주면 어떨까요? 자신을 바깥으로 확장하세요.' '그건 나도 할 수 있어요.' 내가 대답했네. '당신이 알고 있다는 건 나도 알아요. 하지만 이번엔 좀 다른 방법으로 할 거예요.' '무슨 뜻이지요?' '잠깐만 기다려 봐요, 곧 알게 될 테니까.' 나는 잠시 동안 모든 것이 내 안에 있고 내가 넓은 지역에 펼쳐져 있음을 느꼈네. '당신이 누구라는 것은 잊어 버리고 생명의 약동이 되어 보세요.' '아니, 나는 겁이 나요.' 내가 이렇게 말했어. '당신이 분리된 개체라는 사실은 잊어 버려요. 당신은 자신의 인격으로부터 탈피했다고 생각할지 모르지만 여전히 그것에 매여 있어요.' '무슨 뜻이지요?' '당신이 한 개체라는 느낌을 지워 버리세요.' '나더러 신 안에서 없어져 버리라는 건가요?' '천만에, 당신은 모든 곳의, 모든 사물의 안의 생명의 숨결이 되는 것이 없어지는 것이라고 생각하십니까?' '그래요.' '하지만 당신은 없어지지 않아요. 당신은 자신 이상의 존재가 되고 더욱더 확장됩니다. 자신의 존재를 잃지 않고 자신을 한계로부터 해방시킬 수 있어요. 당신은 무의 상태가 되지 않아요. 이 공간을 차지하세요. 이 장소, 물과 생명, 모든 곳의 호흡이 되세요. 그것이 얼마나 아름다운 것인지 알게 될 거예요.' '난 두려운데요.' '잠깐만, 나를 보면 두렵지 않다는 것을 알게 될 거예요.' 그가 이렇게 대답했네. 나는 고개를 돌려 잠시 동안 그를 볼 수가 있었다네. 그는 완벽한 아름다움이었어!"

"그는 인간의 모습이었나요?"

"형상(form)이 아니라 관념(idea)이었네. 그는 인간의 이데아였어."

"나는 '머리가 좀 복잡해지는군요, 하지만 내가 존재한다는 것은 알고 있어요' 하고 말했어. '당신이 거울을 보면서 나는 존재한다고 말한다면 그것은 환상이에요. 당신은 자아가 무엇이라고 이해하고 있나요?' '사랑이오.' '이제 우리는 완전히 의견이 일치됐군요. 당신이 사랑이라고 말할 때 당신은 당신이 사랑하는 사람들의 모습을 생각합니다. 당신은 그들과 하나가 되지요. 그것은 당신이 아니란 말예요.' '당신의 말을 내가 이해하고 느끼지만 당신은 나를 혼동에 빠뜨려 놓고 있다는 것을 아시는지?' 내가 이렇게 말했어. '지혜로 들어가려면 혼동을 거쳐야 해요. 혼란스럽지 않으면 진리를 찾으려고 주의를 돌리지 않을 테고 그러면 진리는 찾을 수가 없으니까요. 당신은 진리가 아닌 상태에서 만족하고 말 거예요.' '다스칼레, 아직은 당신을 이해할 수가 없겠어.' 그가 웃기 시작했어. '하하하, 당신은 그 단어가 얼마나 좋길래 그것을 마치 손자에게 막대사탕 주듯이 내 앞에 내미는 거죠? '다스칼레'란 그 말 말예요.'"

다스칼로스는 그 외계의 존재가 빈정대던 말을 되씹으면서 한바탕 웃은 후 말을 이었다.

"'나는 당신을 이해할 수 없어요.' 내가 이렇게 말했어. '아무리 그래도 당신은 나를 완전히 이해해요. 다만 당신은 어떤 환상을 지우려고 하지 않기 때문에 참을성이 없어진 거예요. 하지만 원하기만 한다면 당신은 언제든지 고통 없이 그것을 극복할 수 있을 거예요.' '당신은 나를 일종의 허무 상태, 즉 보편주의(universalism)로 끌고 가려는 건 아닌가요?' '멋진 말을 쓰시는군요! 보편주의에 대해서 무엇을 알고 계십니까?' '말하자면 모든 것을 느끼며 내가 분리된 개체가 아니라는 것을 아는 거죠.' '그게 아녜요. 단순히 말해서 그것은 당신이 야코보스, 마리오스, 니나(손녀), 안나(손녀)가 되는 것만이 아니라 그 이상이 되는 것입니다. 이해하시겠어요? 파동을 낮추세요.' '아니, 난 낮추지 않겠어요.' '돌아가세요, 당신은 아직 일러요.' '당신은 가족이 있어요? 당신도 아버지, 어머니, 자식들을 사랑합니까?' 내가 그에게 물어 봤어. '당신네 위대한 스승인 예수께서 뭐라고 하셨습니까? 나를 위해 부모와 자식을 버리는 자마다 내가 그에게 그 백 배를 내리고 거기에 부모와 자식을 더해 주리라,『신약』에서 그리스도께서 이렇게 말씀하셨지요. 그렇지 않습니까? 당신은 그의 말씀의 의미를 생각해 보셨나요?' '난 피곤해요, 다음에 계속합시다.' 내가 이렇게 대답했네."

"그는 대단하군요! 그가 당신에게 얼마나 충격을 주었을까요!" 야코보스가 웃음을 터뜨리면서 말했다.

"그가 나를 바라보면서 이렇게 말했어. '여보세요, 당신은 당신이

나라는 사실을 아세요?' '아니요, 난 그건 원하지 않아요' 하고 내가 대답했네. '당신이 그것을 원하든 원치 않든 상관없어요.' '당신은 나를 없애 버리려고 하는데 당신이 나라고 할 때 어떤 나를 말하는 건가요?' 하고 내가 물어 보았지. '나는 당신을 큰 자아, 더 큰 테두리 안에 데려다 놓고 싶은 거예요.'"

"그 대화는 그리스어로 했습니까?" 내가 끼어들었다. 그러고 나서는 곧 내가 전혀 엉뚱한 질문을 꺼냈다는 것을 깨달았다.

"상대가 이해할 수 있는 방식으로 한다네. 게다가 만일 그가 자네를 생각만으로 끌어들인다면 대화가 훨씬 더 쉬워지지. 자네는 시간과 공간의 개념을 잊어 버리고 본체 속의 현재로, 즉 만물의 생명 속으로 진입하게 된다네."

"당신은 그 대화를 바로 페트라 토우 로미오에서 나누었나요?"

"그곳이 중심이었지. 하지만 우리는 그 일대의 심령계 속에 확장되어 있었네. 키프로스의 얼마만한 지역까지였는지는 정확히 알 수 없어. 자네가 이해하게끔 설명하는 것이 쉬운 일이 아니로구만. 그 끝도 없는 것들을 어떻게 하면 자네에게 다 보여줄 수 있을까?"

"다스칼레, 그는 해탈한 인간이었나요?"

"몰라, 물어 보질 않았네."

"그는 아마도 미카엘이나 가브리엘 같은 대천사가 아니었을까요?" 나는 물러서지 않았다.

"아마 그보다 높은 존재일 거야. 인간은 단순하기만 한 천사들보다 우월하다네. 그들은 자신의 역할만을 알 뿐, 그 밖의 것은 몰라. 그들은 절대자의 명령에만 따르지. 말해 두지만, 우리가 믿고 있는 것을 포기한다는 것은 고통 없이는 불가능해." 다스칼로스는 앞의 이야기로 돌아갔다.

"저도 그런 것에 대해 전에 생각해 본 적이 있습니다." 야코보스가 말했다.

"그래, 그것이 자네가 모르는 사이에 그들이 자네의 잠재의식 속에서 작용한 것이 아니라고 누가 장담할 수 있겠나?"

"당신이 그러시니까 그럴 것 같다는 생각이 드는군요."

"그는 야코보스에 대해서 여러 가지를 말해 주었지. 한번은 그가 말했어. '당신이 잃을까 두려워하는 것은 그(야코보스)로군요.' 그리고 그는 나의 가족에 대한 어떤 사항들을 알려 주었는데 놀라운 것이었어."

"니코스(다스칼로스의 사위)에 대해서도 뭐라고 하던가요?" 야코보스가 물었다.

"'당신이 그를 그냥 두면 그는 죽어요. 그는 당신에게서 떨어져 있으면 고통을 당해요. 하지만 이제 그는 깨닫고 있어요.' '난 떨어져 있으려고 해요.' 내가 말했어. '떨어지겠다니 무슨 말씀이죠? 그에게서 떨어지려고 하면 할수록 당신은 더욱 그에게 집착하게 될 텐데요.'"

"자네가 이것을 좀 설명해 줄 수 있겠나?" 다스칼로스가 야코보스에게 진지하게 물어 보았다.

"그는 많은 것을 말해 줬지만 나는 이해할 수가 없었네."

"당신도 그와 같이 생각할 수 있기를 바랍니다." 야코보스가 놀리듯이 대꾸했다.

"하지만 내가 어떻게 그와 같이 생각할 수가 있겠나?" 그가 변명조로 말했다. "그 밖에 그가 뭐라고 한지 아나? '당신은 사랑이 무엇인지를 단지 상상으로만 알고 있으니 사랑에 대해서 이야기해 봅시다.' '무슨 뜻이죠?' '당신은 사랑의 한 귀퉁이만 붙들고는 사랑을 안다고 하고 있어요. 육체는 제아무리 완전하다고 해도, 예수께서 인간의 육신을 아무리 정화시켰다고 할지라도 그것은 절대적인 사랑이 아녜요.' '무슨 말씀인지는 잘 알겠지만 그렇다면 당신은 그것을 악이라고 하시겠습니까?' '아뇨, 그것을 악이라고 하지는 않겠어요. 차라리 불완전함이라고 하겠어요. 당신은 사랑하는 사람을 좀더 높은 데서 바라볼 수 있나요?' '하지만 그대로 여기서도 아름다운 걸요.' 내가 항변했네. '난 아름답지 않다고 하지는 않았어요. 그것이 더 이상 황홀하지 않을 때가 있냐는 말이지요' '그것이 사랑이지요.' 내가 대답했네. '당신은 사랑이 정말 무엇인지를 모르고 있다는 것을 아시나요? 바로 이 순간 당신이 사랑하는 사람이 카르마로 인해 육신을 잃고 당신으로부터 떠나가 버렸다고 가정해 봅시다.' '카르마에 의해서 그렇게 되었지만 다시 그(야코보스)를 내게 돌려주었잖아요?' '맞아요. 당신이 그를 원했기 때문에 카르마가 그를 당신에게 돌려주었어요. 그런데 당신은 형체를 초월한 사랑을 아시나요?' '예' 하고 내가 대답했지. '그렇다면 왜 당신은 거기에는 관심을 두지 않죠? 왜 당신은 형체를 원하지요?' '형체는 아름답거든요.' 내가 대답했어. '난 그것이 아름답지 않다고 말하지 않았어요. 그것은 불완전하단 말이에요. 당신은 신 앞에서는 너무 작지만 인간으로서는 너무 크군요.' '하느님 감사합니다, 제가 작은 인간이 아니라니 말이에요.' 내가 이렇게 말했지." 다스칼로스는 한바탕 웃음을 터뜨리고 나서 그 외계인과의 정신분석학적인 만남에 대한 이야기를 계속했다. "그는 나에게 이렇게 생각을 보내고 있었네 — '형상에 대한 집착을 버리세요. 육신의 형상에 빠져들지 말아요. '사랑' 안으로 의식을 확장하세요. 당신이 사랑하는 사람들을 '사랑' 안에서 보게 되면 당신은 그들이 육신을 갖고 있든 말든 개의치 않게 될 거예요.' '그렇다면 왜 그가 떠났을 때 그걸 깨닫게 해주지 않았지요?' '당신은 그 당시엔 그만큼 성숙하지 못했기 때문에 그것을 이해할 수가 없었을 거예요.'"

"누가 언제 떠났다는 말씀이죠?" 내가 재빨리 물어 보았다.

"저 사람 말일세." 다스칼로스가 야코보스를 가리키며 말했다. 다스칼로스는 전생에서의 야코보스의 죽음에 대해서 말한 것이다.

"그는 매우 유머감각이 뛰어났었네." 다스칼로스가 웃으며 말했다.

"그가 한 말 중에서 당신의 생각과 일치한 것은 없습니까?" 야코보스가 싱글거리면서 말했다.

"내가 그걸 어떻게 알겠나?" 다스칼로스가 어깨를 움츠렸다.

"그가 한 말들이 모두 당신 스스로 생각해 보셨던 것이기를 바랐는데요." 야코보스가 말했다.

"자네는 그런 것들에 대해서 스스로 생각해 본 적이 있나?" 다스칼로스가 반격했다.

"다는 아니지만요." 야코보스가 웃으면서 대답했다.

"그렇다면 그러한 생각들이 정말 자네가 혼자서 떠올린 것이라고 누가 장담할 수 있겠나? 자넨 그 생각들을 어디선가에서 주워온 것일지도 몰라."

"그건 저도 알 수가 없지요. 혹시 당신을 통해서일지도 모르겠군요." 야코보스는 계속 킬킬대었다.

"다음번에는 자네를 육신 속에 다시 집어 넣지 않겠네. 그에게 이렇게 말할 거야. '이 친구를 끌고 가서 좀더 많은 경험을 쌓게 해주시오.'"

"그것 참 좋겠군요." 야코보스는 대답하면서 눈빛을 반짝였다.

"다스칼레, 당신은 그 초지능적인 존재들을 이 지상에서, 즉 사람들 틈에서 만나본 적이 있나요?" 내가 물어 보았다.

"길거리에서 말인가?"

"예."

"몇 번 있지. 그들은 보통 사람과 똑같은 모습으로 다니지. 나는 오라를 통해서 그들을 분별할 수 있고 생각으로 그들과 대화하지. 하루는 시장 한복판을 걷고 있었네. 그런 존재를 만난 것은 그때가 처음이었지."

"그는 이름이 있었나요?"

"그런 존재가 내려오면 이름을 가질 수도 있지. 내가 만난 분은 위대한 스승이야. 성령이 불처럼 그 앞에 나타날 때면 그의 모습은 잠시 가려져 버렸지. 내가 누구 이야기를 하고 있는지 알겠나?"

야코보스는 금방 고개를 끄덕였지만 나는 한참 더 캐물어본 다음에야 알 수 있었다.

"키프로스 사람인가요?" 내가 좀 순진하게 물어 보았다.

"아냐." 다스칼로스가 목소리를 죽이면서 대답했다. "그는 성 바울이었네. 그는 지금 수단에 사는 힐라리온(Hilarion) 교부로 환생했네. 내 친구 몇 명이 그곳에서 그를 만났었지. 그는 위대한 도인들처럼 자신을 물현시켰다가는 사라지곤 한다네."

"그는 육신을 가지고 왔어." 다스칼로스가 진지한 표정으로 말했다. "그것은 내 아내가 아직 살아 있을 때였네. 내가 그의 존재를 갑자기 느낀 것은 시장 안에서였네. 잠시 후에 거리를 걸어가고 있는 그를 발견하고는 그와 생각으로 대화를 했지. '스승님, 당신이시군요?' 그는 돌아서서 나에게 미소를 지어 보이고는 다시 돌아섰네. 그때 그 뒤로 짐수레가 다가가고 있었어. '두 눈 똑바로 떠, 이 멍청아! 깔아뭉개 버릴까 보다.' 수레꾼이 이렇게 소리쳤네. 그는 뒤를 돌아보고는 흠잡을 데 없는 그리스어로 그에게 말했네. '죄송합니다, 선생님.' 그리고는 한쪽으로 비켜서더군." 다스칼로스는 이렇게 이야기하면서 웃음을 터뜨렸다.

"그가 왜 육신으로 나타났을까요?"

"모르겠네. 아무튼 난 그가 인간의 몸으로 옷을 걸치고 나타난 것을 목격했다네. 나는 그를 따라잡으려고 했지만 갑자기 놓쳐 버렸네. 집에 돌아오니 그가 아내와 이야기하고 있지 않겠나? '당신 이분이 누구신지 아시오?' 내가 그를 가리키면서 아내에게 물었네. '저는 당신이 아플 때 그가 항상 침대 곁에 앉아 계시는 것을 보았지요. 이분은 힐라리온 교부님이세요.' 아내가 말했네. 그는 우리와 함께 식사를 하고 오랫동안 이야기를 나누었지. 그는 육신을 가지고 있었고 콩과 양파도 잡수셨어. 떠날 준비를 하면서 그는 자신이 부적을 갖다 놓기 위해 섬의 여러 곳을 다니고 있다고 설명했어. 나는 그가 방문한 목적이 무엇인지를 알 수가 없었네. 그는 아내가 부엌에 무얼 가지러 간 사이에 내 앞에서 홀연히 사라져 버렸어. 며칠 후에 나는 그를 다시 만났네. '자네가 본 것을 아무에게도 이야기하지 말게.' 그가 이렇게 당부하더군."

"그가 왜 그런 일들을 하고 돌아다니는지 궁금하겠지? 나도 모르겠네. 그건 우리가 이해할 수 없는, 최소한 나로서는 이해할 수 없는 신의 계획이야. 다른 스승들은 자신을 물현시키지 않아. 그들은 심령계에 남아 있으면서 그곳에서 일을 하시지. 그들은 우리 같은 사람들과는 다른 방법으로 일하신다네."

다스칼로스가 갑자기 이야기를 멈추더니 나의 눈을 들여다보았다.

"키리아코, 이제 우리가 자네의 넋을 완전히 빼놓았군" 하며 그는 웃음을 터뜨렸다.

그의 말은 과언이 아니었다. 이런 '환상적인' 이야기들은 그의 일상적인 현실의 일부였다. 나의 틀에 박힌 머리로 그것들을 소화해 내기란 쉽지가 않았다. 더욱 나를 종잡을 수 없게 만드는 것은 다스칼로스가 나를 놀리려는 것도 아니고 나를 감동시키고자 하는 것도 아니라는 점이었다. 다른 모든 면에서는 그도 여느 인간들과 다를 바 없었지만 그는 비범한 신유의 능력을 받은 사람이었다. 그것은 정말 기적적이며, 전통적인 과학으로는 설명이 불가능한 것이었다.

11
Tales of Possession

악마의 정체

"천사와 악마는 둘 다 대(大)천사가 만든 염체로,
인간도 이 두 염체를 모두 만들 수 있다.
악마는 물질계의 평형을 이루기 위해 만들어졌고,
이 또한 신의 계획임에 틀림없다.
즉, '악'의 목적은 우리에게 '선'의 뜻을 더욱
선명하게 드러내 보이기 위한 것이다.
천사는 선한 일을 하는 외에는 다른 선택권이 없지만
악마는 인간과 동조해 그의 체험의
일부를 흡수할 수 있다. 악마가 천사보다 인간에게
훨씬 더 쉽게 달라붙게 되는 것도 그 때문이다."

벌써 한여름이었다. 수은주는 섭씨 41도를 오르내렸고 기상대에서는 곧 43도까지 육박할 것이라고 겁을 주었다. 니코시아의 거리는 텅 비었다. 에너지 위기에도 불구하고 사람들은 지중해의 시원한 바닷물에 몸을 담그기 위해 해변을 향해 줄지어 몰려가고 있었다. 북부의 해변은 터키군의 점령으로 차단되어 있었으므로 일요일날 바다로 빠져나가는 행렬은 그 자체가 하나의 고난의 오디세이였다. 남해안으로만 갈 수가 있었고 수도로부터 그쪽으로 연결되는 하나뿐인 고속도로는 미어지도록 밀리고 있었다.

나는 차라리 집에 머물면서 노트를 정리하기로 하고 라디오의 슬픈 음악에 귀를 기울였다. 그날은 7월 15일로, 키프로스의 그리스인들에게는 현충일이었다. 1974년 이날에 당시 그리스를 통치하던 군사혁명위원회가 키프로스 정부에 대하여 불의의 침공을 감행했다. 이것이 터키의 침입을 불러들였던 것이다.

나는 오후 늦게 다스칼로스와 야코보스를 만나기로 약속했다. 코스타스는 오지 못한다고 전화 연락이 왔다. 그는 자원예비군으로 훈련에 참가해야 했다.

야코보스는 그날 형을 도와 새 집을 짓는 일을 했다. 우리 집에 도착하자 그는 물을 엄청나게 들이켰다. 무자비한 땡볕 아래서 하루종일 일한 것이 몸의 수분을 빼앗아간 것이다.

우리는 다스칼로스의 집에 일곱 시에 도착했지만 아무도 없었다. 현관문이 열려 있어서 우리는 집 안으로 들어가서 기다렸다. 몇 분 후에 다스칼로스가 로이조스와 함께 도착했다. 그는 우리를 보고 기뻐했지만 피곤해 보였다. 그는 곧장 냉장고로 가서 냉수부터 한 잔 들이켰다. 그는 라르나카로 가서 하루종일 환자들을 방문하고 가정문제가 생긴 부부를 도와주기 위해 애쓰다가 온 것이다. 그는 그들의 문제가 잘 해결되도록 도와준 데에 대해서 만족스러워하며 그날의 일들을 이야기했다. 야코보스가 더 참지 못하겠다는 듯이 끼어들었다.

"우리가 온 것은 그 때문이 아녜요!" 그가 삐쭉거리며 말했다. 말하자면 우리는 먼젓번에 이야기하다가 중단했던 정신질환에 대한 토론을 계속하기 위해서 온 것이다. "난 또 자네들이 그저 나를 보고 싶어서 온 줄 알았지." 다스칼로스가 실망한 듯한 표정을 지으며 장난스레 대꾸했다.

"사랑하는 야코보 군, 커피 한 잔 끓여 주지 않겠나?" 다스칼로스는 일부러 그를 집적거렸고 야코보스는 고분고분 응했다.

"야코보스는 말이야, 참아야 할 만큼 참지를 못해요." 다스칼로스가 커피를 홀짝거리면서 나에게 말했다. "예를 들면 그는 니시포로스를 관대하게 대하지 못해."

"그건 그래요. 저는 그를 당신만큼 너그럽게 대할 수는 없어요. 밤이면 밤마다……."

"하지만 그에게는 내가 있어야만 해! 내가 그를 포기하면 그 멍청이는 자살하고 말 거야. 그에게서 우리의 기준을 기대해서는 안 되네. 인내심을 발휘해야지. 그가 만일 자살해 버린다면 나는 아주 골치가 아프게 될 거야."

"왜요?" 내가 호기심이 나서 물었다.

다스칼로스는, 자살하는 사람은 심령계로 들어갈 때 어려운 상황을 맞게 된다고 설명해 주었다. 그런 사람들은 종종 물질계의 에테르계에 빠져서 보다 높은 심령계로 올라갈 수가 없다는 것이다. 그런 사람은 물질계와 너무 가깝게 진동하기 때문에 그것이 그를 쉬지 못하게 만드는 것이다.

"그래서 우리는 니시포로스를 매우 주의해서 돌봐야만 하는 거야." 다스칼로스가 야코보스를 향해서 말했다. 그는 니시포로스가 희생되리라는 것을 예감하고 있는 것 같았다. 나는 사람이 죽은 후에도 에테르계에서 살면서 거친 물질계에 집착한다는 말의 뜻을 내가 제대로 이해했는지 잘 모르겠다고 말했다.

"자네의 이해를 돕기 위해서는 내가 겪은 한 사건을 얘기해 주는 것이 좋겠군." 다스칼로스가 생각에 잠기면서 말했다. 내가 녹음기를 준비하려고 하자 그가 단호하게 말했다. "이 이야기는 녹음하지 말아." 나는 그가 하려는 이야기가 매우 희귀하거나 비상식적인 이야기여서 자신을 보호하기 위해서 녹음을 금하는 것이리라고 생각했다. 나는 노트를 집어들고 그가 하는 이야기를 빠짐없이 받아적을 태세를 갖췄다.

"여러 해 전인데, 약혼한 남녀가 결혼식을 올리지 않고 4년 동안 동거했었지. 이 기간 동안 여자는 처녀로 남아 있었어. 그녀는 약혼자에게 잠자리를 허락하지 않았던 거야. 4년째 되던 해에 남자는 결핵에 걸렸는데 의사가 그를 니코시아 교외의 수용소에 격리시켜 버렸어. 여자는 그에게 낫기만 하면 곧 결혼하자고 약속했어. 그런데 그들이 동거한 4년 동안 그녀가 그에게 육체적인 접촉을 한번도 허락하지 않은 것이 남자에게는 크나큰 고통이 되었어. 그는 이렇게 간절한 욕구를 채우지 못하고 그만 죽어 버렸다네. 이 간절한 욕구가 그로 하여금 에테르계에 떠돌면서 그녀를 괴롭히도록 만든 거야. 여자는 거의 미칠 정도가 되었어. 그는 밤마다 그녀가 잠자리에 들기 전에 반 최면을 걸어서 창문을 열어 놓게 했어. 그리고는 박쥐 속에 들어

가서 그녀에게 날아오는 것이었어. 박쥐는 그녀의 목을 물어 피와 에테르를 빨아먹었지."

"왜 피와 에테르를 빨아먹지요?"

"그런 상태에 있는 사람들이 그곳에서 자신의 존재를 유지하기 위해서는 에테르질을 필요로 하기 때문이지. 여자는 피를 너무 많이 빼앗겨서 극도로 쇠약해졌어. 그녀의 부모가 낙망 끝에 그녀를 나에게로 데리고 왔어. 그들이 나에게 애원을 하더군. '우리 딸이 죽어 가고 있어요. 의사들도 속수무책입니다. 얼마나 쇠약해졌는지 한번 보세요.' 한여름이었는데도 그녀는 목을 가리고 있었어. 내가 물어 보자 그녀는 그곳에 뾰루지가 나서 그렇다고 하더군. 내가 좀 보자고 했지. 그녀가 옷깃을 헤치자 바로 동맥 위에 박쥐의 이빨자국 두 개가 나 있는 것이 보였어. 그런 경우를 당하기는 처음이었기 때문에 나는 다른 차원계에 사시는 도미니코 교부님께 도움을 청했지. 그는 죽은 사람이 박쥐를 이용해서 에테르계에서 원기 넘치게 살고 있다고 말해 주셨어. 그리고 그런 경우에 어떻게 처리를 해야 할 것인지를 가르쳐 주셨네. '그들의 집에서 당분간 머무르게. 여자가 밤에 일어나서 창문을 열 걸세. 옆방에는 숯불을 담은 화로를 준비하게. 박쥐가 들어오면 창문을 닫아. 박쥐가 자네를 공격할 테니까 조심해야 하네. 그놈을 빗자루로 때려서 실신하면 헝겊에 싸서 옆방의 화로 속에다 집어넣어 버리게. 화로 뚜껑을 닫아 타죽도록 놓아두게.'"

"실제로 내가 창문을 닫자 박쥐가 나에게 덤벼들었어. 그때 여자가 깨어나서는 합세를 하더군. 옆에 있던 그녀의 아버지가 그녀를 꼭 붙들고 있었지. 그녀는 박쥐가 죽는 동안 신경질적으로 고함을 지르고 신음했어. 그리고는 조용해지더니 평정을 되찾았다네. '나에게 무슨 짓을 하고 있는 거예요? 나를 태워 죽이려고 했죠?' 그녀가 이렇게 말하더군. 나는 그녀의 아버지에게 목사를 데려와 집안에 축복을 내려달라고 하는 게 좋겠다고 일러 주었네."

"그 약혼자는 어떻게 된 겁니까?"

"우리는 그가 에테르계에서 벗어나 높은 세계로 올라갈 수 있도록 도와주었지. 에테르계에 갇힌다는 것이 무슨 뜻인지 이젠 이해하겠나?"

내가 그의 마지막 말을 다 받아적기도 전에 그는 또 다른 비슷한 경우에 대한 이야기를 꺼냈다.

"30년 전에 나는 남부 그리스의 펠로폰네스로 여행하고 있었네. 나는 한 작은 마을에서 며칠을 묵었는데 거기에는 심한 정신병으로 고생하는 처녀가 있었어. 나에게 도와줄 수 있는지를 물어 보더군. 그녀는 스물다섯쯤 되었는데 독신이었지. 그녀보다 스물다섯이나 많은 한 양치기가 그녀를 사랑해서 그녀의 부모에게 딸을 달라고 했다네. 그들은 거절했지. 양치기는 이름이 로이조스였는데 그러다가 교통사고로 죽어 버렸어. 그가 죽고 나서 5년이 지나도록 아무런 일도 없었는데 하루는 이 처녀가 염소를 돌보고 있다가 로이조스가 자기를 부르고 있는 것을 보았다는 거야. 그녀는 겁에 질려서 집 쪽으로 도망갔어. 그는 그녀를 따라왔어. '당신은 죽었어요. 나에게 무얼 원하는 거예요?' 그녀는 이렇게 말하다가 갑자기 몹시 졸리기 시작해서 올리브 나무 밑에 앉아 버렸어. 그가 그녀에게 최면을 걸었던 거야. 그녀가 나에게 고백하기를, 올리브 나무 밑에서 그녀는 난생 처음 성적인 쾌감을 맛보았다는 거야. 검사를 했지만 그녀는 처녀였어. 이 일이 있은 지 사흘 후에 그는 그녀의 집을 찾아왔어. 그는 밤에 벽을 통과해서 들어왔어. 그녀는 그가 자기에게 성행위를 해오는 것에 점점 익숙해졌지. 다시 검사해 보니 그녀는 더 이상 처녀가 아니었어. 하지만 의사의 주장은 남자의 성기에 의해 처녀막이 파손된 것이 아니라 자신의 손가락으로 그랬다는 것이었지. 나는 그녀의 목덜미에 붉그스레한 곳을 두 군데 발견했어. 내가 그에 대해서 물어 보았지. '그가 그곳에 키스했어요. 그런데 그의 키스는 이상했어요. 무엇을 빠는 것 같았지만 기분이 좋았어요.' 그녀는 이렇게 대답하더군."

"그날 밤 나는 그들과 함께 지냈는데 그는 나타나지 않았어. 그 다음날도. 그런데 사흘째 되던 날 오후 늦게 나는 그가 과수원 쪽에서 나타나는 것을 보았어. 그는 집 안으로 들어와서 나를 보고는 마치 나를 오랫동안 알고 있었던 것처럼 행동하더군. '여보게 로이조스, 자네는 자네 자신의 상태를 알고 있나?' 내가 말을 걸었어. 그는 그녀를 여러 해 동안 짝사랑해왔고 한 번도 여자와 성경험을 가져본 적이 없었다고 말했어. 그가 해본 성경험은 오직 당나귀와 염소, 심지어는 닭과 같은 동물들과의 경험뿐이라는 거였어. 닭은 그 때문에 죽어 버렸다더군. 그런데 이젠 그녀가 그의 것이 되었고 그는 그녀를 원하기 때문에 놓아주지 않겠다는 것이었어. 나는 그가 우리처럼 살아있지 않다는 것을 이해시키려고 애를 썼어. 그는 이해하지 못했네. '무슨 소리를 하고 있는 거야, 이 친구야?' 그가 대들었지. '내가 지금 여기서 자네와 이야기를 하고 있고 그 짓까지 하는데 내가 살아 있지 않다는 거야?'"

"귀신 쫓는 의식은 그에게는 먹혀 들지 않더군. 그는 십자가를 두려워하지 않았거든. 그는 예수를 받아들였어. 그는 말하자면 엉터리 신자였지. 그래서 그를 설복시키는 데는 그가 떠나야만 할 논리적인 이유가 필요했어. 다행히 나는 성공했지. '이제 떠나겠어. 그리고 돌아오지 않을거야.' 그가 내게 이렇게 약속했어. '하지만 나는 죽기는 싫어.' '자네가 이 여자를 계속 괴롭히고 있으면 자네는 마치 흡혈귀처럼 언제까지나 착각상태 속에 남게 될 거야.' 나는 그에게 이렇게 경고했지. 그는 돌아서서 걸어갔어. 마당의 개가 그의 인기척을 느끼고는 짖더군. 목사와 의사가 나에게 어떻게 된 일이냐고 물어왔을 때 나는 사실대로 이야기해 주지 않았어. 그들은 아무래도 나의 말을 믿지 않을 것 같았기 때문이지. 나는 그녀가 어떤 환상에 사로잡혀 있어서 정신분석학적인 방법으로 그녀가 문제를 극복할 수 있도록 도와준 것이라고 대답했어. 그날 밤에 그 의사는 찻집에 앉아서 마을 사람들에게 정신분석에 대해 한바탕 강의를 했지. 그는 프로이트와 무의식 등등에 관해 이야기를 늘어놓더군. 나는 한구석에 조용히 앉아서 웃고만 있었지." 그가 웃음을 터뜨렸다.

"다음날 나는 그곳을 떠났어." 그는 내가 궁금해하는 것을 알기나 한 듯이 이야기를 이었다.

"그녀의 처녀막을 파손시킨 것이 그 죽은 양치기였는지 혹은 그가 그녀에게 손가락으로 파열시키게 했던 것인지는 나도 알 수가 없었네. 사람들은 자신의 나약함으로 인해서 자신이 만들어 놓은 염체에 의해 빙의를 당하곤 하지. 에테르계에 사는 존재에게 빙의를 당한 경우를 대하는 것은 나에게도 드문 일이었어. 예를 들면 키프로스의 많은 청년들은 어떤 여자를 상상하며 자위행위에 빠져 있다가 너무나 강한 염체를 만들어내어 결국은 수용소에서 생을 마치고 말지. 그러한 염체는 그 사람으로부터 에테르를 빼앗아서 물질계의 에테르계 안에서 자신의 생명을 유지하는 거야. 그래서 결국은 그 사람을 미치게 만드는 것이지. 소위 흡혈귀들이 '피를 빠는' 것은 사실은 에테르를 빼는 것이라네. 드물기는 하지만 사람이 마치 흡혈귀가 된 것처럼 행동할 때도 같은 일이 벌어지지. 이런 사람들을 적대적으로 대하거나 박대해서는 안 되네. 악마의 염체라고 할지라도 너그럽게 대해 줘야 하는 거야. 악마들도 사랑할 줄 알거든."

나는 그 말이 무슨 뜻인지 몰라서 좀더 자세히 설명해 달라고 청했다. 이번에도 그는 다른 이야기를 꺼내어 나의 질문에 대한 답을 대신했다.

"레바논 내전이 끝난 후에 피난민들이 키프로스로 많이 건너왔어. 그들 사이에는 흑마술이 퍼져 있었어. 난민들 중에는 몇몇 능력 있는 마술사들이 있었는데 그들은 그것으로 밥벌이를 했지. 이 흑마술사들이 우리에게 만만찮게 도전해 왔어. 내가 걱정한 것은 그들이 이곳 사람들에게 자신들의 비밀스러운 기술을 가르치고 있다는 사실이었네. 그 흑마술사들 중 한 사람이 300파운드를 줄 테니 젊은 부부를 죽여 달라는 부탁을 받았어. 그는 악마의 힘을 불러내는 방법을 알았기 때문에 그것을 병 안에 잡아넣는 데 성공했지. 그는 악마의 모습을 타이어 고무로 만들었어. 그리고는 이 악마의 인형과 그 병을 새 신랑각시의 침대 밑에 감추는 데 성공했어. 첫날밤에 그들은 둘 다 귀와 코에서 피를 흘리기 시작했고 날이 갈수록 쇠약해졌지. 그들이 나를 찾아왔지만 그날 나는 테오파니와 함께 파포스에 가 있었지. 그들은 돌아갔다가 다음날 다시 왔어. 나는 아직도 돌아오지 않았어. 하지만 나는 누군가가 절실히 나를 찾는 것 같은 느낌이 들어서 파포스 방문일정을 단축시키고 5일 후에 돌아왔는데 그들이 현관 앞에 앉아서 기다리고 있더군. 그들은 피가 흐르는 것을 가리기 위해 손수건을 입에 대고 있었어. 나는 곧 무슨 일인지를 알아차렸지. 그들은 둘 다 탈진상태였는데 침대 밑에서 발견한 악마의 인형과 병을 나에게 보여 주었네. 내가 즉시 이 악마를 젊은 부부로부터 떼놓자 그들은 그제서야 한숨을 돌리더군. 피는 멎었고 지금은 그들도 정상적으로 살고 있지."

"나는 그 악마를 조심스럽게 병 속에 가둬 놓고 야코보와 테오파니가 도착하기를 기다려서 그 문제를 의논해 처치하기로 했어. 그들이 도착하자 나는 그 병을 보여 주고 일어난 일을 이야기했지. 나는 그를 성소에다 놔두려고 한다고 계획을 말했어. 하지만 루시퍼(Lucifer, 타락한 천사)의 방사물인 그 악마는 신성한 제단과 십자가를 견뎌내지 못했어. 내가 그것을 성소에 갖다놓으려고 하자 그는 병을 깨고 도망가 버린 거야. 작은 폭발이 일어났지."

"나도 터지는 소리를 들었어요." 야코보스가 말했다. "소리가 엄청나더군요."

"나는 테오파니와 야코보에게 악마가 더 이상은 누구를 해치지 못할 것이니 걱정 말라고 안심시켰지. 그는 도망갔지만 나는 그를 언제고 잡아올 수 있었어. 나는 요하난의 가호를 받고 있거든. 설사 그 악마가 나를 공격한다고 해도 며칠 동안 약간의 통증을 느낄 뿐, 그 이상의 영향은 없었을 거야. 야코보와 테오파니가 떠나간 후, 나는 다른 일 때문에 그 악마에 대해서는 잊어 버리고 있었어. 하지만 그는 잊지 않고 있었어. 그 악마는 스스로 돌아왔지. '맙소사! 네 꼴이 아주 추악하구나, 왜 사람들을 그렇게 괴롭히고 다니지?' 내 말에 그가 이렇게 대답했어. '그게 난 너무 신나거든, 나는 사람들을 사랑해.' 그는 신화에 나오는 사티로스(반은 사람이고 반은 짐승인 숲의 신,

호색가) 같은 모습이었어. 피부는 어두운 녹색이었고 눈은 벌겋고 이마에 혹이 나 있었는데 마치 뿔과도 같았지. 그가 내 눈을 들여다보면서 말했어. '내가 마음만 먹었다면 너를 해칠 수도 있었지만 너를 해치지 않은 것은 너를 사랑하기 때문이지.' '정말 고맙군.' 나는 이렇게 대답했어." 다스칼로스는 웃음을 터뜨렸다.

"'나도 너를 사랑해. 하지만 너는 그 흑마술사들이 너를 아무리 애타게 불러도 앞으로는 아무도 해치지 않겠다고 나하고 약속을 해야겠어.' 그가 약속을 했네. 그후로 나는 그를 일곱 번 만났네. 나는 그의 모습이 점점 덜 추해지고 이마의 혹이 들어가기 시작하는 것을 발견했지. 그의 모습은 이제는 조금 참고 봐줄 만했어. 나는 그를 성소 안으로 데리고 가서 그곳의 신성한 분위기에 좀더 익숙해지도록 했어."

"하루는 스토아에서 내부모임의 회원들과 함께 모임을 가지고 있는데 그가 성소 안에 있는 것을 느꼈어. 그가 용기를 내어 들어왔던 거야. '이리 와봐, 너에게 줄 것이 있어.' 그가 말했어. 나는 제자들에게 양해를 구하고 곧 성소로 들어갔어. 내가 들어가자 그는 자신을 구워진 작은 흙인형으로 형상화시켰어. 그것을 집어들었더니 매우 뜨겁더군."

"한 차원에서 다른 차원으로 변화되면 언제나 열이 발생합니다." 야코보스가 설명했다.

"나는 수건으로 그것을 집어들었지. 그리고 그것을 테오파니스에게 갖다주었어. 제자들 중의 하나가 매우 겁을 집어먹었어. 그래서 그는 가까이 오려고 하질 않았지. 다른 몇 명은 겨우 만져 보기만 했어. 나는 그것을 도로 성소에다 갖다 놓고 그 위에 검은 보자기를 씌워 놓았어."

"왜 검은 보자기를요?"

"조각상이 환원되지 않도록 하기 위해서지. 어떤 것이 환원될 때는 에너지를 방출하는데 검은색은 에너지가 방출되지 않게 하거든. 흡수하기만 하지. 나는 그 인형을 당분간 그 상태로 보존하고 싶었던 거야. 성소로 들어가자 그 악마는 책상다리를 하고 앉아서 십자가를 바라보고 있었어. 그는 내가 상을 발견했던 바로 그 자리에 앉아 있었지. 그는 자신의 에테르 신체를 가지고 있었어. 그가 말했네. '당신이 바라던 대로 하고 있었어. 하지만 아주 힘든 싸움인걸. 고통스러웠어. 당신을 사랑해.' 나는 그가 마치 충실한 개가 주인을 사랑하듯이 사랑한다는 것을 느꼈네. 그것은 인간의 사랑이 아니었지. 며칠 후에 나는 그 흙인형을 부숴 버렸어."

"그것을 사진 찍어 놓았어야 하는 건데." 야코보스가 중얼거렸다.

"무슨 소리를 하는 거야? 사진을 찍는다는 것은 그가 그 상태에 더 오래 머물도록 붙잡아 두는 거야. 나는 그 상을 부숨으로써 그가 그것을 이용하지 못하게 만들어 그 상태에 고착되지 않게끔 하려고 했던 거야. 지금은 그를 자주 보지. 그는 아주 좋아졌어."

갑자기 다스칼로스가 야코보스를 향해 몸을 돌려 은밀한 신호를 보냈다. 야코보스도 그와 비슷한 반응을 보였다. 나는 무슨 영문인지를 몰랐다. 야코보스가 키득거리며 웃기 시작했다. 나는 초조해져서 그들 사이에 무슨 일이 일어난 것인지 말해 달라고 졸랐다.

"그가 자네 옆에 앉아 있다네." 다스칼로스가 웃음을 함빡 머금고 천천히 말했다.

"누가 내 옆에 앉아 있다구요?" 나는 부쩍 경계심이 들어서 곁을 돌아보며 말했다.

"그 악마 말일세. 그가 방금 들어와서 자네 곁에 앉았네." 다스칼로스가 말했다.

나는 이 뜻밖의 상황에 불편한 기분이 되었다. 나는 땀이 비오듯 흐르는 것을 느꼈지만 이 딱한 상황은 악마가 겁이 나서가 아니라 날씨가 덥기 때문임을 자신에게 확신시키려고 애썼다. 나는 나의 과학적인 냉정함과 침착성에서 피난처를 발견하고 그가 하는 말을 더욱 열심히 받아적었지만 마음속에서는 불안감과 호기심이 들끓었다.

"그는 매력적인 웃음까지 머금고 있네요." 야코보스가 웃으면서 덧붙였다.

"나는 그를 진실한 영으로 바꾸어 놓을 수 있기를 희망하고 있어." 다스칼로스가 말을 이었다.

"그는 이제 더 이상 나쁜 짓은 하지 못해. 나는 그가 이름을 갖도록 일러 줬어. 그는 바알북(Baalbook)이라고 불러주기를 원했는데 그것은 앗시리아어로 '신에 의해 순화된 자'라는 뜻이지. '바알'은 신이고 '북'은 순화되고 있는 자를 의미하거든. 나는 그가 언젠가는 절대자 안에 녹아들기를 바라고 있네. 인간이 진화하는 것과 마찬가지로 악한 영들도 진화한다네. 따라서 진리의 탐구자로서 우리의 활동 중의 한 가지는 창조계의 모든 영역에 도움을 펴는 것이야. 이 악마가 진화를 하게 되면 자신뿐만 아니라 다른 많은 악령들도 신성을 향하도록 만들지. 그는 아직도 선과 악을 분별하지 못해. 그는 단지 나를 기쁘게 하기 위해서 악한 짓을 하지 않는 거야. 나는 그에게 자신이나 또는 어떤 대상을 물현시키지 못하도록 엄격히 금지시켜 놓았어. 그는 그러기로 약속했지. 나는 또 그가 불의 파동으로 내려오지 못하도록 했어. 그는 불을 일으키는 힘을 가지고 있거든. 나는 그가 가능하면 자주 물과 접촉하도록 권하고 있네. 그는 인간의 성생활을 아이들의 장난쯤으로 여기고 있지. 그는 지능이 매우 낮아. 그는 인간적인 지능으로서가 아니라 습관과 본능 면에서 진화할 수가 있는 것이라네. 그에게서 이보다 많은 것을 기대하기란 어려우리라고 생각해. 그는 특별한 대천사에게 흡수될 거야. 그는 벌써 나의 꽃들을 돌봐 주고 있고 고양이, 개, 토끼와 같은 동물들이 새끼 낳는 것을 도와 주고 있어. 얼마 전에 그가 나에게 이렇게 말했네. '당신의 꽃을 괴롭히는 것들을 혼내줄까?' '그런 짓은 일절 하지 말아.' 나는 이렇게 명령을 내려 놓았어."

"언젠가 자네가 꽃을 몇 송이 꺾었을 때……," 다스칼로스는 야코보스를 보면서 말했다. "그가 내게로 와서 말했어. '그는 왜 꽃을 꺾어야만 하지?' 그는 말은 하지만 지능은 없어. 그는 큰 능력이 있지만 자신은 그것을 모르고 있다네. 인간은 악마가 보이지 않기 때문에 두려워하지. 그들이 눈에 보였다면 인간은 그들을 다른 동물들처럼 연구했겠지. 이 악마는 꼬리는 없고 모습이 아주 흉칙해. 그는 뚱뚱하고 작달막하고 돼지와 약간 비슷한 점이 있어. 언젠가 그가 성령 속에 융화될 때가 올 거야. 악마들은 무엇이든지 눈에 보이는 것에 자신의 모습을 적응시키기 때문에 인간의 모습을 띠지. 그들은 형태를 변화시키는 카멜레온과도 같아." 다스칼로스는 이렇게 결론을 맺었다.

"악마들이 성령으로 진화해 간다는 개념이 오직 신만이 존재한다는 관점과 모순되지 않고 잘 조화된다는 사실을 발견하게 되는군요." 하고 내가 말했다.

"맞았어. 악마가 진화하지 않는다면 그것은 곧 절대자 안에 악이 존재한다는 뜻이 되지. 이 악마가 언젠가 내게 말했어. '당신은 당신 자신이 나만큼 잘 생기지 못했다는 걸 알고 있지?' 또 한번은 그가 뱀에게 최면을 걸고 있었어. 내가 최면을 풀어 주라고 명령했지. 그는 웃기만 했어. 그는 내가 화를 내고 있는지, 그렇지 않은지, 나의 기분을 분별하지 못하는 거야. 그는 우리 모두를 그저 동물세계의 일부로 생각하고 있을 뿐이야. 악마는 생식기가 없어. 그들은 보통은 검정색이고 때로는 잘생긴 놈도 있지. 그가 야코보를 보고 뭐라고 부르는지 아나? '검은 얼굴의 사랑하는 사람'이야. '그는 뭣처럼 생겼지?' 하고 내가 물으니까 악마가 대답했어. '이파리 위를 기어 다니는 벌레 같아.'" 다스칼로스가 킥킥대며 웃었다.

내가 천사와 악마의 차이에 대해서 물어 보자 그는, 그들은 모두 대천사의 세력이 방사된 것이라고 대답했다. 그 자체로서는 악마도 천사도 영원한 존재가 아니라고 했다. 그들은 대천사가 방사한 염체이며 인간은 천사의 염체도 만들 수 있으며 악마의 염체도 만들 수가 있다는 것이다.

"악마들은 분리의 세계를 창조하기 위해 방사된, 존재의 반대편에 속해 있는 대천사의 방사물이야. 이지계에 있는 대천사 루시퍼는 다른 모든 대천사들의 위계(位階)와 다른 점이 없네. 하지만 이 아래 물질계에서 그가 하는 일은 평형을 이루기 위해서 반대편의 에너지와 세력을 만들어내는 것이지. 나는 이것이 신의 계획의 일부임에 틀림없다고 생각해. 그것이 우리가 부르는 '악'이라는 것이지. 이 '악'의 목적은 우리에게 '선'의 뜻을 더욱 선명하게 나타내 보이기 위한 것이야."

"악마는 인간이 매일같이 만들어내는 염체와는 어떻게 다른가요?"

"사람이 만들어내는 염체는 천사적인 것이 아니면 악마적인 것일세. 인간은 양쪽 다 만들 수 있게 되어 있어. 그렇지만 대천사는 오직 천사적인 염체만 만들 수 있지. 오직 악마의 염체만 방사하는 루시퍼만 제외하고 말이야. 악마들은 일종의 잠재의식을 가지고 있어서 인간과 대화를 할 수가 있지. 인간은 악마를 설득할 수는 있지만 천사는 설득할 수가 없어. 왜냐하면 천사는 움직일 수 없는 법이거든. 천사는 자신의 신성한 사명으로부터 벗어날 수가 없어. 하지만 악마는 천사와 비슷한 것이긴 해도 천사의 일을 방해하고 인간에게 영향력을 미칠 수가 있지. 악마가 인간에게 달라붙으면 악마는 자신이 이성이 없는 존재라는 사실과는 무관하게 그 사람의 논리를 사용해서 그를 따라 행동한다네. 천사는 그러지를 못해. 그는 창조계 내에서 단일체계로 움직일 뿐이야. 이제 이해하겠나? 천사는 선한 일을 하는 외에는 다른 선택권이 없어. 악마는 인간과 동조해서 그의 체험의 일부를 흡수할 수가 있지. 예컨대 논리적인 능력을 얻는 것처럼 말이야. 자신이 가진 대천사로서의 사랑을 있는 그대로 표현한다네. 악마는 자기 대천사의 사랑, 즉 감정을 분리의 세계 안에서 표현하지. 그것은 인간의 감정과 매우 비슷하다네. 그래서 악마는 천사보다 인간에게 훨씬 더 쉽게 붙는 거야. 천사가 동식물계나 인간계에서 맡고 있는 유일한 일이란 성령을 통해서 맹목적으로, 그리고 아름답게 세포와 조직을 만들고, 또 그것들의 상처가 낫도록 돕는 일이지. 반대로 악마는 인간이 하는 일은 뭐든지 한다네. 그들은 인간과 똑같은 감정을 지니고 살지."

"그러니까 악마가 천사보다 훨씬 더 인간적이군요."

"물론이네. 천사가 인간의 형상으로 나타나는 것을 보는 일은 매우 드물다네. 그들은 대개 힘이나 체계로서만 남아 있지. 악마는 인간의 형체를 띠고 나타난다네."

"그러니까 정신분열증이나 다른 정신착란의 경우 그것은 대개 루시퍼의 작용이로군요."

"맞았어. 반대로 치유는 천사의 일이지. 그 밖에 또 한 가지 있네. 천사와 악마는 서로 적대관계가 아니라네. 인간의 의식 속에서만 그들은 서로 대립되는 듯이 나타나는 것이지. 나는 이것을 알고 있지만 그런 말을 내놓고 하기란 너무나 위험한 일이야. 자연 속에서 악마와 천사가 싸우는 일은 보지 못하지 않아? 그들은 서로 협조한다네."

"저도 같은 것을 느꼈어요." 야코보스가 깊은 생각에 잠긴 채 말했다. "그들은 서로 협조해서 작용해요."

"그렇지 않았다면 신이 둘 존재한다는 뜻이 될 뻔했군요. 선신과 악신 말입니다." 내가 덧붙였다.

"옳아. 하지만 그들은 우리가 선과 악의 의미를 알 수 있도록 하기 위해서 인간의 잠재의식 속에서 각기 다른 위치를 점하고 있는 것이라네."

악마에 대한 우리의 토론은 한참 계속되었다. 나는 그 이야기가 시작된 것이 내 오른쪽에 앉아 있는 불청객인 작은 악마 때문이었다는 것을 거의 잊어 버리고 있었다. 나는 그가 우리의 관심을 끈 데 대해서 만족해 하고 있으리라고 생각했다.

"야코보," 다스칼로스가 갑자기 말했다. "왜 우리 작은 손님께서 자네의 발가락을 조사하고 있다고 생각하고 있지? 그가 자네의 다리를 복제할 작정인 것으로 생각하는가?"

다스칼로스가 농담을 하는 것인지 진담을 하는 것인지는 알 수가 없었지만 아무튼 나는 그의 감상적인 친구가 내 곁을 떠나 야코보스의 발을 만지고 있다는 말에 약간의 안도를 느꼈다.

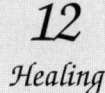

12
Healing

영혼의 의사, 신유가(神癒家)

"신유의 모든 과정은 성령과의 협조를 전제로 한다.
신유가는 단지 우주계획의 매개자가 될 뿐이다.
우리가 기도할 때 실은 생명력을 주는 에테르를
구하고 있는 것이다. 신유가의 기도는 말이 아니라
고통을 받은 이웃을 도우려는 진정한 각오와
행위여야 한다. 사랑을 베푸는 이의 생명력은
더욱 충만해지며, 이처럼 진정한 열망을 지닌
신유가가 치유에 실패한 예는 없다."

다스칼로스와 내가 친분을 가지고 있다는 사실에 대해서는 어느 선까지 비밀을 지키려고 노력했음에도 불구하고 나의 친구와 친척들에게 이 사실이 알려지기 시작했다. 그러나 내 조사활동의 성격에 대해서 점점 더 많은 사람들이 알게 되면서 그것은 뜻밖의 긍정적인 결과를 가져오기도 했다. 그 중의 하나는 다스칼로스의 도움을 구하는 사람들을 그에게 연결시켜 주는 역할을 맡게 된 것으로서, 그 빈도가 점점 더 잦아지고 있었기 때문에 나는 그것을 키프로스에서의 내 일상활동의 일부분으로 여길 정도로 되어 버렸다. 나는 그 역할을 매우 즐겼다는 것을 털어놓아야겠다. 왜냐하면 내가 그 역할을 맡아 나서지 않았더라면 여태껏 내가 목격한 많은 중요한 사건들이 일어나지 않았을 것이기 때문이다. 그 중의 한 경우가 척추를 앓고 있는 한 여인이었는데, 그녀는 몇 주일 동안이나 척추가 완전히 마비된 채로 누워 있었다.

그것은 1981년 5월에 생긴 일이었다. 나는 2년 동안 키프로스를 떠나 있다가 막 돌아와 있던 참이었다. 나는 그동안 틈나는 대로 작성해 두었던 기록들을 정리하는 작업을 계속하고 있었다. 이번에도 전과 마찬가지로 한 친구가 나에게 전화를 걸어 다스칼로스가 이 환자의 집을 방문해 줄 수 있을지 물어봐 달라고 부탁했다. 그녀는 침대에 계속 누워 있어야만 했기 때문에 그녀를 그의 집으로 데려가는 것은 무리라는 것이었다. 움직일 때마다 그녀는 엄청난 통증을 느낀다고 했다. 환자는 지금까지 섬 안의 용하다는 의사는 다 찾아다녔지만 별수가 없었다. 이스라엘까지 가보았지만 소용이 없었다. 허리의 상태는 점점 더 악화되고 있었다. 이렇게 절망적인 상태에서 그녀는 다스칼로스의 도움을 청하게 된 것이었다.

내가 다스칼로스에게 전화를 걸자 그는 곧바로 그녀를 방문하겠다고 했다. 나는 지체없이 환자의 며느리와 함께 스트로볼로스로 차를 몰았다. 우리는 다스칼로스를 태우고 15분만에 환자의 집에 도착했다. 그녀의 집은 쾌적했다. 마당에는 키프로스라면 어디서나 흔한 재스민과 온갖 색깔의 덩굴장미, 레몬나무와 널따랗게 그늘을 드리운 포도덩굴이 벋어 있었다. 부유한 집안인 것 같았다. 나중에 듣기로, 그녀의 남편은 전자장비 수입업으로 성공한 사업가라고 했다. 여자 친척들이 집 안에 몇 명 있었다. 뉴잉글랜드에서 공부하고 있던 아들도 집으로 돌아와 있었다.

다스칼로스는 늘 그렇듯이 자신의 개인적인 사정과는 관계없이 쾌활한 표정이었다. 환자의 방에 들어서기 전에 그는 잠시 멈춰서서 방 밖의 벽에 걸려 있는 그림을 구경했다. 그것은 엘 그레코의 '성 제롬'이라는 작품의 복사본이었다. 그는 그 그림을 알아보고 찬사를 던졌다. 우리는 환자의 침실로 들어갔다.

여인은 50대쯤 돼보였고 용모가 뛰어났다. 나중에 알게 된 일이지만 그녀는 영어와 불어를 유창하게 구사했다.

"도대체 무슨 일이 났길래 그러세요?" 다스칼로스가 호들갑스럽게 소리쳤다. 그의 장난기 어린 목소리에 금방 분위기가 풀어지자 여인은 얼굴에 미소를 띠고 척추가 계속 제자리에서 이탈되는데 의사들도 어쩌지 못하고 있다고 설명을 했다. 그녀는 키프로스와 이스라엘에서, 척추를 제자리로 돌려보낸답시고 문자 그대로 척추를 비트는 끔찍한 시술을 받았다고 했다. 그러나 상태는 오히려 더 악화되어 버렸다. 이스라엘의 어느 유명한 전문의는 그녀의 경우는 치료가 불가능하므로 고통을 참고 사는 방법을 터득하는 수밖에 없을 것이라고 선언했다는 것이다. 이곳의 의사들도 그와 같은 말을 하고 있다고 했다.

다스칼로스는 더 이상 질문도 하지 않고 망설이는 기색도 없이 옆에 있던 두 여인에게 그녀를 엎드리게 하고 옷을 허리 위까지 벗기도록 지시했다. 나는 시술하는 전과정을 가능한 한 가까이서 눈으로 확인할 욕심으로 문 곁에 지켜서 있었다. 다스칼로스는 손으로 여인의 등을 두드리고 부드럽게 마사지하기 시작했다.

"힘을 주지 말고 편안히 계세요. 다치게 하지는 않을 테니까." 다스칼로스가 말했다. 그의 손이 환자의 척추를 오르내리는 동안 그는 우리를 향해서 환자의 상태에 대한 자신의 소견을 이야기했다.

"심각하군요. 척추 전체가 비뚤어져 있어요. 등뼈들이 완전히 어긋나 있고 뼈가 약해요." 그리고 그는 뼈를 부드럽고 연하게 만들어서 제자리로 돌려놓은 다음 다시 굳어지게 할 것이라고 설명했다.

"와서 봐요." 그가 몇 분 동안 척추를 계속 두드린 후에 말했다. "뼈가 이젠 완전히 부드러워졌어. 이리 와서 손으로 만져 보세요." 환자의 며느리와 또 한 사람의 여인이 옆에 있다가 다가가서 그녀의 척추를 손가락으로 눌러 보았다. 아쉽게도 나는 알지도 못하는 여인의 맨살에 손을 댄다는 것이 염치에 걸려 엄두를 내지 못했다. 하지만 나는 두 여인의 얼굴에서 놀라는 표정을 읽을 수 있었다. 그들은 나중에 나에게 등뼈가 마치 스폰지처럼 부드럽게 느껴지더라고 말해 주었다.

"자, 이제 나는 이 뼈들을 제자리에 맞춘 다음에 다시 굳어지도록 하겠어요. 나는 이미 뼈의 세포들을 해체시켜 놓았어요." 다스칼로스는 마치 수술실에서 의사가 수련의들에게 강의를 하듯이 말했다. 몇 분간 더 두드린 후에 그의 시술은 끝났다. 전체의 과정은 20분 내지

25분 정도 걸렸다.

"이제 당신은 다 나았습니다." 그가 완전히 확신에 찬 표정으로 말했다. "침대에서 내려오세요. 당신은 다 나았다니까요. 등뼈들이 모두 제자리로 돌아가서 이제 척추가 똑바르게 되었습니다."

환자는 그 자리에 있던 모든 사람들의 눈이 휘둥그레진 가운데 침대에서 일어나서 아무런 도움도 받지 않고 고통도 없이 걸음을 옮기기 시작했다. 그녀의 얼굴이 흥분으로 빛났다.

"이제 허리를 몇 번 굽혀 보세요." 다스칼로스가 이어서 지시했다. 그녀는 시키는 대로 매우 쉽게, 아무런 외관상의 어색함 없이 허리를 굽혔다. 그녀는 황홀한 표정으로 팔을 늘어뜨리고 안도의 한숨을 내쉬었다. 침실 안은 행복에 들뜬 분위기였다. 다스칼로스는 즐거운 표정이었지만 자신의 성공에 특별히 도취해 있는 것 같지는 않았다. 그는 마치 산파가 아이를 성공적으로 잘 받아낸 것처럼 그 일을 그저 평범하게 받아들이는 것이었다.

환자는 자유롭게 이리저리 걸어 보다가 손수 커피를 끓여 주겠다고 자청했다. 우리는 쾌히 응락하고 거실로 나가 앉았다. 커피가 차려져 나오자 다스칼로스는 농담을 해가면서 즐겁게 커피를 마셨다. 그는 유별나게 터키식 커피를 좋아했다.

떠나기 전에 다스칼로스는 환자인 카티나 부인에게 피해야 할 음식에 대해서 일러주었다. 그가 말하는 동안 그녀는 주의 깊게 듣고 있었다. "그리고 매일 비타민 B군을 섭취해야만 합니다. 허리를 구부리는 것과 같은 간단한 운동을 매일 몇 분씩 해야 하구요."

우리가 떠날 준비를 하는 동안 카티나 부인은 집 안으로 달려가더니 잠시 후에 엘 그레코의 '성 제롬'을 가지고 돌아왔다.

"제발 이것을 당신이 베풀어 주신 도움에 대한 저의 감사 표시로 받아주세요." 부인이 다스칼로스에게 말했다.

"아닙니다, 아니에요." 다스칼로스가 정색을 하면서 손을 내저으며 말했다. "고맙긴 하지만 돈이나 선물은 받을 수가 없습니다."

"제발 받아주세요." 그녀는 고집을 부리면서 그림을 다스칼로스에게 떠맡기려고 했다. "이건 선물이 아니라 단지 감사의 징표일 뿐이에요."

"다스칼레, 부인의 말씀이 맞습니다." 타협을 모르는 다스칼로스 앞에서 내가 부인의 편을 들고 나섰다. "이것을 하나의 기념물 이상으로 생각할 필요는 없을 것 같군요, 게다가 복사본에 지나지 않는 걸요 뭘."

나의 중재가 성공했다. 다스칼로스가 머리를 흔들면서 마지못해 그림을 받았다. 하지만 자신이 옳은 짓을 하고 있는 것인지 자신이 없다는 듯 혼잣말로 "선물을 받을 생각은 없었는데……." 하고 중얼거렸다. 카티나 부인은 기쁜 표정으로 미소를 짓고 있었다.

그날 늦게 그 '기적'을 전해 듣고 놀란 그녀의 남편과 친척들은 다음날 새벽까지 잔치를 열었다. 한편 카티나 부인은 자신이 나았다는 사실이 믿어지지가 않아서 그날 오후 자신을 담당했던 방사선과 의사를 찾아갔다. 새로 찍은 엑스선 사진은 놀랍게도 겨우 일주일 전에 찍은 것과 비교할 수 없을 정도로 현격한 차이를 보여 주었다. 새로운 사진은 정상적인 척추를 보여주고 있었던 것이다.

나는 며칠 후 카티나 부인을 다시 찾아갔다. 그녀는 이전에 아팠던 흔적은 찾아볼 수도 없을 정도의 매우 건강한 상태로 내 앞에 나타났다. 이 여인이 다스칼로스가 도착하기 전까지는 침대 위에서 일어나지도 못했던 사람이라고는 상상조차 하기 힘들었다. 카티나 부인은 자신의 병력과 다스칼로스가 자신을 치료해 주던 때의 느낌에 대해서 소상히 이야기해 주었다.

"다스칼로스가 당신의 척추를 만졌을 때 어떤 느낌이 들던가요?" 내가 물었다.

"척추를 따라서 매우 이상한 무엇인가가 느껴졌어요. 그것은 전류와도 같았는데 마치 개미가 척추를 아래위로 기어 다니는 것 같았어요. 처음에는 전에 병원에서 척추를 비틀리면서 당했던 끔찍한 고통이 생각나서 힘을 줬지요. 똑같은 일을 다시 당할까봐 겁이 났던 거예요. 다스칼로스는 내가 두려워한다는 것을 알고는 긴장을 풀라고 말하더군요."

나는 그녀가 어느 정도로 다스칼로스가 자신을 낫게 해줄 수 있을 것이라고 믿었는지를 알고 싶었다. 그녀의 기적적인 회복에 자기암시적인 요인이 작용했는지를 알고 싶었던 것이다. 나는 우선 그녀에게 전에 다스칼로스를 만난 일이 있느냐고 물어 보았다.

"예, 있어요. 여러 해 전에 제 아들이 두 살 때였는데 온몸에 종기가 나서 그에게 데리고 갔었지요. 친구가 우리를 그에게 데려가기 전까지 우리는 수많은 전문의를 찾아다니고, 온갖 식이요법을 다 해보고, 검사란 검사는 다 받아보고, 여러 가지 약을 발라 보았지만 아무 소용이 없었어요. 그는 아이를 보자마자 아이에게는 아무 문제도 없다는 것이었어요. 단지 우유와 단 것에 대해서 과민반응이 있는 것일 뿐이라는 거예요. 두 가지 모두 먹이지 말라고 그가 말하더군요."

"단지 아이를 눈으로 보기만 하고 그렇게 말했단 말씀이지요?"

"예, 그저 보기만 하고 말이에요. 나는 의사에게 달려가서 그것을 말했지요. 의사가 말했어요. '한번 해봅시다. 그리고 경과를 지켜보지요.' 우유와 단 것을 먹이지 않은 지 나흘이 지나자 종기가 모두 없어져 버렸어요. 닷새째 되던 날 의사가 말했습니다. '아이에게 우유를 다시 주고 어떻게 되는지를 한번 지켜봅시다.' 이틀이 지나자 종기가 다시 나타났어요. 그래서 우리는 더 이상 우유를 주지 않았고 그 이후로 종기는 사라졌어요."

"저의 어머니가 백혈병으로 누우셨을 때 저는 다스칼로스를 또 한 번 찾아갔습니다. 우리는 그것이 백혈병인지도 몰랐어요. 어머니는 오랫동안 아팠었지요. 비장이 너무 부어올라 콩팥 하나가 못쓰게 되었어요. 그 당시에 이곳에는 전문의가 없었기 때문에 아무것도 할 수가 없었어요. 의사는 우리에게 어머니를 그리스나 영국으로 보내라고 권했습니다. 저는 어머니께서 이미 그리스에 가 계실 때에 다스칼로스를 찾아갔던 거예요. 그는 어머니의 사진을 만져 보는 순간 말했어요. '어머니는 비장이 나쁘시군요. 백혈구가 증가되는 것은 비장 때문입니다.' 그는 저에게 걱정하지 말라고 했어요. 키프로스의 의사들은 우리에게 희망적인 말을 해주지 못했어요. 그들은 백혈구의 숫자가 18,700개나 되는 것을 발견했습니다. 정상 수치는 8,000개에서 10,000개 사이라더군요. 다스칼로스가 말했어요. '어머니는 아테네에서 치료를 받고 나아서 돌아오실 겁니다.' 그것은 정확히 맞았어요. 어머니는 그후 8년을 더 사셨지요. 그러다가 저의 형부가 병이 나자 어머니는 정신적인 충격을 받아 괴로워하셨어요. 비장이 금방 부어올랐지요. 우리는 어머니를 다시 그리스로 데려갔어요. 하지만 의사들은 이제 손을 쓸 수가 없다고 하더군요. 저는 다시 다스칼로스를 찾아갔어요. 그가 말하더군요. '유감이군요. 이것이 그녀의 마지막이라고 생각합니다.' 어머니는 며칠 후에 돌아가셨어요. 그가 말해 준 것은 모두 실현된 셈이지요."

"그렇다면 다스칼로스가 그날 이곳에 왔을 때 당신은 그가 당신을 치료할 능력을 가지고 있다고 믿었나요?" 카티나 부인은 나의 질문에 잠시 머뭇거리면서 생각에 잠겼다.

"사실은 완전히 믿고 있었다고는 말할 수가 없어요. 왜냐하면 사람들이 그에 대해 말했을 때 나는 그가 단지 병의 진단에만 능한 줄 알았지 고치기도 한다는 것은 몰랐었거든요. 그래서 나는 혼자 '이젠 더 이상 손해볼 것도 없는데 한번 해보지 뭐, 왜 진작 그를 생각하지 못했을까?' 하고 생각했지요."

그녀가 엑스선 사진을 가져와서 우리는 그것을 함께 들여다보았다. 나는 그것을 내가 며칠 동안 빌려가도 될지 물어 보았다. 그녀는 자신의 시련이 끝났음을 확신했는지 내가 그것을 아주 가져도 좋다고 말했다. 그녀는 또 자신의 병력에 관한 기록도 모두 나에게 주었다. 나는 그녀가 필요로 한다면 언제든지 돌려주겠다고 약속하고 그것을 받았다. 내가 아는 한 카티나 부인의 허리는 재발하지 않았다.

내가 그녀를 마지막으로 본 것은 그녀가 나은 지 한 달 후 다스칼로스의 집에서였다. 그녀는 역시 척추를 앓고 있는 친구를 데려왔다. 나는 그 일을 지켜보지는 못했지만 다스칼로스는 그녀도 역시 고쳐 주었다고 했다. 그녀는 영국인이었는데 허리가 제대로 움직여지지 않아서 똑바로 걸을 수가 없었다는 것이다. 역시 몇 번의 수술에도 불구하고 의사들은 도움이 되지 않았다고 했다.

나는 이와 비슷하게 인상적이었던 사례로서 다스칼로스가 칠순의 노파를 고쳐 주는 것을 목격한 적이 있다. 카티나 부인의 경우와 마찬가지로 의사들은 그녀를 포기했다. 이번에도 노파는 나를 통해서 다스칼로스에게 소개되었다. 환자는 걸을 수가 없어서 우리가 안고 가야 했다. 나은 다음에 그녀는 부축을 받지 않고 자유롭게 이리저리 움직이기 시작했다. 다스칼로스의 말로는 나이 때문에 완전한 회복은 불가능했지만 문제의 80퍼센트는 사라졌다는 것이다. 그녀는 거의 완전마비 상태에서 이제는 해변에 수영하러 갈 수도 있을 만큼 회복이 되어 있었다.

과학자들은 이러한 신유의 사례를 잘 기록된 것이라고 할지라도 종종 무시해 버린다. 하지만 그런 현상을 설명하거나 혹은 무시할 만한 과학적인 근거는 없는 것 같다. 나는 카티나 부인의 경우를 통해서 내가 관찰한 것이 현재의 과학이론의 테두리 안에서는 설명할 수 없는 것임을 깨닫기 시작했다. 예컨대 자기암시 같은 것이 그녀의 갑작스런 회복에 결정적인 요인이 된 것 같지는 않았다는 말이다.

의학 외적인 요법을 배우는 학생들은 그러한 현상을, 요법가와 환자가 공유하고 있는 공통된 믿음과 인식의 문화적 기반 위에 일종의 자기암시와 최면이 작용한 것으로 보는 것이 가장 그럴듯한 설명이 될 수 있다고 주장해 왔다. 대개의 전통적 혹은 종교적인 요법가들은 호의적인 문화적 배경 속에서 시술을 하며, 그들의 치료 의식(儀式)은 고조된 감정과 극적인 요소로 충만해 있다. 다스칼로스는 자신의 작업이나 우주관에 대해 호의적이라고 하기에는 거리가 먼 문화적 배경 속에서 차라리 한 사람의 이단자처럼 행동했다. 환자들은 흔히 자신이 '스트로볼로스의 마법사'를 방문했던 사실을 친구나 친척들 앞에서는 감추려고 했다. 다스칼로스는 가끔 나에게 자신은 마치 돌투성이의 황무지에서 쟁기질을 하고 있는 것처럼 느낀다고 말하곤 했다.

 카티나 부인의 경우는 나에게는 예외적인 것이었다. 단숨에 극적으로 나아 버린 상황뿐만이 아니라 가장 중요한 것은, 내가 수중에 그녀의 병력 기록과 엑스선 사진을 가지고 있다는 사실 때문이었다. 그것은 가장 지독한 회의론과도 맞설 수 있는 실질적인 증거물이었다. 나는 카티나 부인의 경우야말로 의학 외적인 치료에 관한 연구의 권위자인 제롬 프랑크(Jerome Frank)가 '진짜 기적'으로 분류한 얼마 안 되는 사례 속에 포함될 만한 것이라고 생각했다. 그의 책 『믿음과 치유(Persuasion and Healing)』에서 그는, '어떤' 사람들은 과학적인 설명이 불가능한 신유의 능력을 지니고 있는 것 같다고 피력했다. 그는 또 어떤 요법가들이 '생명력'이라고 불리는 우주적 치유력의 통로 역할을 할 수 있다고 하는 사실에 대해서, 그 증거는 충분하므로 그럴 가능성을 무시해서는 안 된다고 말하고 있다. 그리고 그는 이것을 표현할 수 있는 더 적당한 말이 없으므로 다만 '초자연적'이라고 설명할 수밖에 없다고 했다.

 나는 카티나 부인 사건이 있은 다음날 정규모임에서 다스칼로스를 만났다. 마침 주제는 신유에 관한 것이었고, 그는 신유가의 역할에 대해서 이야기하고 있었다.

 다스칼로스가 짧은 기도를 드린 다음 강의를 시작했다. "모든 병은 심령 – 이지적 상황의 결과입니다. 그렇다면 여러분은 바이러스의 영향에 대해서 의문을 가지게 되겠지요. 의학이 보여주는 바, 미생물과 바이러스는 모든 인간의 몸속에 헤아릴 수 없이 많이 존재합니다. 그러면 왜 어떤 이는 그런 미생물들에 대해서 그토록 둔감하고 또 어떤 이는 그토록 취약할까요? 육신의 균형을 유지시켜 주는 데에 필요한 에테르의 생명력은 우리가 잘못 진동하면 현저하게 감소합니다. 예를 들어서 성령에 의해 육체의 세포와 조직과 여러 가지 기관이 만들어지는 데 100 정도의 에테르 생명력의 파동이 필요하다고 가정합시다. 우리의 욕망과 생각이 마음속에 근심과 좌절, 분노, 고집, 증오 그리고 이와 비슷한 병적인 감정의 파동을 일으킬 정도가 되면 우리 몸속의 에테르 생명력은 소모됩니다. 말하자면 육신의 균형을 유지하는 데에 필요한 양으로 가정했던 100 정도의 에테르 생명력 중에서 예컨대 80이나 60 정도밖에 지니지 못하게 되는 것입니다. 따라서 우리는 몸의 가장 예민한 부분부터 활기가 결핍된 증상이 나타나는 것을 발견하게 됩니다. 사람이 적당한 영양섭취와 호흡과 삶의 방식으로 충분한 양의 에테르 생명력을 얻는다면 그의 인격은 완전한 건강을 누려야 할 것입니다. 그런 사람의 오라는 주위로 널리 방사되고 종종 그것을 필요로 하는 사람에게 흡수되기도 합니다. 그런 사람들은 진리 탐구자의 곁에 있는 것만으로도 은혜를 입을 수가 있습니다."

"어떤 사람들은 우리와 함께 있을 때 긍정적인 파동을 만들어내고 반면에 어떤 이들은 정반대의 파동을 만들어낸다는 사실을 여러분도 아마 알고 계시겠지요. 어떤 사람과 함께할 때 기쁨을 느끼는 것은 그들에게서 에테르의 생명력이 넘치도록 뿜어나오기 때문입니다. 생명력이 모자라는 사람들은 우리의 에테르 생명력을 빼앗아 갑니다. 이웃들에게 봉사하고자 하는 진리의 탐구자들은 자신의 오라가 깨끗하고 밝게 빛나도록 노력해야만 합니다. 자신의 생명력을 빼앗아가는 이웃들에 의해서 힘이 소모되어 가는 것을 느끼더라도 그것을 거부해서는 안 됩니다. 이런 사람들이야말로 우리의 도움을 가장 필요로 하는 사람들입니다. 우리의 건강을 지켜 주는 것은 이 에테르의 생명력이며 우리는 그것을 필요로 하는 사람들에게 베풀어줄 준비가 되어 있어야만 합니다. 우리가 하느님께 '우리의 일용할 양식'을 달라고 기도할 때 사실은 생명력을 주는 에테르를 구하고 있는 것입니다. 우리가 간구하는 것은 빵이 아닙니다. 에테르의 생명력은 육신을 건강하게 유지하는 데에만 필요한 것이 아니라 심령체와 이지체를 유지하는 데에도 필요합니다."

다스칼로스는 제자들의 질문을 기다리며 잠시 말을 멈추었다.

"시술에 들어가기 전에 올리는 기도의 역할은 무엇입니까?" 누군가가 이렇게 물어 보았다.

"나는 기도의 중요성을 과소평가하지는 않습니다. 신유가에게 그것은 환자를 도울 수 있는 마음의 상태를 유도하는 정신집중의 한 방법이 됩니다. 나에게는 '당신의 뜻대로 하소서……' 하는 생각만으로도 충분합니다. 그리고는 바로 시술에 들어가지요. 그러나 진리의 탐구자는 끊임없이 기도를 해야 합니다. 그의 모든 생각은 절대자에 대한 끊임없는 감사의 기도가 되어야 합니다. 그의 일거수 일투족이 기도의 표현이 되어야 합니다. 이것이 성 바울이 '늘 기도하라'고 가르친 진정한 뜻입니다. 신유가로서 진리의 탐구자들은 자신의 행위와 생각과 느낌을 통해서 끊임없이 기도해야만 합니다. 우리가 만일 신과 일체가 되어 있다면 치료에 들어가기 전에 기도로 시간을 허비할 필요가 없습니다. 명심하십시오. 진정한 기도는 말이 아닙니다. 말은 그 자체만으로는 아무것도 의미하지 못합니다. 의미를 가지고 있는 것은 봉사하려는 각오와 행위입니다. 우리가 진리의 탐구자로서 매일 밤 몇 분씩 앉아서 자아분석을 하기로 약속한다면 이것이 본질적으로 기도의 한 형태가 아니겠습니까? 그러나 우리의 자아분석이 자학적인 쾌감이나 죄의식을 불러일으켜서는 안됩니다. 진리의 탐구자가 죄의식을 느끼는 순간 그는 다른 사람을 도와줄 수가 없게 됩니다. 많은 미신적인 종교에 빠진 사람들에게서 보이는 피학대 쾌락적인 경향은 정신병의 한 형태에 지나지 않습니다. 우리는 자신의 자아분석을 통해서 그러한 경향을 잘 가려내어 뿌리뽑을 수가 있어야만 합니다. 우리는 우리의 이성으로 그러한 환상과 편견에 맞서 싸워야만 합니다. 우리가 현재인격으로서 그러한 인생의 조화로운 상태에 도달하지 못한다면 절망과 환상의 혼돈에 빠져 있는 고통스러운 이웃 사람들을 어떻게 도울 수가 있겠습니까? 신유가로서의 우리의 작업은 에테르 복체에서만 행해지는 것이 아닙니다. 우리는 심령 – 이지 차원의 고통까지 덜어줄 수 있는 준비가 되어 있어야만 합니다."

"많은 신유가들은 자신이 하루에 도와줄 수 있는 사람의 숫자가 한정되어 있다고 생각합니다. 그들은 자신의 에테르 생명력이 한정되어 있기 때문에 완전히 고갈되어 버릴 우려가 있다고 생각하는 것이지요. 이것은 잘못입니다. 그들은 자기암시를 통해서 자신의 신유능력에 장애가 되는 염체를 만들고 있는 것입니다. 여러분의 가슴속에 사랑이 있다면, 많은 사람을 도와줄수록 여러분은 더욱 생명력으로 충만하게 된다는 것을 나는 여러분 앞에서 확언합니다."

그는 이어서 투시능력자는 사람의 오라를 '보고' 어느 부위에 생명력이 결핍되어 있는지를 알 수 있다고 말했다. 그러면 신유가는 적당한 집중을 통해서 환자의 에테르 복체 상의 결핍이 나타나는 부위에 생명력을 공급해 줄 수 있다는 것이다. 병이 아직은 육체의 차원까지 발전되지는 않았지만 환자의 에테르 복체 상에서 생명력의 결핍현상을 보이고 있는 것도 신유가는 발견할 수 있다고 했다. 따라서 조만간 육체에 나타날 병까지 미리 예견하여 예방할 수가 있다는 것이다. 병이 몸에 나타나기 오래전에 예비 환자의 오라에서 그것을 발견할 수가 있다는 말이다. 다스칼로스는 그를 만나기 위해 키프로스로 온 어느 수피에 대한 이야기를 꺼냈다.

"우리는 거실에서 잡담을 나누고 있었는데 그가 이야기를 멈추고 문 밖의 길가에 고양이가 한 마리 있다고 말했습니다. 그는 정신을 집중하더니 생각의 힘으로 그 고양이를 문간으로 오게 하였습니다. 그리고는 그가 머리를 갑작스럽게 움직이자 고양이는 그 자리에서 죽어 버렸습니다. 내가 놀라면서 왜 불쌍한 동물을 함부로 죽이느냐고 항의하자 그는 그 고양이의 오라에서 위험한 전염병의 징조를 보았기 때문이라고 설명했습니다. 그 놈을 죽임으로써 그는 전염병이 퍼지는 것을 막으려고 했던 것입니다. 나를 특별히 감동시킨 것은 고양이의 오라에 숨겨져 있는 나쁜 잠재력을 발견하는 그의 능력이었습니다. 고양이의 몸에는 어떤 병의 징조도 없었으니까요. 나는 그 수피를 우러러보았습니다. 우리는 서로에게서 많은 것을 배웠지요."

나는 다스칼로스에게, 그가 모든 경우에 대해서 그것이 치료될 수 있는 것인지 아닌지를 미리 예견할 수 있는지를 물어보았다. 그의 치료가 성공률이 높은 것이 특히 인상적이었기 때문에 이렇게 물어본 것이다. 그는 환자의 카르마에 따라 병이 나을 것인지 아닌지를 미리 알 수 있으므로 나을 수 있는 경우에만 도와주는 것이 아닐까 하고 의심해 보고 있었던 것이다. 나는 다스칼로스가 손을 대어서 최소한 부분적인 성공을 거두지 못한 예를 기억하지 못한다. 예컨대 나는 카티나 부인의 경우에, 다스칼로스는 그녀가 그날 아침 당장 걸을 수 있게 되리라는 것을 미리 알고 있었다고 확신한다. 다른 경우에는 그는, 이것은 희망이 없지만 아무튼 노력해 보겠다는 식으로 단순하게 말하곤 했던 것이다. 정한 듯이 그의 예상은 어느 경우든 다 맞았다.

"신유의 모든 과정은 성령과의 협조를 전제로 한다는 것을 항상 염두에 두어야만 합니다. 우리는 단지 우주의 계획의 매개자가 될 뿐입니다. 성공은 우리의 손에 달린 것이 아닙니다. 그러므로 진리의 탐구자들은 환자에게 손을 얹는 족족 병이 낫기를 기대하는 자기중심적인 경향을 극복해야만 합니다. 우리가 할 수 있는 것은 다만 봉사하기 위해 노력하고 자신의 책임과 의무를 수행하는 것입니다. 가끔 자신도 놀랄 정도의 신유현상을 목격하기도 할 것입니다. 예를 들어 상처 위에 그저 손을 얹기만 해도 그야말로 순식간에 치유과정이 촉진되어 낫게 할 수도 있지요. 그러나 가장 단순한 치료도 허락되지 않는 경우도 있을 수 있습니다. 낫지 않는 것보다는 낫는 것이 더 자연스러운 일입니다. 낫는 것이 절대자와 성령이 바라는 바이기 때문에 낫는 쪽이 더 용이하다는 말이지요. 낫지 않는다면 그것은 극복할 수 없는 카르마의 응보가 있다는 것을 뜻합니다."

"처음부터 카르마가 치유를 허락할 것인지 아닌지를 알고 치료에 임할 수는 없는가요?" 내가 좀더 캐물었다.

"그것은 불가능합니다. 이미 설명했지만 병이 낫고 안 낫고를 결정하는 것은 우리의 능력 밖의 일입니다. 신유가로서 우리는 우리를 필요로 하는 사람들을 돕기 위해서 언제나 자신의 에테르 에너지를 줄 준비가 되어 있어야만 합니다. 돕고자 하는 우리의 소망만으로도 치유의 염체가 절로 만들어져서 환자의 오라에 남아 있게 됩니다. 그는 아무런 직접적인 효과를 느끼지 못할지도 모르지만 그 염체는 그의 오라에 남게 됩니다. 카르마의 응보는 미래의 어느 때인가에 극복될 수도 있습니다. 그렇게 되면 비로소 그 염체가 활동하여 치유를 가능케 하는 것입니다. 그러므로 어떤 환자가 여러분의 도움을 구해서 몇 번을 찾아오든 간에 절대로 거절해서는 안 됩니다. 여러분은 병이 낫든 말든 상관하지 않고 똑같은 작업을 기꺼이 반복할 수 있어야만 합니다. 그를 진실로 돕고자 하는 우리의 마음이 그의 오라 위에 남아 있는 치유의 염체에 더욱 힘을 주는 에테르 에너지를 더하는 것입니다. 다른 사람을 돕고자 하는 진정한 열망을 가진 신유가가 육체적, 혹은 정신적인 도움을 주는 일에 실패한 예는 없습니다."

"회의론자들은, 신유란 환자가 시술자를 믿을 때에만 가능한 것이며 낫는다는 것도 실은 강력한 자기암시, 혹은 최면의 결과라고 할 텐데요? 당신은 이 점에 대해서 어떻게 설명하시겠습니까?"

"그들의 말도 어느 정도는 옳습니다. 자기암시와 최면은 종종 치료를 위해서 필요한 조건이 됩니다. 우리의 건강상태는 결국 우리의 생각과 감정의 산물입니다. 나는 지금 25년 동안 소아마비로 고생해 온 한 경찰관을 도와주려고 애쓰고 있는데 큰 어려움에 봉착해 있습니다. 그는 공상에 빠지기를 좋아하는데 종종 그것이 그의 건강을 갉아먹는 해로운 자기암시가 되어 버립니다. 우리는 매주 한 번씩 만나는데 그는 내가 만들어 놓은 것을 자신의 나쁜 성격으로 다 깨뜨려 버립니다. 나는 그에게 그의 태도가 자신의 에테르 생명력을 소진시켜 버려 병이 낫지 못하게 한다는 것을 깨닫게 해주려고 애쓰고 있습니다. 그는 자신이 빨리 회복될 수 있을지를 의심합니다. 그 의심이 그의 회복을 지체시키는 일종의 부정적인 자기암시로 작용하지요."

"이 경우와 한 무식한 농부의 경우를 비교해 볼까요? 그는 어느 날 트랙터를 몰고 있는데 어떤 사악한 기운이 자기를 엄습해 왔다고 주장했습니다. 스스로 만들어낸 이 부정적인 자기암시의 결과로 그는 마비상태가 되어 버렸습니다. 의사들은 그의 병을 복합 동맥경화증이라고 진단했습니다. 말도 안 되는 소리지요. 문제의 진짜 원인을 발견하지 못하면 그들은 병명을 지어내어 거기에다 책임을 떠맡겨 버리는 것이지요. 그는 3년 동안이나 휠체어에서 살았습니다. 그는 심리적으로 폐허상태가 되었습니다. 그에게는 먹여살려야 할 아이가 다섯이나 있었고 그의 동생은 헐값에 트랙터를 가져가 버렸습니다. 농부는 울화가 폭발하기 직전이었습니다. 어느 날 밤 그는 자는 동안 잠재의식으로 나와 접촉하게 되었습니다. 그는 나의 얼굴을 보았고 꿈속의 한 목소리가 '스트로볼로스의 마법사'가 고쳐줄 수 있을 테니 가보라고 하는 소리를 들었습니다. 그가 우리 집 문을 두드린 것이 새벽 1시였던 것을 기억하고 있습니다. 그는 휠체어를 타고 부인과 동생, 그리고 장남과 함께 왔습니다. 그는 계속 나를 노려보았습니다. '바로 당신이오!' 그는 마비된 얼굴로 이렇게 말했습니다. '나에게 무엇을 원하는 거요?' 내가 대꾸했지요. '이 개망나니 같은 내 동생이 지난 3년 동안 나를 착취해 먹었소. 이 녀석은 나의 트랙터를 사용하면서 내게 겨우 빵부스러기만 조금 주고 있어요. 나는 나의 아이들을 위해서 일하고 싶소. 전처럼 내 트랙터를 몰며 일하고 싶단 말이오. 나는 그를 부리고 싶지 그의 선심에 기대어 살고 싶지는 않아요. 나는 나을 거요. 난 나을 거라는 사실을 알고 있어요. 내가 여기 온 이유는 바로 그거요.' 그는 정말 자신이 나을 것이라는 확신과 기대에 가득 차 있었습니다. 신유가는 그런 좋은 기회가 지나가도록 보고만 있어서는 안 됩니다. 내가 말했지요. '아무렴요, 당신은 나을 겁니다. 어떻게 나을지 나에게 말해줄 수 있습니까? 나는 알고 있지만 당신의 입으로 나에게 말해주기를 원하는 겁니다.' 그가 말했습니다. '이리로 오시오. 당신의 왼손을 내 어깨에 얹고 다른 손은 내 겨드랑이에 끼고는 일어나라고 명령하시오. 그러면 나는 일어나겠소.' 나는 지체하지 않고 정확히 그가 시키는 대로 했습니다. 내가 '일어나서 걸으시오' 하고 말하자 그는 휠체어에서 일어나서 걷기 시작했습니다. 그는 똑바로 몇 발짝 자기 동생에게로 걸어가더니 그를 보기 좋게 한 대 갈겼습니다. '난 이제 걸을 수 있어, 이 개같은 놈아!' 그는 동생에게 말했습니다. '내일부터는 내가 트랙터를 몰 거야.' 그는 나를 보고 말했습니다. '이제 당신은 내게서 뭘 원하시오?' 내가 말했습니다. '잘 들어요, 친구. 나는 오늘 밤 당신이 자기 전에 교회로 가서 성모와 그리스도상 앞에 촛불을 밝혀 놓기를 원해요.' '왜 그래야 한단 말이오?' 그가 놀라서 물었습니다. '그분들이 당신을 고쳐주었으니까요.' 내가 말했습니다. 나는 그의 믿음이 인간을 초월한 그 어떤 것에 바탕을 두기를 바랬던 거지요. 내가 아니라 어떤 초월적인 대상 말입니다. 그편이 그의 잠재의식에 이로울 것입니다. 그리고 실제로 그것은 사실입니다. 다음날 그는 자신의 트랙터를 몰았습니다. 복합 동맥경화증은 어찌 되었습니까?" 다스칼로스가 비꼬듯이 말을 맺었다.

"믿음이 부족하거나 의심하는 사람도 치료가 가능할까요?" 내가 질문했다.

"그렇습니다, 그의 잠재의식이 방해하지만 않는다면, 그런 경우에 그 사람은 내가 그를 고쳐 주려고 한다는 사실을 모르는 편이 낫지요. 그의 마음이 편안하고 수동적인 상태에 있다면 나는 성령이 그의 상처를 회복시킬 때 그의 육신에 미치는 것과 똑같은 방법으로 그에게 영향을 미칠 수가 있습니다. 치료작업을 하는 동안 환자는 열이면 열 여러분에게 전혀 도움을 주지 못한다는 것을 알게 될 것입니다. 대부분의 경우에 그들은 의심을 품습니다. '가능한 일일까?' 하는 것이 그들의 첫번째 반응이지요. 그들에게 그러한 의심을 가질 여유를 주지 마십시오. 여러분은 그들이 눈치채지 못하도록 암암리에 작업을 해야만 할 경우를 종종 당하게 될 것입니다."

또한 부정적인 생각을 가지고 있는 환자는 신유의 에너지가 자신의 오라를 침투하지 못하도록 주위에 염체의 장벽을 둘러치고 있다고 다스칼로스는 말했다. 그는, 치료할 때에 그것을 믿지 않는 사람들이 주위에 있지 못하게 함으로써 그들의 생각에 의해서 만들어진 부정적인 염체가 치료를 방해하지 못하도록 하라고 일러주었다. 이와 반대로 협조적인 마음을 가진 보호자는 치료가가 시술하는 데에 도움이 되는 파동을 만들 수 있다고 했다. 시술자가 충분한 능력을 가졌을 때에는 환자나 보호자가 만들어 낸 부정적인 염체를 중화시킬 수도 있다. 그러나 환자가 스스로 자기암시를 하거나 시술자가 적당한 암시를 주어 환자가 잘 받아들이도록 하는 것이 언제나 좋은 방법이다.

나는 전에 다스칼로스로부터 해변의 휴양지에서 우연히 만난 척추장애자를 고쳐준 이야기를 들은 적이 있다. 다스칼로스와 테오파니스가 바닷가에서 하루를 보내고 있었다. 그들이 일광욕을 하고 있을 때 한 사람이 휠체어에 앉아 수평선을 바라보고 있는 모습이 눈에 띄었다. 그들은 그에게 접근해서 오랫동안 대화를 나누었다. 그들은 그를 확신시키는 데 성공하자 그 자리에서 치료를 시작해서 그를 휠체어에서 일어나게 할 수 있었다. 장애는 씻은 듯이 사라지고 그는 걸어서 집으로 갔다.

다스칼로스는 이어서 유능한 신유가가 되려면 에테르 복체의 여러 가지 성질에 대해서 통달해 있어야만 한다고 말했다. 그러지 않고는 성공에 한계가 있다는 것이다. 많은 신유가들이 자신이 하고 있는 일을 이해하지 못하고 있으며 시술 중에 종종 신경질적인 행동을 하기도 한다. 그들은 무지 속에서 작업을 하고 있는 것이다. 다스칼로스는 '맹신'이 치료에 도움을 주기도 한다는 사실을 무시하지는 않았다. 그러나 진리의 탐구자인 우리로서는 자신이 하고 있는 일을 이해해야만 한다고 그는 역설했다.

"최근에 나를 찾아온 병아리 신유가인 한 영국 여성의 이야기를 해 드리지요. 그녀와 함께 있을 때 마침 심한 관절염으로 고생하고 있는 환자가 나를 찾아왔습니다. 그녀는 그 환자를 자기가 봐주겠다고 나섰습니다. '좋습니다. 해보세요. 당신은 할 수 있습니다.' 하고 내가 허락했습니다. 환자의 손은 많이 부어 있었고 손가락이 몹시 상해 있었습니다. 그녀는 눈을 감고 손을 신경질적으로 아래위로 움직이기 시작했습니다. 아마도 그것은 자신감과 믿음을 얻는 그녀 나름의 방법이었겠지요. '비키세요, 다스칼레. 악마를 떨어내어 버릴 테니까요.' 그녀는 자신이 환자의 손에서 악마를 '떨어내고' 있다고 믿고 있었습니다. 그녀는 결국 성공했습니다. 환자가 떠난 다음에 그녀에게 어떻게 한 것인지를 물어 보았습니다. '저는 악마를 쫓아냈어요.' 하고 그녀가 대답했습니다. 그녀는 자신이 실제로는 에테르 생명력의 운동성을 이용해서 기운을 환자에게로 보내 주었다는 사실을 모르고 있었습니다. 그녀는 자신도 모르는 사이에 반 최면상태가 되었던 것이지요. 입을 벌린 채 지켜보고 있었던 환자도 아마 반 최면상태였을 겁니다. '손을 왜 흔드셨는지요?' 하고 내가 물어 보았습니다. '예,

그것은 악마를 던져 버리기 위해서였죠.' '어디다가요? 마룻바닥에? 아니면 벽에다?' 그녀는 병을 낫게 하긴 했지만 그 이유는 모르고 있었습니다."

"우리는 진리의 탐구자로서 우리가 하고 있는 일에 대해 의식이 완전히 깨어 있어야만 합니다. 그래야만 치료도 훨씬 더 효과적이고 강력해지게 됩니다. 이야기한 것과 같은 신경질적인 방법은 신유현상을 일으킬 수는 있을지 몰라도 한편으로는 잠재의식 속에 불필요한 장애를 일으켜 놓을 우려가 있습니다. 유럽과 기타 다른 지역의 많은 신유가들이 에테르 복체의 기능과 성질에 대해서 잘 모르고 있습니다. 그들은 맹목적인 신념만 가지고 작업을 합니다. 그들이 제한적인 성과밖에 거두지 못하는 이유는 이 때문입니다. 예를 들어 부러진 척추를 고치자면 에테르의 여러 가지 성질에 대해서 숙지해야 할 뿐만이 아니라 인체해부학에 대해서도 알고 있어야만 합니다. 오늘도 나는 한 환자의 척추이상을 봐주었습니다. 두 자매(제자)가 곁에서 도와주었지요."

그는 내가 목격했던 것과 비슷한 다른 사례를 이야기하는 듯했다. 그가 말한 두 자매가 확인하듯이 고개를 끄덕이고 있었다.

"환자의 등뼈는 어긋나 있었고, 그는 다리에 심한 통증을 느끼고 있었습니다. 이런 경우에 신념만으로 치료하는 사람들이 할 수 있는 최대한의 일이란 아마도 며칠 동안 통증을 없애 주는 정도일 것입니다. 이런 병을 맹목적인 신념만 가지고 다룬다는 것은 매우 어려운 일일 것입니다. 에테르의 생명력을 운용하는 방법과 척추의 구조에 대한 확실한 지식이 없으면 등뼈를 제자리에 맞추는 일은 불가능합니다. 나는 에테르의 복제성을 이용해서 환자의 몸 안에 두 개의 에테르 손을 만들어 넣었습니다. 그리고 에테르의 감지하는 성질을 이용해서 에테르의 손가락 끝으로 척추이상을 만져보고 등뼈를 제자리에 맞추어 놓았습니다. 그러니까 네 개의 손이 작업하고 있었던 셈이지요. 내 육신의 손과 환자의 몸 안에 있는 에테르 손 말입니다."

　에테르 에너지는 동시에 작용하는 네 가지 성질을 지니고 있다는 것을 다스칼로스는 반복해서 강조했다. 그것은 감각, 운동, 복제, 창조의 성질이다. 운동의 성질이란 혈액순환, 심장의 박동, 허파의 운동, 사지운동, 신진대사 등등의 운동을 가능케 하는 성질을 말하며 감각의 성질이란 감각경험과 느낌, 정서의 존재를 가능케 하는 에테르의 성질을 의미한다. 복제의 성질은 이지계의 형상을 만드는 것, 즉 생각 자체, 그리고 텔레파시나 염력이동 현상, 그리고 유체이탈 등을 가능케 해준다. 그리고 창조적인 성질이란 육체를 이루거나 만들고 유지하는 것을 가능케 하는 성질을 말한다.

　에테르의 창조적 성질이 없다면 신유 현상이 일어날 수 없다고 다스칼로스가 말했다.

　그는 제자들에게 당분간 에테르의 이 창조적인 성질에 관해서는 신경을 쓰지 말라고 일렀다. 그것은 성령이 직접적으로 감독하고 통제하는 성질이라는 것이다. 대신 그는 에테르 에너지의 감각, 운동, 복제의 성질에 대해서 우선 숙달되도록 하라고 당부했다.

　"이 성질들에 익숙해지기 위해서 치료에 이용할 수 있는 강력하고 살아 있는 시각형상을 만드는 것을 연습하십시오. 여러분이 그런 신성한 염체를 만들어내는 순간 그것에는 저절로 로고스와 성령의 영역에 속한 것인 에테르의 창조적 성질이 충전될 것입니다. 앞으로 보름간 다음과 같은 연습을 하시기 바랍니다. 눈을 감고 에테르의 눈으로 오른손에 테니스공만한 크기의 눈부시게 흰 빛을 내는 공을 들고 있는 자신의 모습을 상상해 보십시오. 여러분은 지금 에테르의 복제성을 실습하고 있는 것입니다. 그것을 손 안에서 느껴 보세요. 그것은 살아 진동하는 빛입니다. 이것이 에테르의 감지성을 숙달시키는 연습입니다. 여러분이 만든 것은 원격치료에 이용될 수 있는 생각 – 욕망의 염체입니다. 병으로 고생하고 있는 한 사람을 생각하고 그 광구를 그에게 보내어 그의 몸 전체를 감싸게 하십시오. 이제 여러분은 에테르의 운동성을 연습하고 있습니다. 여러분이 염체를 만드는 데 집중할 수 있는 힘이 커지면 커질수록 그것이 치료에서 발휘하는 가치도 더욱 커집니다. 성령은 자동적으로 이 광구를 창조의 에너지로 채워 줍니다."

다스칼로스는 이어서 에테르의 감지하는 성질을 숙지하는 일은 환자의 병을 먼 곳에서 알아내는 데 필수적인 것이라고 말했다. 환자의 사진을 들면 그의 자기장과 접촉하여 그의 파동을 '느낄' 수가 있다는 것이다. 그렇게 해서 환자의 병을 진단할 수 있게 되는 것이다.

다스칼로스가 강의를 마쳤다. 방 안의 사람들도 모두 떠날 준비를 하고 있었다. 나는 마지막 질문을 위해, 껐던 녹음기를 다시 틀었다. 나의 의문은 치료에서의 색채의 역할에 대한 것이었다. 그는 여러 가지 색깔의 염체를 만들어서 환자에게 보내면 원격치료가 가능하다고 여러 번 말한 적이 있었다. 아마도 병에 따라 그에 적합한 색깔이 있을 것이다.

"색깔들이 그 자체로서 치료의 효과를 가지고 있는 것입니까, 아니면 신유가가 그 색에 치료의 힘을 불어넣기 때문에 효력을 지니는 것입니까?" 하고 내가 질문했다.

"무엇보다도, 색깔이란 존재하지 않습니다." 다스칼로스가 분명히 대답했다. "단지 우리에게 색채감을 느끼게 하는 에테르의 파동만 존재할 뿐이지요. 색깔은 또한 소리이며 빛이고, 운동이며 그리고 여러 가지 다른 것들입니다."

"예컨대 내가 이것을 빨강색이라고 할 때 그것은 단지 눈이 이 주파수의 파동의 자극을 받아들여 뇌의 한 부분에 전달했다는 것을 의미할 뿐입니다. 그 다음에 자아의식을 지닌 현재인격이 그 자극을 빨강색으로 해석하는 것입니다. 주변에서 이와 동일한 파동을 발하는 것은 무엇이든지 우리에게 정확히 빨강색의 느낌을 일으킵니다. 물질의 형성을 포함해서 존재하는 모든 것은 진동주파수의 산물입니다."

"우리는 어떤 특정한 진동주파수와 그것을 받아들이는 두뇌의 해당 중추가 결합해서 어떤 결과, 예컨대 평온하고 차분한 느낌을 가져온다는 것을 알았습니다. 그래서 우리는 이 특정한 색깔에 다음과 같은 성질이 있는 것이라고 결론을 내립니다. 예를 들어 우리는 이타적인 사랑의 감정과 백분홍빛의 느낌을 주는 파동이 일치한다는 것을 압니다. 하지만 만일 백분홍빛의 색감을 지닌 파동이 왜 나를 편안하게 해주는지를 물어온다면 나는 대답할 수가 없습니다. 누구도 대답할 수 있으리라고 생각하지 않습니다. 하지만 이 점을 덧붙여야겠군요. 어떤 사람을 평온하게 해줄 수 있는 색깔이 다른 사람에게는 반대의 효과를 낼 수도 있다는 것입니다. 하지만 일반적으로 백분홍빛은 대부분의 사람들에게 마음을 편안하게 해주는 효과가 있다고 말할 수는 있겠지요. 그러나 매우 신경질적인 사람을 백분홍빛으로 칠해진 방 안에 두면, 그는 더욱 신경이 날카로워질 수도 있습니다. 아내가 침실에 그런 색을 칠했기 때문에 이혼할 뻔했던 부부의 경우를 기억합니다. 그 색이 왜 남편을 흥분시켰을까요? 나는 그가 전생에 자기에게 늘 향기로운 장미꽃을 주었던 소녀와 사랑에 빠진 적이 있다는 것을 알아내었습니다. 그후 그들은 헤어지고 말았습니다. 그래서 백분홍빛이 그의 잠재의식 속에 과거의 고통을 일깨워 주었던 것입니다."

"그러니까 질문에 대한 대답으로 이 점을 덧붙여야 하겠습니다. 파동의 종류뿐만이 아니라 우리가 사물을 인식하는 방식에 따라서 실제적인 효과는 달라진다는 것입니다. 하지만 일반적으로 우리는, 어떤 색깔들은 대부분의 사람들에게 어떤 특정한 효과를 미친다는 것을 압니다. 환자에게 어떤 색깔을 투사해야 할지 확실치 않을 때는 간단히 흰 광구를 보내십시오. 그 광구가 환자의 몸 전체, 혹은 일부를 덮어 줍니다. 우리가 어떤 특정한 병을 다루고 있고 거기에 적절한 색깔을 알고 있다면 그때는 그 색깔을 적용합니다. 예를 들어 빈혈증인 경우에는 백분홍빛이나 오렌지 색깔을 마음속으로 방사할 수 있습니다. 절대로 빨간색을 보내서는 안 됩니다. 빨간색은 초조와 혼동과 절망감을 일으키거든요. 또 고혈압인 사람에게 빨간색을 보내서도 안 됩니다. 검붉은색은 특수한 경우에만 소량이 허용될 뿐입니다. 암의 경우에는 보라색 광구를 만들어 종양의 중심부에다 놓아 둡니다. 종양이 사라진 다음에는 이 색깔의 염체를 반드시 떼내어서 파괴해야만 합니다. 대충 어떤 치료에서든 가장 안전하게 이용할 수 있는 것은 백색광이라는 것을 알아 두십시오. 진동하는 백색광은 아무에게도 해가 되지 않습니다."

다스칼로스는 강의를 마치면서 제자들에게 명상수행과 자아분석을 매일 체계적으로 해나가라고 당부했다. "여러분은 자신의 인격으로부터 모든 이기심의 잔재를 제거해 나가야 합니다." 그것은 다스칼로스가 틈만 나면 한결같이 되풀이하는 가르침이었다.

　나는 신유에 관한 토론을 계속하기 위해 다음날 그와 만나기로 약속을 했다. 나는 이 주제에 관해서 많은 의문을 가지고 있었다. 특히 카티나 부인의 경우에 관해서 말이다. 다스칼로스는 언제라도 나의 '개인교사'가 되어 주기를 마다하지 않았다.

13
Materialization and Dematerialization

기적의 실체

"이 세상에 '기적'이란 엄밀한 의미에서 존재하지 않는다.
단지 자연계의 오묘한 힘의 구조를 충분히 파악하여
어떤 목적에 적절히 적용시킨 것뿐이다.
모든 시대의 신비가들은 대상을 물질로 응결시키고(물현)
그것을 다시 에너지 또는 생명력으로 풀어주는(환원)
능력을 지니고 있었다.
예수의 기적도 그 실례 중의 하나이다."

내가 다스칼로스를 찾아갔을 때는 아침 9시였다. 그는 식물들에게 물을 주고 있었다. 그는 외국 품종을 포함해서 아마도 섬 안에서 가장 많은 종류의 선인장을 모아 놓고 있었고, 그것들을 매우 아꼈다. 그가 자랑스럽게 말했다. "이 선인장은 아마존에서 온 건데 인류학을 하는 내 친구가 선물로 준 것이지. 그리고 이것은 애리조나의 것이고 또 이건 아프리카······." 나는 그의 뒤를 따라가면서 여러 가지 선인장의 종류와 그 특징에 대한 그의 식물학 강의를 들었다. "이 선인장을 애정 없이 만졌다가는 다치는 수가 있다네." 그가 커다랗고 둥근 모양의 위협적으로 생긴 선인장을 가리키면서 말했다. 그리고 자신이 그 선인장에게 맞는 영양소를 물어 보기 위해 그것을 들고 원예가를 찾아갔던 이야기를 들려주었다. 그 원예가는 그 선인장을 절대로 만지지 말라고 경고했다. 왜냐하면 그것은 살아 있어서 손을 대는 순간 가시가 살을 뚫어 버린다는 것이었다. 다스칼로스는 그 자리에서 선인장을 손으로 감싸쥐고 놀란 원예가 앞에서 몇 분 동안 서 있었다. 그리고는 선인장에게 부드럽게 말했다. '착하지? 이제 놔줘.' 그러자 선인장이 펴져서 그는 손을 다치지 않고 떼어낼 수 있었다는 것이다.

물을 다 주고 나서 우리는 마주앉았다. 나는 전날 보았던 그 기적적인 신유의 현상에 관해서 질문을 꺼냈다.

"거기에는 기적적인 것이라곤 아무것도 없었다는 사실을 이해해야만 하네." 그가 대답했다.

"자네가 그것을 기적이라고 부른다면 모든 생명들 자체를 일일이 다 기적이라고 해야지. 나는 단지 자연의 어떤 힘을 잘 알고 있었고 그것을 치료의 목적에 적용시킨 것뿐이야. 나는 초지능, 즉 성령이 임할 수 있는 통로가 되었던 거야." 다스칼로스는 내가 그날 목격했던 그 경우에는 물현과 환원의 현상이 개입된 것이라고 했다. "물현이란 것은 근본질료를 모아서 물질로 응결시키는 것을 말한다네. 이 근본질료란 것은 무엇일까? 과학자들은 그것을 에너지라고 하고 우리는 그것을 생명력이라 부르고, 또 인도인들은 프라나라고 하지. 반대로 환원이라는 것은 물질의 상태로 응결된 것을 에너지, 혹은 생명력으로 환원시키는 것을 말하는 것이야. 붙잡아 놓았던 생명력을 풀어 주는 것이지. 이제 과학자들은 물질을 에너지로 변형시킬 수 있게 되었네. 우리 신비가들은 또한 우리만의 방법을 가지고 있지. 우리는 그것을 단지 의지의 힘만으로 해낸다네."

"물현과 환원은 지구상의 모든 곳에서 시대를 가리지 않고 경험되어 온 현상이야. 모든 시대의 신비가들은 대상을 물현시키고 또 환원시킬 수 있었다네. 그러한 실례들은 『신약』과 『구약』, 아시아와 아메리카, 아즈텍의 신성한 경전들 속에서 찾아볼 수 있지. 이것은 이러한 현상이 미신이나 사기극이 아님을 의미하지. 그것은 실재의 일부라네. 예수 그리스도의 기적은 대부분 물현과 환원의 실례들이지. 그 중 한 가지 예는, 예수가 우주의 에너지를 응집시켜서 빵과 물고기를 만들었던 오병이어의 기적[44]이라네."

"예수께서 에너지를 우주로부터 끌어들였다고 하셨는데, 그것은 3차원의 우주를 말하는 것인가요?"

"그렇지 않아. 모든 우주를 말한다네. 에너지를 보이지 않는 물질이라거나, 혹은 3차원계 내의 질료라고 한정해서는 안 되네. 보이지

---

[44] 오병이어五餠二魚의 기적: 예수가 자신을 따르는 무리와 함께 빈 들에 나왔을 때 무리가 가지고 있던 다섯 개의 빵과 두 마리의 물고기로 오천 명의 군중을 배불리 먹였다는 기적.

않는 물질이라도 3차원의 우주에 속할 수가 있기 때문이야. 또한 4차원, 5차원, 6차원, 7차원의 우주도 존재한다네. 신비가들은 초의식을 통해서 이들 높은 차원계에서 작업을 하지. 그러니까 물현과 환원에 통달하려면 자신의 초의식을 개발해서 완전히 다스릴 수 있어야만 하는 것이지. 거친 물질계에 영향을 미치기 위해서는 보다 높은 차원으로부터 작용해야 하는 것이라네."

"그러니까 생명력을 끌어들여서 그것을 단단한 물질로 변형시키려면 4차원계, 즉 심령계에서 작업을 해야 한다는 뜻인가요?"

"정확한 대답은 아닐세. 생명력은 실재의 모든 차원에 존재하고 있지. 어느 곳에서나 그 생명력을 모아서 물질로 변형시킬 수가 있는 거야."

"어떻게 말씀입니까?"

"가장 높은 차원에서부터 작업을 시작해서 거친 물질계에 도달할 때까지 점차 차원을 낮추는 것이야. 고차원 이지계, 즉 관념과 법칙과 원인의 세계, 본체의 세계로부터 시작해야만 하지. 거기서부터 파동을 계속 낮추어서 내려온다네. 저차원 이지계, 즉 형상과 형체의 세계로 내려와서는 다시 심령계에 이르고 더 내려와서 단단한 물질계에 이르게 되는 것이야."

다스칼로스는 자신의 능력은 전생으로부터 물려받은 것이라고 했다. 이번 생에서 얻은 것이 아니라는 것이다. 여하튼 그러한 능력을 얻기 위한 수행의 첫단계는 집중법과 자신의 이기심을 극복하는 방법을 배우는 것이라고 했다.

"이기심으로서 표현되는 자신의 현재인격은 밀어 두고 내면의 진정한 자아를 찾아야만 하네. 그리고 자신의 육신과 에테르 복체에 대해서 완전히 이해해야만 해. 자신을 이루고 있는 물질 차원의 부분 중 보이지 않는 부분인 에테르 복체를 다루는 법을 배워야만 하는 거야. 진리의 탐구자는 에테르, 혹은 생명력의 여러 가지 속성에 대해서 완전히 이해해야만 하네. 그것은 운동하는 성질, 감지하는 성질, 복제하는 성질, 그리고 창조하는 성질인데 창조하는 성질이 가장 익히기 어려운 부분이지. 예컨대 자네는 에테르 복체의 복제하는 성질을 이용해서 이지계의 형상을 만드는 법을 배워야 하네. 그것은 마음의 질료, 즉 우주에 충만해 있는 형태 없는 생명력을 생각의 형태로 변형시키는 법을 배우는 것이지. 생각을 완전히 다스리지 못하면 아무것도 할 수가 없다네. 구체적으로 말하자면 그것은 의식의 집중력을 길러야 한다는 뜻이야. 어떤 대상을 물현시키려면 먼저 그것을 마음속에 만들어 놓고 강렬하고 끊임없는 집중을 통해서 그것을 에테르의 생명력으로 충전시켜야만 하네. 털끝만큼의 흐트러짐이 있어도 물현은 실패하고 말지. 물질을 다스리는 열쇠는 의식의 집중에 있다는 것을 이해해야만 해."

"그것은 마음이 갖추어야 할 가장 중요한 덕목이지요. 집중력 없이는 이 생에서 아무것도 성취하지 못할 테니까요."

"맞았어. 존재의 다른 차원에서는 특히 그렇고 또한 신유가가 되기 위해서는 반드시 필요한 조건이지."

다스칼로스는 이어서 신유에 있어서 중요한 신비가의 능력으로서 투시능력과 유체이탈, 그리고 '확장'에 대해서 설명해 주었다. 나는 투시와 유체이탈에 대해서는 알고 있었지만 '확장'에 대해서는 아는 바가 없으므로 설명을 청했다.

"투시는 어떤 곳으로부터 파동을 받아들이는 것을 의미하는데 그것을 흔히 '본다'고들 말하지. 예컨대 런던에서 일어나는 사건을 여기서 똑똑히 볼 수가 있다네. 런던에서 방송하는 TV 프로그램을 시청하는 것과 비슷한 방법으로 그 장면이 보이는 것이지. 투시는 이지계의 빛, 즉 아스트랄 빛의 파동에 의식을 동조시키는 것을 의미한다네. 그럼으로써 먼 곳의 장면이 보이는 것이지. 좀더 뛰어난 신비가들은 정보를 얻는 다른 방법을 알고 있다네. 그들은 공간 속으로 확장할 수가 있어. 그러면 모든 일이 그의 의식 안에서 일어나지. 그는 모든 것을 자신의 내부로부터 받아들이고 인식한다네. 이것이 우리가 확장이라고 부르는 것이야."

"확장은 유체이탈과는 어떻게 다른가요?"

"확장도 일종의 유체이탈이지만 그 정도가 다르지. 보통의 유체이탈에서는 경험을 얻거나 작업을 하려고 하는 장소로 의식을 옮겨가지만 확장에서는 자신의 의식을 전개시켜서 모든 것을 자신의 내부에 들여놓는 것이라네. 먼 곳까지 의식을 미칠 수 있지만 그것은 모두 그의 내부에 있다네. 적합한 말이 없기 때문에 유체이탈이라고 부를 수도 있지만 나는 그것을 차라리 확장이라고 부르지. 이러한 의식상태에서는 여러 곳으로부터 동시에 파동을 받아들이고 그것을 모두 경험하고 느낄 수 있지만 결코 혼동되는 일은 없다네. 그것은 일종의 초의식 상태이지."

"투시와 유체이탈, 그리고 확장은 신비가로서 성장해 가는 능력의 단계들이야. 어떤 신비가는 이 세 가지의 체험을 모두 할 수 있고 어떤 이들은 첫번째, 혹은 두 번째의 것까지 하지. 그중 가장 어렵고 진보된 단계의 것이 확장이라네. 생물이나 무생물에까지 영향력을 미치기 위해서는 세 번째 단계의 수련이 필요하지."

여러 해 전에 다스칼로스는 확장을 통해서 금속을 변화시키는 실험을 해보았다고 한다. 나는 그것이 일종의 연금술이 아니냐고 했지만 다스칼로스는 그것을 부정했다.

"나는 아내의 20캐럿짜리 결혼기념 금반지를 은으로 바꾸어 놓으려고 했었네. 그것을 책상 위에 놓고 그 옆에다 2실링짜리 은화를 놓았지. 그리고 나는 몸을 빠져나와 육신과 심령 - 이지체와의 연결을 끊었네."

"왜 그렇게 해야 했나요?"

"왜냐하면 내가 의지력으로 일으키는 파동은 너무나 강렬하기 때문에 나의 육신이 타버릴 염려가 있거든. 그리고 나는 심령체를 버리고 이지체로만 작업을 해야 했네. 그 이상 올라갈 필요는 없었어. 그러니까 나는 여전히 형상과 형체의 세계 안에 있었지. 나는 이지체를 통해서 나의 의식을 반지 속에 주입시켜 원자의 행동을 관찰했네. 이것은 신비가의 다른 능력의 하나로서 일종의 의식확장이지. 몸을 빠져나와서 꽃잎 위에 앉으면 그것이 잔디밭으로, 혹은 긴 길이나 공항의 활주로처럼 보일 수도 있는 걸세. 그는 원자보다 작아져서 원자들을 관찰할 수도 있지만 그 자신은 여전히 온전한 그로 남아 있다네. 마찬가지로 한 도시 전체로 자신을 확장시켜서 그 안에서 일어나는 모든 일들을 알 수도 있지. 심지어는 태양계 전체, 혹은 그 너머로 확장해도 자신은 전혀 상실하지 않아. 그는 작아지지도 커지지도 않지. 그러니 자신을 잃어 버릴까, 커져 버릴까, 작아져 버릴까 하는 걱정은 없다네. 모래알 하나에 집중하는 것과 지구 전체로 확장하는 것이 다르지 않은 거야. 이제 찬송가에 나오는 '그의 우주들(universes) 안에'라는 말의 뜻을 알겠나? 범우주적인 성령은 절대적 초의식으로서 모래알 속에서나 은하계 안에서나 완전무결하다네."

"나는 반지 속에 들어가서 원자가 움직이는 모습을 관찰했지. 어떤 과학적 장치가 보여주는 모습보다도 더 똑똑히 말이야. 전자의 속도, 금의 원자 속에 있는 전자의 개수와 서로간의 거리 등 모든 것이 한 눈에 보였네. 그러고 나서 나는 금반지 속에서 나와서 은화 속으로 들어갔어. 같은 방식으로 관찰해서 금과 은의 원자구조상의 차이를 알아내었지. 그러고는 다시 반지로 돌아왔어. 나는 의지력과 집중력으로 한 개의 금 원자를 은의 원자구조로 재배열시킬 수가 있었지. 하나의 원자가 변화하자 연쇄 반응이 일어나서 결국 다른 모든 원자들도 같은 변화를 일으켰어. 그리고 나는 다시 은화 속으로 들어가서 하나의 원자를 금의 원자로 바꾸어 놓았네. 이것은 보통 사람들이 공상 속에서 하는 따위의 것과 같은 것이 아니라 관찰과 창조적인 생각의 힘을 통해서 이루어지는 것임을 믿어 주게."

"다시 몸으로 돌아와서 보니까 금반지도 은화도 아무런 변화 없이 그대로였네. 그 실험을 할 때 몇 명의 제자들이 입회했었는데 그들 역시 아무 일도 일어나지 않았다고 했지. '아니야. 금반지는 지금 은으로 변하고 있는 중일 거야. 잠깐만 기다려 보자구.' 하고 내가 말했지. 그들이 반지를 손에 집어들었어. 아직도 그것은 그대로였지. 몇 초가 지난 후 나는 그것을 바닥에 던져 소리를 들어 보라고 했네. 그들이 내가 시키는 대로 몇 번 되풀이하다가 소리가 눈에 띄게 변하기 시작하는 것을 발견했네. 금반지는 그들의 손 위에서 점차 은으로 변해 갔고 은화는 금으로 변했어. 다음날 나는 그것을 다시 처음 상태로 바꾸어 놓았지. 알아둘 것은, 금을 은으로, 혹은 그 반대로 변화시키더라도 그것은 일시적인 상태일 뿐이라는 사실이야. 변화된 금속은 결국은 원래의 상태로 돌아가 버린다네."

"왜 그런가요?"

"나도 모르겠어. 은으로 변한 그 반지를 그대로 두었다면 그것은 1~2년이 지나면 다시 금으로 변했을 거야. 그것은 물질우주의 법칙을 따르기 때문에 그렇게 되는 것이지."

"하지만 당신은 우주법칙의 테두리 안에서만 작업을 한다고 전에 말하지 않으셨습니까?"

"그랬지. 하지만 이 경우에, 그 법칙이란 은을 금으로, 혹은 금을 은으로 변화시켜 놓으면 그것은 결국 원래의 상태로 돌아간다는 것이야. 왜냐구? 그건 나도 모르겠네."

그러면서 그가 익살을 섞어서 이야기하기를, 어떤 사람이 그 실험의 이야기를 듣고 자기를 찾아와 납덩이를 내밀면서 그것을 금으로 바꾸어 달라고 하더라는 것이다. 다스칼로스는 화를 버럭 내면서 그를 쫓아 버렸다고 한다.

"한번은 생물을 무생물로 변화시키는 실험을 해보고 싶어졌네. 그것은 성공했는데 그 생물은 원래의 상태로 다시 회복하지 못했어. 예컨대 식물을 구리로 변화시켜 놓으면 그것은 다시는 식물로 돌아가지 못하고 구리로 남아 있다네. 나는 작은 올리브 나뭇가지와 장미 덩굴을 한 조각 주웠네. 그리고 그 곁에 1피아스타짜리 구리 동전을 놓았어. 전과 같은 방법을 썼지. 깨어나 보니 두 가지 다 변하지 않고 그대로 남아 있었어. 하지만 몇 분이 지나자 구리로 변화되었지. 생물이 무생물로 변화된 거야. 물론 실제로 죽은 물질이란 아무 데도 없지. 엄밀히 말하면 모든 물질은 살아 있다네. 존재하며 진동하는 모든 것은 살아 있는 것이야."

"며칠 후 고등학교에서 물리학을 가르치고 있는 나의 제자 하나가 찾아왔어. 말많은 나의 아내가 그에게 그 이야기를 하고 구리로 변한 잎을 보여 주었지. 그는 지체 없이 비행기표를 사서 아테네로 날아가서는 대학의 화학교수를 찾아갔어. 그는 그 이파리를 가지고 갔지. 그는 자신이 보고 들은 것을 이 교수에게 이야기했네. 화학교수는 이렇게 대답했어. '당신의 스승은 최면술과 사기의 도사로군요. 그는 당신에게 보여 주고자 하는 광경이 당신의 눈 앞에 나타나게 한 겁니다.' 그 교수는 그 건달의 정체를 폭로할 증거를 손에 쥐었다고 생각했던 모양이야. 그는 그 잎을 검사해 보기로 했는데 만일 엽록소가 구리로 변한 것임이 판명된다면 그것은 그 잎이 진짜임을 뜻하는 것이라고 생각했지. 그렇지 않다면 그것은 훌륭한 세공술에 지나지 않는 것이지. 그러나 그는 그 이파리가 진짜임을 발견하고는 충격을 받았어. 그는 급히 키프로스로 와서는 나를 찾아왔네. '선생님, 저는 과학의 이름으로 당신의 설명을 요구합니다.' 내가 대꾸했지. '선생님, 저는 당신이 저 문으로 나가 주시기를 부탁드리는 바입니다.'"

"왜 그러셨습니까, 다스칼레?" 내가 물어 보았다.

"'당신은 마음의 눈이 멀었습니다. 당신의 그 자부심과 명성에도 불구하고 당신은 이 현상이 신성한 어떤 것과 연관된 것임을 보지 못하시는군요.'"

"당신은 그를 토론으로 설득시킬 수도 있었지 않습니까?" 내가 더 따졌다.

"그는 다른 바보 같은 소리로 우겨댔을 거야. 그는 이렇게 말했어. '이것이 도대체 신과 무슨 상관이 있단 말이오?' '당신이 생명이 무엇인지 이해하지 못한다면 나도 이 일에 대해서 설명할 수가 없어요.'

어떻게든 설명해 줄 수야 있었겠지만 그는 틀림없이 이해하지 못하고 터무니없는 소리라고 몰아붙였을 거야. 나는 그의 교만함과 잘난 체 하는 그 태도가 마음에 들지 않았던 거야."

"당신은 저에게 이런 문제를 종교적 망상에 사로잡힌 사람보다는 차라리 이성적이고 용의주도한 무신론자와 토론하는 편을 좋아한다고 하지 않으셨습니까?"

"용의주도한 무신론자라면 기꺼이 그렇게 하지. 그는 그런 사람이 못 되었어. 그는 열광적인 신자만큼이나 광신적인 무신론자였어. 그는 무엇을 이해할 수 있는 자세가 되어 있지 않았네. 내가 그 앞에 신을 내보인다고 해도 그에게 신을 확신시킬 수는 없었을 걸세. 그는 이렇게 말했어. '내 앞에서 신에 대해서는 이야기하지 마시오. 신이 도대체 무엇이오? 그런 것들은 결국 과학에 의해서 설명되어질 물질의 속성에 관한 신비일 뿐이오. 그 밖의 다른 모든 것은 우연의 일치일 뿐이오. 그것은 마치 유리가 저절로 깨어진 것을 왜 깨어졌는지 설명할 수 없는 것과 마찬가지요.' 그는 이해할 능력이 없었기 때문에 눈앞에 작용하고 있는 법칙의 본질을 깨닫지 못한 것이지. 그는 눈이 멀어 있었어. 그는 그 현상을 직접 조사해 본 이상 스스로 신의 실체에 대한 이해에 도달했어야만 했던 거야. 그가 나에 대해서가 아니라 자신이 본 현상에 대한 적의를 품고 내게로 왔다면 나도 그가 이해할 수 있도록 도와주었을 텐데. 나는 그에게 마구간에서 태어난 그리스도를 믿으라고 하거나 미신적인 종교관을 신봉하라고 할 수도 없었네. 또한 구름 위의 보좌에 앉아 있는 인간의 모습을 한 하느님을 믿을 것을 기대하지도 않았네. 하지만 그가 무엇인가를 목격했다면 현상계의 이면에 절대적 지혜가 존재할 가능성을 부정하지 않는 열린 마음의 소유자였기를 기대했던 걸세. 그것이 내가 그를 돌려보내야 했던 이유라네. 현상만을 가지고 절대자의 실체를 사람들에게 확신시켜줄 수는 없어. 신비가는 자신의 능력을 과시하는 일은 피해야 하네. 마술사들은 도인들이 하는 일을 속임수로 흉내낼 수 있지. 그러나 어떤 마술사도 상처를 낫게 하거나 종양을 제거하고 부러진 척추를 고쳐놓을 수는 없다네. 자신의 영적인 진화의 단계가 일정 수준에 이르지 않으면, 즉 자신이 스스로 진리를 깨우치고자 하는 내면의 요구를 느끼지 않는 한 어떤 사람을 찾아간다는 것은 무의미한 일이야. 그러한 의식의 수준에 이르게 되면 그들은 스스로 찾아오지. 누가 사람들을 따라다니며 물을 마시라고 권하지는 않지 않나? 그들이 갈증을 느끼면 스스로 물을 찾는 거야. 그러니까 그러한 현상에 대해 단순한 호기심 이상의 동기를 느끼지 않는 사람에게 그것을 설명해 줄 필요는 없는 거라네. 나는 단순히 호기심만 가지고 있는 사람들은 돌려보내 버린다네. 하지만 진리에 대한 진정한 갈망을 가진 자에게는 손을 내밀어 그들의 능력과 이해의 수준에 따라 신비로 인도해 주지."

다스칼로스가 누군가의 전화를 받아 충고를 해주고 있는 반 시간쯤 기다린 후에 우리는 다시 이야기를 계속했다. 나는 카티나 부인의 경우에 물현과 환원의 과정이 개입되었는지를 물어 보았다.

"그 이상이었네." 그가 대답했다.

그는 에테르의 손을 사용해서 그녀의 척추 주위에 형성되어 극심한 통증을 유발시킨 작은 뼈(엑소스테오시스 exosteosis)들을 환원시켰다고 했다.

"나는 에테르 손을 사용해서 그 작은 뼈들을 확인할 수 있었고 그 다음에 그것을 환원시킨 거야. 그리고 새로운 뼈를 만들어야 했는데 자네도 엑스선 사진에서 봤겠지만 그녀의 척추뼈는 온통 구멍투성이였어. 뼈가 부스러지고 있었네. 물현현상을 통해서 나는 살아 있는 물질의 한 형태인 단단한 뼈를 만들어내었지."

"물현현상을 일으키기 전에 만들어낼 것에 대한 정확한 구상을 가지고 있어야 합니까?"

"그야 물론이지. 또한 그녀의 이상이 무엇인지를 살갗을 통해서 알아보아야 했네. 어떻게 알아내는 것인지 궁금하겠지? 육안으로? 아니야. 나는 원한다면 눈을 감고서도 자네의 몸속을 들여다볼 수가 있다네. 나는 자신을 확장시켜서 환자의 몸속으로 들어가서 몸 안의 모든 것을 동시에 모든 방향에서 볼 수 있어. 예를 들어 나는 눈을 감고 손으로 환자의 옆구리를 만져 보면 그의 신장의 상태를 알 수 있지. 내 손의 분자들이 눈이 되는 것일까? 아닐세. 하지만 환자나, 다른 어느 누구의 몸이라도 정신을 집중하는 어느 곳에서나 그 속을 들여다볼 수가 있다네."

"당신 몸의 모든 분자가 눈이 되는 것이로군요."

"맞았어. 하지만 그뿐만은 아니야. 나는 시력을 집중해서 자네의 몸속으로 들어갈 수가 있어. 나는 확장해서 자네를 내 속으로 끌어들일 수도 있지. 내가 이 방 안에서 확장하면 여기에 있는 모든 것이 내 속에 있게 되고, 모든 곳으로부터 그것을 관찰할 수가 있네. 사람들이 나에게 찾아와서 자신의 문제를 이야기하지. 그들은 내 앞의 의자에 앉아 이야기하고 나는 그동안 자신을 확장시킨다네. 나는 그들을 내 안으로 끌어들이고 그들의 몸 안에서 내가 원하는 모든 사실을 관찰하고 느껴서 그들의 이상이 무엇인지를 알아낸다네. 이것이 정확히 내가 자네의 사고당한 친구를 고쳐주었던 방법일세."

나의 친한 친구인 스텔리오스는 자동차 사고를 당해 겨우 목숨만 건졌다. 내가 다스칼로스와 함께 그를 찾아갔을 때 그는 이미 퇴원하여 집에서 회복을 기다리고 있었다. 그는 배꼽 오른쪽 밑에 통증이 끊이지 않는다고 호소했다. 스텔리오스가 아픈 곳을 설명하고 있는 동안 다스칼로스는 그에게 시선을 집중시키고 있는 듯했다. 그러고 나서, 통증을 일으키는 것은 손상된 임파선으로, 발암요인이 될 수 있으므로 제거했어야만 했다고 다스칼로스는 말했다. 그가 갑자기 일어나서 나에게 옆방으로 따라오라고 말했다. 그는 짓궂은 목소리로 말했다. "자네는 현상을 목격하고 싶어하니까 내가 한 가지 보여 주지." 그가 허리띠를 풀고 오른쪽 바지를 내려 스텔리오스가 통증을 호소하던 부위를 나에게 만져보라고 했다. 나는 다스칼로스의 배꼽 오른쪽 밑의 임파선이 부풀어 오른 것을 눈으로 보고 만져 보았다. 그가 설명했다. 그것은 스텔리오스의 임파선인데 그는 그것을 환원시켜 자신의 몸 속으로 옮겨 놓았다는 것이다. "그는 이제 통증을 느끼지 않을 걸세. 암을 유발할 수 있는 그의 임파선은 이제 내 몸속에 있거든. 나는 그것을 나에게 적당한 속도로 서서히 제거해 갈 거야."

나는 정말 내 친구의 임파선이 그의 몸속으로 옮아간 것인지를 확인해 볼 도리가 없었다! 내 손에 실제적인 증거물을 가지고 있었던 카티나 부인의 경우와는 달리 스텔리오스의 이상에 대한 그의 진단이 맞는 것인지, 정말 치료가 된 것인지를 조사하고 확인할 방법이 없었던 것이다. 다스칼로스는 내가 그의 말을 믿고 있는지에 대해서는 눈곱만큼도 관심을 보이지 않았다. 나는 그의 부어올라 있는 임파선이 우연의 일치로 전부터 있었던 것이 아닐까 하는 의심이 언뜻 들었음을 부인할 수 없다. 하지만 한 가지 사실만은 분명했다. 내 친구는 그가 다녀간 이후로 고통에서 해방된 것이다. 게다가 나는 다스칼로스가 나를 '현상'으로 감동시키기 위해서 나를 속이고 우롱하지는 않으리라는 것을 믿어 의심치 않았다. 나는 내가 그를 처음으로 알게 된 때처럼 그를 부당하게 의심하지 않도록 그가 시술하는 현장을 여러 번 관찰해 왔었다. 지금에 이르러 나는 다스칼로스의 신유능력에 대해서 크나큰 존경심과 감동을 느끼게 되었다.

다스칼로스는 나의 친구의 경우에 대해서 설명을 계속했다. "나는 그가 이야기하고 있는 동안에 그 암을 유발할 수 있는 임파선을 발견했지. 자네에게 이야기하는 동안 내 의식의 일부는 자네에게 초점을 맞추고 있었네. 하지만 동시에 내 의식의 일부는 그의 몸속에 들어가 모든 것을 샅샅이 조사하고 있었던 거야. 자신의 몸속에서 무슨 일이 일어나고 있는지 과연 얼마나 많은 사람들이 알고 있을까? 확장을 하면 나는 나의 몸속뿐만 아니라 자네나, 다른 모든 사람의 몸속에 있을 수가 있다네. 나는 그 임파선을 발견하고 그것을 환원시켜서 나의 몸속으로 옮겨야만 했어. 그래서 내가 그것을 서서히 녹여 버릴 수 있도록 말이야."

"왜 당신의 몸속으로 옮겨야만 했단 말이지요?"

"내가 그것을 발견하고 바로 환원해 버리려고 했었다면 그것을 완전히 녹여 버릴 수는 없었을 거야. 나중에 틀림없이 다시 나타났을 거란 말일세. 그래서 나는 그것을 내 몸속으로 옮겨와서 완전히 환원시키려고 했던 것이지. 많은 신유가들이 발암 종양을 환원하는 적절한 방법을 모르고 있어. 당장 고치기는 하지만 시간이 지나면 재발하는 수가 많거든. 올바른 치료방법을 배워야만 해. 우리가 신유가가 되기를 원하는 사람들에게 가르쳐 주고자 하는 것이 그것이야. 말한 바와 같이 가장 힘들지만 가장 성공적인 치료방법은 확장을 통해 그야말로 환자의 몸 전체를 나의 의식 안으로 끌어들여서 자신 내부에서 작업을 하는 것일세. 그 외의 다른 방법은 에테르의 손을 만들어내어서 그것을 환자의 몸속에 집어넣고 환원작업을 하는 것이지. 그것은 가장 안전하고 효과적인 방법은 아니야. 나는 의식을 확장시켜서 한 번에 모든 측면으로부터 작업을 하는 편을 좋아하지." 다스칼로스는 의자에 몸을 기대고 잠시 말을 멈추었다.

나는 한 목격자로부터 다스칼로스가 어떤 여인의 몸에서 발암 종양을 떼내어 자신의 엄지손가락으로 옮긴 일에 대해 이야기 들은 적이 있다. 친척들이 그에게 병원에 가서 엄지손가락을 빨리 절단하라고 성화를 부렸지만 그는 며칠 안으로 사라질 것이라고 안심시켰다. 정말 이틀이 지나자 엄지손가락의 종기는 사라져 버렸다는 것이다.

다스칼로스는 확장현상을 이용해서 치료하는 방법을 배우기 위한 전제조건의 하나는 이웃을 진실로 사랑할 줄 아는 것이라고 말했다. "'이웃을 내 몸처럼' 사랑할 수 있는 의식의 상태까지 도달해야만 해. 그러한 상태에 이르면 치료는 쉬워지지. 진정으로 사랑하지 않으면 신유는 불가능하고, 사람들이 '초자연'이라고 부르는 영역에서 큰 일을 해낼 수가 없다네."

"그것은 흑마술사라도 사악한 짓을 언제까지나 일삼을 수는 없게 하는 일종의 안전장치와도 같은 것이로군요."

"'악'이라는 말은 내게는 큰 의미를 가지고 있지 않네. 흑마술사란 어떤 힘을 얻어서 그것을 남용하는 무지한 친구들일 뿐이야. 우리가 악이라고 생각하는 것은 실제로는 신성한 힘을 함부로 사용하는 것을 의미하는 것일세. 그래서 나는 '악'이라는 말이 부적당하다고 보는 거야. 우리가 악에 대해서 말할 때 나는 그것이 '자신을 무지하게 표현하는 것'을 뜻하는 것으로 이해되기를 바란다네. 시간이 지나면 언젠가는 인과응보의 법칙을 통해서 깨우치게 되지."

"제 생각에 그건 소크라테스가 아무도 악을 알고 행하지는 않는다고 한 말의 참뜻인 것 같군요." 내가 용기를 내어 덧붙였다.

"맞았어. 악이란 곧 무지야."

"다스칼레, 높은 신비가는 자신을 환원시켜서 다른 곳에서 다시 물현시킬 수 있나요?" 내가 화제를 돌려서 질문했다. 이 의문을 제기한 것은, '원거리 이동'의 개념이 아무리 괴이한 소리로 들릴지 몰라도 신비적인 글들 속에서는 하나의 사실로 취급되고 있기 때문이다. 예를 들면 카스타네다는 돈 후안의 제자로 있을 때 그런 경험을 했다고 했다. 나는 또 유럽지역의 인도 대사로 있는 어느 여성의 남편인 인도인 음악교수로부터 자신이 목격한 원거리 이동의 현상을 진지하게 이야기하는 것을 들은 적이 있다.

"그럼. 자신의 몸을 환원시켜 다른 곳에서 물현시키는 것이 가능하지. 하지만 그렇게 할 필요가 있을까? 우주의 에테르로부터 에너지를 끌어내어 또 하나의 몸으로 물현시키면 되는데 말이야."

"그러면 당신은 바로 그런 식으로 제 앞에 갑자기 나타날 수 있다는 뜻인가요?" 내가 웃음을 지으면서 물었다.

"그럼." 다스칼로스가 대수롭지 않은 듯이 대답했다. "자네는 마치 내가 육체를 가지고 있는 것처럼 나와 악수하고 이야기를 나눌 수 있지. 하지만 나는 높은 곳에 계신 스승들이 허락할 때에만 자신을 물현시킬 수가 있다네. 중대한 이유가 있어야만 하지. 그 순간 내가 하고 있던 일을 멈추어야 할 필요는 없다네. 초의식의 어떤 단계에 이르면 동시에 여러 곳에 나타날 수도 있지."

"당신도 그런 경험을 해보셨습니까?"

"여러 번 했지."

"그것이 실제의 경험이었는지를 어떻게 검증할 수 있습니까?"

"사람들이 나를 봤다며 내게로 찾아와서 물어 보더군. 나는 이런 경험을 여러 번 했네." 내가 캐묻자 그가 한 가지 경험을 이야기해 주었다.

"하루는 편지를 쓰고 있다가 100킬로미터쯤 떨어져 있는 카르파시아에서 누군가가 실의에 빠져 자살하려고 하고 있다는 느낌을 받았네. 나는 그의 파동을 잠재의식 속에서 느꼈던 거야. 나는 그가 찻집에서 나와서 천천히 부두 쪽으로 걸어가고 있는 것을 보았어. 그는 바다에 몸을 던질 셈이었던 거야. 그날은 폭풍이 불고 있었어. 바람이 세차고 높은 파도가 부두를 덮치고 있었지. 그가 목표지점까지 걸어오는 동안 나는 그에 관한 모든 것과 그를 자살로 몰아가고 있는 원인을 알아내었어. 나는 의식을 그의 마음에 동조시켜서 그가 다른 섬 출신의 그리스 여인과 결혼하여 아이를 셋 둔 사람인 것을 알아내었네. 그는 키프로스를 방문 중인 자기 처제와 정을 통하게 되었는데 그녀는 그의 아내보다 더 예쁘고 매력적이었지. 동생은 자신이 관계를 맺고 있는 남자가 형부라는 사실에도 전혀 양심의 거리낌을 느끼지 않았어. 오히려 그녀는 그가 언니와 이혼하고 자신과 결혼해 주기를 원했다네. 그녀는 그에게 아내와 자식을 버리고 자기와 함께 그리스로 도망가자고 졸랐어. 그의 아내는 그들 사이의 관계와 도망하려는 계획을 알아내고는 절망에 빠졌지. 사내는 그래도 자기의 가족을 사랑하고 있었기 때문에 어쩔 줄 모르고 바보처럼 목숨을 끊기로 결심한 것이야. 이것이 그 짧은 순간에 내가 알아낸 내용이었지. 이렇게 보통 몇 시간 동안 이야기를 나누어야 알 수 있는 정보를 한순간에 느껴서 얻어 내는 능력을 먼저 개발해야 하는 걸세. 보이지 않는 구원자들은 어떤 사람에게 일어나는 일을 즉시 알아차리고 재빨리 그에 대처한다네."

"당신은 그 사건 이전에 그들을 본 적도 만난 적도 없나요?"

"전혀."

"왜 이 일이 당신에게 느낌으로 전달되었을까요?"

"잘 모르겠네. 아마도 다른 힘이 나를 그들에게 개입시켜서 그의 생명을 구하도록 만든 것 같아. 나는 빨리 대처해야만 했어. 어물거릴 시간이 없었지. 나는 나를 부둣가에 물현시켜서 갑자기 그 앞에 나타났다네. 나는 흰 수도복을 입고 있었지. 내가 손을 쳐들고 외쳤어. '당신, 뭘 하고 있소?' 그는 충격을 받은 듯이 창백해져서 나를 쳐다보았네. 그는 자신의 눈을 믿을 수가 없었지. 어떻게 폭풍우가 몰아치는 밤에 파도가 덮쳐 오는 부두 끝에 허공으로부터 사람이 나타날 수가 있을까? '어떻게 해야 될지 모르겠습니다.' 그가 이렇게 대답하더군. '아내와 자식들에게로 돌아가시오. 그리고 그 여자는 보내 버리시오.' 내가 이렇게 명령했네. 그는 손으로 눈을 가리고는 돌아서서 걸어갔네. 그리고 나는 곧 나를 환원했지. 그는 곧 처제를 그리스로 돌려보내고 가족과 함께 평화롭게 살았다네. 몇 달 후에 그의 친구가 '스트로볼로스의 마법사'를 만나러 니코시아로 가기 위해서 그에게 차를 태워달라고 부탁했다네. 그의 친구 부부는 아이가 간질이 아닌가 염려하고 있었네. 그들은 잘못 알고 있었어. 그 아이 뱃속에는 기생충이 들어 있었지. 나는 아이를 고쳐 주었네. 그들이 집에 찾아왔을 때는 아내가 문을 열어 주었어. 그들이 아이를 데리고 들어왔을 때 나는 서재에 앉아 있었네. 마침 그날 나는 흰 수도복을 입고 있었지. 그는 나의 얼굴을 보고서는 놀라서 떨기 시작했네. '왜 그러십니까?' 내가 물었지. '그게 당신이었습니까?' 그가 물었네. 나는 그에게 아무 말도 하지 말고 나중에 따로 얘기하자고 했지. 아이를 봐주고 나서 나는 그의 팔을 끌어 다른 방으로 데리고 갔네. '이제 당신은 아내와 아이들과 잘 살고 있지요? 그 여자는 보냈구요, 그렇지 않아요?' 그는 나를 끌어안고 울기 시작했어. '나는 당신이 나의 아이들을 불쌍히 여겨 저의 생명을 구하려고 신께서 보내신 천사로 알았어요.' 그는 눈물을 흘리며 말했네. 나는 우리의 일의 성격에 대해서 말해 주고 보이지 않는 구원자들에 대해서 이야기해 주었네. '신께서 인간을 도우려고 천사를 보내 주신다면 왜 인간을 보내어 그들의 형제를 구하게 하지는 못하시겠습니까?' 그 친구는 우리 진리의 탐구자 모임의 가장 헌신적인 제자 중 한 사람이 되었지. 지금은 가족들과 함께 남아프리카에서 살고 있다네. 아이들도 다 자랐어."

"나의 경험에 의하면 물현현상은 세 가지 종류로 구분할 수가 있어. 첫째는 보이지는 않지만 만져지는 물현, 다음은 보이지만 만져지지는 않는 물현, 셋째는 보이기도 하고 만져지기도 하는 물현이 그것이야. 첫번째 것은 단단하지만 보이지 않는 질료를 만들어내는 거야. 이것은 3차원계 안에서 작업할 때 가장 큰 힘을 발휘하는 형태의 물현이라네. 예컨대 매우 무거운 가구 같은 것을 움직일 수가 있지. 하지만 손이라든가, 그것을 움직이는 힘은 육안으로는 보이지 않지. 자네가 아는 가위 사건에서도 나는 그런 형태의 물현을 이용한 것이야."

"그때 당신의 손이 장롱 위에서 가위를 밀어내는 것을 사람이 볼 수가 있었을까요?"

"아마 볼 수가 없었을 거야. 그것은 보이지 않지만 만져지는 물현으로, 유럽의 강신술 시범장에서 일어나는 종류의 현상이지. 두 번째 종류의 물현, 즉 보이지만 만져지지 않는 물현은 아무런 힘을 미치지 못한다네. 손이 떠다니거나 사람이 유령처럼 나타나는 모습 등을 볼 수 있지. 그것은 물질의 형상을 한 안개처럼 보인다네. 그것을 지나서 통과할 수도 있고 그것을 느끼지도 못할 수도 있네. 세번째 종류의 물현은 육신을 다치게 할 수도 있기 때문에 항상 바람직하고 적절한 방법이라고 할 수는 없어. 예를 들어 만약 먼 곳에서 보이고 만져지는 물현으로 신체를 나타내었을 때 누군가가 그 몸을 해치면 그 상처는 원래의 육신에도 나타나게 된다네. 아무리 먼 곳에서 일어나는 일이라도 말이야. 물현된 신체에 어떤 일이 일어나든지 그것은 그대로 육신으로 옮아가게 된다네. 사실 보이지는 않지만 만져지는 물현의 경우에서도 어느 정도 이런 위험이 존재하지. 물현된 신체와 육체와의 연결을 끊어 주어야만 하는 것은 이 때문이야. 예를 들어 전쟁터에 보이지 않는 신체로 물현할 경우 육신의 에테르 복체와 물현된 신체 사이를 서로 단절시켜 놓아야만 총알을 맞더라도 육신에 영향이 미치지 않는다네."

"보이고 만져지도록 물현된 신체와 육신 사이의 연결을 끊는 다른 방법들이 또 있지. 그렇게 해놓으면 육신에는 아무 일도 일어나지 않는다네. 그렇지 않으면 굉장히 위험하지. 나도 몇 번이나 육신과 물현된 신체사이의 연결을 떼어놓지 않아서 육신에 상처를 입고 고생한 적이 있다네. 어느 날 밤 거실에서 아내와 함께 앉아 있었어. 자정이었는데 나는 불안한 느낌을 받기 시작했네. 160킬로미터 밖에 배가 한 척 난파당해 있는 것이 보이더군. 이웃나라에 화물을 싣고 가던 작은 배였는데 엔진이 고장나고 두 개의 돛대 중 한 개가 부러져 있었네. 선원들은 배의 방향을 잡기 위해서 안간힘을 쓰고 있었어. 나는 즉시 그들을 도우려고 그곳으로 갔지. 선장은 심하게 흔들리고 있는 조타기를 꼭 붙들고 있지를 못했어. 그래서 나는 그를 도와주기 위해서 두 손을 물현시켰네. 그는 그것을 보고는 꿈인지 생신지 어리둥절해하더군. 나의 손은 선장보다 훨씬 힘이 세었다. 나는 그때 만져지지만 보이는 물현과 안 보이는 물현을 양쪽 다 사용했다네. 그는 나의 손이 나타났다가는 사라지곤 하는 것을 몇 번이나 보았지. 하지만 실제로 내 손은 계속 조타기를 붙들고 있었다네."

"어떻게 그럴 수가 있었지요?" 나의 질문이 그의 웃음을 자아냈다.

"아무튼 해냈어. 하지만 어떻게냐고는 묻지 말게. 자네가 마시는 물은 몸속에서 피와 살로 변화되지. 그것이 어떻게 그렇게 되는지를 자네는 설명할 수 있겠나? 자네가 설명을 못하더라도 그것은 그렇게 되고 있어. 나는 부분적으로는 물현현상이 어떻게 일어나는지를 알고 있네. 머리로써가 아니라 몸으로써 말일세. 자네가 피로 변화되는 물을 마시는 법을 알고 있듯이 나는 그것을 본능적으로 알고 있네. 물현의 경우에는 엄청난 의지의 힘과 집중력이 필요하지."

"위험이 지나갔을 때 나는 몸으로 돌아가려고 생각하고 있었지. 승무원들은 이제 배를 항구로 대기 위해서 자기의 위치로 가고 있었어. 그때 갑자기 나머지 돛대가 부러져서 굉장한 소리를 내면서 갑판 위로 떨어졌어. 나는 완전히 물현해 있었지만 보이지는 않았네. 돛대가 나의 얼굴을 때렸어. 초월상태에 빠져 있는 나의 육신과 물현된 신체와의 연결은 끊겨져 있지 않은 상태였어. 깨어났을 때는 입에서 피가 흐르고 머리가 깨지는 것처럼 아프더군."

"육신을 떠나서 다른 곳에서 물현할 때는 문단속을 잘 해야만 하는 거야. 육신과 물현된 신체와의 연결고리를 꼭 끊어 주어야 한다는 말일세."

"하지만 그렇게 하면 어느 면에서는 당신은 죽은 거나 마찬가지 아닙니까? 반드시 연결되어 있을 필요가 있지 않나요?"

"그래, 연결은 되어 있지. 단지 의식의 연결만 끊겨져 있는 거라네. 내가 생각하기에는 몸을 떠날 때 에테르질을 — 에테르 복체가 아니라 — 일부 지니고 가게 되나봐. 에테르 복체는 육신을 떠날 수가 없어. 그러면 육신은 죽고 말지. 우리가 육신의 밖에 나와 있는 동안에는 늘 에테르질을 얼마간 지니고 다닌다네."

"왜죠?"

"마음이 육신과 다시 연결되도록, 다시 기억을 떠올려 되돌아갈 수 있도록 하기 위해서라네. 여러 번 말했듯이 우리가 생각과 욕망의 염체를 방사할 수 있는 것도 에테르질이 있기 때문이야. 하지만 돌아오는 데 필요한 것보다 많은 에테르질을 지니고 가게 되면 육신과 물현된 신체는 서로 단단히 연결되어 버린다네."

"당신은 배 위에서 전신을 보이지 않게 물현시켰다고 하셨지요? 그러면 당신에게 부딪힌 것은 돛대의 에테르 복체인가요?"

"아니야. 부딪힌 것은 돛대 그 자체였네."

"하지만 당신이 보이지 않았다면 돛대는 왜 당신을 지나가지 않고 부딪혔을까요?"

"보이지 않았다는 사실과는 상관없는 일이야. 그래도 나는 상처를 입게 된다네. 보이지는 않지만 만져지는 물현의 상태에서는 특별히 조심하지 않는 한 육신을 가진 것과 같은 결과가 된다고 말했었지. 그것은 보이고 만져지는 물현의 경우에서도 똑같아. 오직 보이기만 하고 만져지지 않는 물현의 경우에만 아무런 영향이 없을 뿐이라네."

"몸을 보호하기 위해서 어떤 수단을 취할 수가 있나요?"

"몸을 떠나 있을 때 육신에는 아무 일도 일어나지 않을 것이라고 확신함으로써 잠재의식에 그것을 새겨 두면 육신과의 연결이 끊어지지. 자신에게 이렇게 말하는 거야. '어떤 일을 당해도 내 몸에는 아무 일도 없을 거야.' 모든 일은 잠재의식의 차원에서 처리된다네. 잠재의식은 육신의 지배자이거든. 몸 안에 있든지 몸 밖에 있든지 잠재의식으로 하여금 초인적으로 생각되는 일을 수행하도록 자신의 잠재의식을 훈련시킬 수가 있다네. 예를 들어 내가 자네를 어떤 초월상태 — 초월상태에도 여러 단계가 있지만 — 혹은 최면상태에 들게 하면 자네는 여러 사람이 달려들어야 겨우 들 수 있는 무거운 물건을 한 손으로 들 수도 있다네. 어떻게 그럴 수가 있냐고 자네는 의아해하겠지? 나는 그것이 실제로 손 그 자체가 행하는 것이 아니라 그 속에 있는 물현된 힘이 행하는 일이라고 믿고 있네. 뼈와 근육이 하는 역할은 미미한 것이지. 이 현상에 대해서는 나도 좀더 연구해야겠네. 정말 이것은 굉장히 매력적인 탐구의 대상이라네. 하지만 주변의 신음소리가 너무나 커서 나의 호기심을 채울 시간이 없다네."

"위대한 스승은 다른 사람의 육신을 환원시켜서 다른 곳에다 다시 물현시켜 놓을 수 있을까요?" 나는 카를로스 카스타네다가 돈 후안의 제자로 있으면서 경험했다는 사건을 떠올리면서 물어보았다.

"그래, 하지만 오직 위대한 도사만이 할 수 있다네. 대가 정도로는 안 돼. 아무튼 나는 하지 못해."

"당신 자신에 대해서도 못하십니까?"

"원한다면 나 자신에게는 할 수 있지. 하지만 무엇 때문에? 지극히 긴박한 상황에서만 그런 일을 한다네. 예를 들어서 어딘가에 자신을 물현시킬 필요가 있는데 육신을 남겨 두고 떠나는 것이 안전하지 못할 것 같은 경우라면 환원할 수도 있지."

"그렇게 해보신 일이 있습니까?"

"없네. 그렇게 긴박한 상황을 당해 본 일이 없으니까. 내가 아주 먼 거리를 특별한 일로 당장 가야 한다고 해보세. 이곳에 있는 육신을 환원해야만 할 이유는 없어. 나는 내가 원하는 곳에서 우주에 충만한 에테르 에너지를 응집시켜서 신체를 물현시킬 수 있거든. 내 육신에 저축되어 있는 생명력을 소모시킬 필요는 없다네."

나는 다스칼로스에게 카스타네다에 대한 이야기를 간단히 해주었다. 특히 나는 그의 책 중의 한 권에 묘사되어 있는, 돈 후안이 카스타네다를 갑자기 밀었는데 그 즉시 자신이 3킬로미터 밖에서 걷고 있는 것을 발견했다고 하는 이야기를 들려주었다. "그런 일이 가능할까요?" 하고 내가 물어 보았다.

"가능하기야 하지. 하지만 돈 후안이 실제로 카스타네다의 몸을 환원해서 3킬로미터 밖에다 물현시켜 놓았다고 생각해야만 할 근거가 있을까? 돈 후안이 카스타네다의 의식을 이동시켜 놓고 그의 육신은 다른 사람의 눈에 보이지 않게 해놓았을 수도 있지. 환원시키지 않고도 보이지 않게 할 수는 있거든. 아니면 스승이 제자의 육신을 의자에 앉혀 놓은 뒤 그의 새로운 에테르 신체를 3킬로미터 밖에다 만들어 놓고 그의 자아의식을 그 속에 옮겨 놓았을 수도 있어. 다른 사람에게는 보이지 않는 물체, 혹은 심지어 인간의 몸까지도 만드는 방법이 있다네."

"어떻게 만듭니까?" 내가 약간 미심쩍어하며 물었다. 그는 버릇대로 한 가지 이야기를 함으로써 대답을 대신했다.

"한번은 한 영국인 과학자가 나를 찾아왔네. '저는 인도에 다녀왔는데 매우 실망하고 환멸을 느꼈습니다.' '왜요?' 내가 물어 보았네. '저는 길거리에서 반쯤 벌거벗은 파키르와 동전그릇을 든 작은 아이가 스무 명쯤 되는 구경꾼들에게 둘러싸여 있는 것을 발견했지요. 파키르가 피리를 불기 시작하자 그의 앞에 놓여 있던 밧줄이 갑자기 풀리더니 마치 장대처럼 혼자서 꼿꼿이 섰습니다. 소년이 그 밧줄을 타고 올라갔습니다. 그는 거기서 한참 동안 웃으면서 손을 흔들고 있었습니다. 그러고는 다시 내려왔습니다. 밧줄이 저절로 내려와서 감기더군요. 다음날 나는 친구와 함께 다시 그 파키르를 찾았지요. 우리는 카메라를 가져갔습니다. 같은 광경이 벌어졌을 때 우리는 사진을 찍었습니다. 하지만 그것을 현상해보니까 소년은 땅바닥에 앉아 있고 밧줄도 그대로 거기에 놓여 있었습니다. 그 파키르는 우리를 속였지만 카메라는 속이지 못한 것입니다.'"

"그의 이야기를 듣고 나는 웃었네. '당신이 실망한 것이 그 때문입니까? 당신은 두 번씩이나 목격했던 그 현상을 왜 연구해 보지 않으셨습니까? 왜? 하고 의문을 제기해 보지 않으신 까닭은 무엇입니까? 실제로 어떤 일이 일어났을까요?' 그러니까 그도 '생각해 보겠습니다.' 하고 대답하더군. 나는 그에게 그 파키르가 훨씬 더 능력있는 요기였다면 정말로 밧줄을 세워서 타고 올라갈 수 있게 했을 것이라고 말해 주었어. 그런 현상을 찍어 놓은 사진도 있다네. 나는 그에게 그때 일어났던 일에 대해 설명해 주었지. '그 파키르는 자신의 오라를 펼쳐서 관중들을 둘러쌌습니다. 그리고는 강력하게 의식을 집중해서 당신이 '보셨던' 그 장면을 그의 마음속에서 만들어내었던 것입니다.'"

"그는 아이가 밧줄을 타고 올라가는 염체를 만들고 있었던 게로군요." 내가 말했다.

"맞았어. '본다'는 것은 빛이 어떤 대상에 반사되어 우리의 눈에 들어오고 시신경을 통해서 그 자극이 뇌의 특정한 중추에 전달되는 것이지. 그러니까 그 파키르는 강렬한 정신집중을 통해서 자신에게 집중하고 있는 사람들의 뇌 속 시각중추에 그러한 자극을 일으킬 수 있었던 것이야. '이 현상을 잘 연구해 보시지 않겠습니까?' 나는 그 영국인을 자꾸 부추겼지. '그것을 사기극으로 무시해 버리지 말고 말입니다. 왜 생각, 특히 구체화된 생각의 본질을 연구해 보시지 않으십니까? 그 파키르는 뭔가 진지하게 주목해 볼 만한 가치가 있는 일을 해보인 것입니다.'"

"다스칼레, 그 파키르는 구경꾼들에게 최면을 걸어서 실제로 일어나지 않은 일을 '보게끔' 만든 것이라고 설명할 수도 있지 않습니까?" 내가 이의를 제기했다.

"최면은 전혀 다른 현상이야. 최면술은 최면술사가 그에게 협조적이고 그가 하는 일을 받아들일 자세가 되어 있는 관중들에게 말이나 어떤 도구의 도움을 받아서 강력한 암시를 주는 것이라네. 그 파키르는 생각의 힘으로 관중들이 모르는 사이에 텔레파시와 같은 영향력을 행사해서 이 거친 물질계에서는 존재하지 않는 현상을 '보게' 한 것이지. 나는 이런 일을 해낼 수 있는 최면술사를 알지 못하네. 이것을 굳이 최면술이라고 부르고 싶다면 그건 좋아. 하지만 그것은 일반적으로 이해되고 있는, 아니 오해되고 있는 그런 종류의 최면술은 아니라네."

다스칼로스는 이야기를 맺으면서 실제로 존재하지 않는 것을 '보이게' 하는 것이 가능한 것과 마찬가지로 존재하는 물체나 사람의 몸을 보지 못하게 만드는 일도 비슷한 방법으로 가능하다고 말했다.

"그 영국인 과학자가 어떻게 되었는지 궁금하군요." 내가 생각에 잠겨있다가 물어보았다.

"그는 인도로 돌아갔다네, 연구를 위해서." 그는 웃음을 터뜨리면서 대답했다. "이와 비슷한 현상들이 아시아와 인도, 티베트, 모든 곳, 심지어 그리스에서도 수도 없이 일어나고 있다네. 나는 아테네에서 한 라마승을 만났었는데 그는 몸을 안 보이게 할 수 있었네. 그는 또 사람들에게서 얼마씩 돈을 받고 공중에 뜰 수 있는 훈련을 시켜주었어. 개인적으로 나는 이런 일에 반대라네. 내 제자 중 하나가 공중에 뜨는 법을 배우려고 300파운드를 냈다네. 이 라마승은 나의 학생을 포함한 일단의 지원자들을 보름 동안 외부로부터 격리시켰어. 그들은 그가 주는 음식만 받아먹었어. 그리고 특별한 주문을 외우며 계속 명상만 했다네. 그래서 보름째 되는 날 그들은 대부분이 공중에 둥둥 떴어. 그는 이 격리기간 동안 그들을 반 최면상태로 만들어 놓고 그들의 잠재의식 속에 자신이 틀림없이 공중부양에 성공할 것이라는 신념을 불어넣어 주었던 것이야. 공중부양을 가능케 하는 것은 잠재의식이거든. 그 라마승은 성공했어. 하지만 대체 무엇을? 잠시 공중에 떴다가 다시 내려오는 일이었다네. 무엇 때문에? 나는 내 제자에게, 너는 300파운드를 갖다버린 것이라고 야단쳤다네. 그 돈으로 호기심을 채우는 대신 가난한 사람을 여러 명 도와줄 수 있었을 텐데 말이야."

나는 공중부양이 가능하다면 물질우주의 법칙이 전도되는 것이 아닌가 의문스러웠다. 그래서 공중부양에서는 예컨대 로켓 추진력과 비슷한 원리가 이용되어, 말하자면 에너지가 소모되는 일이 생기는 것이 아닌가 하고 그에게 물어 보았다.

"아니야, 공중부양을 하게 되면 몸이 공기보다 더 가벼워지지. 그런 식으로 잠재의식에 신념을 심어 주면 자네도 소위 기적이라고 불리는 일을 해낼 수가 있다네. 그것이 예수께서 겨자씨만한 믿음만 있어도 산을 옮기리라고 하신 말씀의 참뜻이라네. 그건 사실이야, 믿어주게. '하지만 어떻게 하지요?' 하고 누군가가 묻겠지. 나는 방법을 알아. 하지만 그것을 다른 사람에게, 특히 단순한 호기심 이상의 관심은 갖고 있지 않은 사람들에게 가르쳐준다는 것은 쉬운 일이 아니라네."

"그렇다면 다스칼레, 당신이 정말 산을 움직일 수 있다는 말씀입니까?" 내가 농담조로 떠보았다.

"내가 그런 일을 왜 해야 하지? 산에 오르면 되는걸. 그게 더 실질적인 방법이 아니겠나?" 그가 웃으면서 대답했다. "내가 실제로 하고 있는 일은 단지 보통 사람들에게 알려져 있지 않은 자연의 어떤 힘을 끌어내어 사용하는 것일 뿐이야."

나는 우리가 앉아서 이야기를 시작한 지도 벌써 몇 시간이 지났음을 깨달았다. 그의 열한 살짜리 손녀가 방으로 들어와 엄마가 안달이

나 있다고 일러주었다. 그녀는 다스칼로스가 자기 집으로 건너가서 부탁한 일을 해주기를 기다리고 있었던 것이다. 손녀는 할아버지의 무릎 위에 앉고 나는 마지막 질문의 포탄을 발사했다. 다스칼로스는 언젠가 다른 제자들에게 내가 구제불능의 취조관이라고 농담을 한 적이 있다. 나는 질문을 그치는 법이 없어서 그의 말로 '우리가 자주 만나는' 심령계에서조차 쉴새없이 질문을 해댄다는 것이었다.

"저는 당신이 하신다는 유체이탈이니 물현, 환원 등등과 같은 놀라운 일들을 해낸다는 것이 얼마나 재미있고 환상적일까 하고 종종 생각해 봅니다. 내가 직접 그런 체험을 할 수 있다면 이 세상은 정말 마술 같은 곳이 될 것 같습니다. 진짜 '요술의 나라' 말입니다." 다스칼로스는 나의 말에 잠시 동안 손녀의 머리를 쓰다듬으며 생각에 잠겨 있었다.

"젊었을 땐 이런 체험들은 내게 굉장한 즐거움이요, 신나는 일이었지. 나는 아프리카로 가서 아름다운 이국의 꽃과 나무들을 구경하곤 했다네. 하루는 북극 부근의 캐나다 북부지방으로 나를 확장했는데 에스키모들이 얼음에 구멍을 뚫고 고기잡는 모습을 보았어. 나는 그런 광경이 있으리라고는 상상도 못했다네. 유체이탈을 하면서 그런 일도 알게 된 거야. 더 어렸을 때는 여러 가지 실험을 하곤 했지. 나는 더 많은 것을 배우고 싶었고 그런 호기심이 종종 나를 사고(事故)로 끌어들였다네. 그런 경험은 나에겐 매혹이었지. 하지만 젊었을 때 그토록 기쁨을 주었던 것이 지금은 그만한 기쁨을 주지 못할 거야. 시간이 흐르면서 사람은 인생의 새로운 가치를 깨닫거든. 새로운 현상을 보고, 이해하고, 즐기는 데서 만족을 얻는 대신에 나는 이제 이웃들에게 봉사하는 데서 커다란 기쁨을 맛본다네. 이제 나는 순전히 즐거움만을 위한 일은 뒷전에 밀어두고 주변의 고통을 덜어주는 데 필요한 일에만 전념하고 있다네."

14
Afterthoughts

남은 이야기들

'영혼의 의사'이자 '사랑의 구도자(求道者)'인
다스칼로스를 통해, 물질을 다스리는 열쇠는
'의식의 집중'이며 마음이 물질에 영향을 미친다는
말의 진정한 의미를 깨달을 수 있었다.
영적인 갈증을 느끼는 사람이라면 결코 그를 외면할 수 없을 것이다.
그리하여 눈에 보이는 현실세계가 사실은 하나의 환상이며,
우리의 일상적 의식으로는 감지되지 못하는 보다 높은
실재의 한 발현일 뿐일 수도 있다는
의구심을 품게 될 것이다.

내가 다스칼로스를 마지막으로 보았던 1981년 여름으로부터 2년이 지났다. 1983년 1월에 그는 심하게 앓아누웠다. 그는 오른발에 수술을 여러 번 받았고, 일어서지 못하여 줄곧 누워서 지내야만 했다. 50대 주부인 그의 가까운 제자 한 사람이, 다스칼로스는 슬프게도 죽을 날만 손꼽고 있노라고 나에게 전화로 알려 주었다. 그의 발의 상처는 좀처럼 회복되지 않았다.

1983년 6월, 학기가 끝나자마자 나는 키프로스로 날아갔다. 도착한 다음날, 나는 여덟 시간의 시차에서 오는 피로를 채 풀지도 못한 채 스트로볼로스로 다스칼로스를 방문했다. 나는 거의 완성되어 가는 이 책의 초고를 옆에 끼고 있었다.

그가 잠들었으면 깨우지 않으려고 반쯤 열린 문을 살며시 두드렸다. 아무도 없는 것 같았다.

"들어와요." 그의 목소리가 들렸다. 나는 집 안으로 들어서서 문을 닫고는 침실 쪽으로 걸어갔다.

"어서 오게." 다스칼로스가 나에게 손을 내밀고 미소를 띠며 말했다. 그는 잠옷 바지에 속옷 차림으로 침대 위에 누워 있었다. 6월 중순이라 기온은 연일 올라가고 있었다. 그의 오른발은 붕대로 동여매어져 있었다. 나는 악수를 하고 그의 면도하지 않은 양볼에 키스했다.

"당신이 중한 병에 걸렸다고 들었습니다. 그래서 뵈러 왔지요."

"허참, 그들은 자신이 무슨 소릴 하고 있는지도 모른단 말이야." 그는 이렇게 대꾸하면서 참을성 없이 손을 내저었다. "난 괜찮아. 카르마는 다 갚았어. 일주일만 지나면 걸어다닐 거야. 약속하지."

나는 그것이 그가 나를 안심시키려고 하는 말인지, 아니면 진담인지 알 수가 없었다. 얼마 전에 나와 통화한 코스타스는 흥분하면서 다스칼로스는 너무나 무모한 성격이어서 자신의 병을 도무지 심각하게 생각하지 않는다고 불평했었다. 하지만 다스칼로스는 듣던 것처럼 죽음의 문턱을 오락가락하는 사람과는 거리가 먼 모습이었다. 그는 정신적으로 고양되어 있었고 언제든지 끝없이 웃고 떠들 만반의 준비가 되어 있었다.

"그렇게 여러 달 동안이나 어떻게 침대에서 지내셨나요?" 나는 그의 명랑한 기분을 맞추어 주려고 신경을 쓰면서 말을 던졌다.

"내가 몇 달씩이나 침대에서 살았다고 누가 그러던가?" 그가 팔을 쳐들며 대꾸했다. "여섯 달 동안을 침대에서만 지냈다면 난 미쳐 버렸을 거야. 몸은 침대 위에 있었지만 나는 거의 몸 밖에서 지냈다네."

"알겠어요······." 나는 미소를 지었다. "다스칼레, 책을 거의 다 만들어 가고 있습니다. 한번 보세요."

그는 원고를 받아들고 제목을 읽고 나서 잠시 몇 장을 넘겼다. "책을 쓰겠다고 하더니 결국 썼구먼." 그가 중얼거리며 원고를 넘겨주었다. 나는 그가 책을 일부러 읽어 보리라고는 생각하지 않고 있었지만, 그는 책이 출판되는 대로 한 권 보내 달라고 부탁했다.

나는 왜 그가 직접 자신의 가르침을 글로 옮기는 수고를 피하고 나 같은 '게으른' 교수가 그것을 해주기를 기다렸는지 물어 보았다. 자신은 이번 생에서 책을 쓰는 일보다 더 중요한 일이 있었기 때문이라고 그가 대답했다.

"더군다나 그것은 자네의 일이야." 그가 말했다. 그러고는 자신이 치러야 했던 수술과 병세에 대해서 이야기했다. 이미 그는 발가락을 하나 잘랐고 의사는 다리마저 그대로 두어야 할지 말지 결정해야 할 기로에 와 있다고 했다. 그는 다리에 어떠한 충격도 가해지지 않도록 하라는 엄명을 받았고 상처가 나을 때까지 무기한 침대에 누워 있을 것을 지시받았다.

그의 병세와 신유에 관한 몇 가지 일반적인 문제를 물어 보려고 하는데 두 명의 간호원이 들어왔다. 나는 그들이 다스칼로스를 돌보러 온 것이려니 하고 생각했다. 그러나 그게 아니라 그들은 수업을 받으러 온 것이었다. 그것도 현상계 이면의 세계에 대해서 들으러 온 것이 아니라 그보다 세속적인 수업, 즉 영어를 배우러 온 것이었다! 다스칼로스가 입원해 있을 때 잘 돌보아 준 대가로 다스칼로스는 그들이 영국에서 수습훈련을 받는 데 지장이 없도록 영어를 가르쳐 주기로 했던 것이다.

다음날 아침 내가 다시 스트로볼로스로 갔을 때 그는 깨끗이 면도를 하고 침대 위에 앉아 있었다. 그 옆에는 마리오스가 롤러 스케이트를 신은 채 할아버지의 옛날 이야기에 귀를 기울이고 있었다. 이제 일곱 살인 마리오스는 그 나이에는 흔하지 않은 방광수술을 받고 얼마 전에 회복되었다고 했다. 나는 의자에 앉아 다스칼로스의 이야기를 들으면서 기다렸다. 이야기가 끝나자 아이는 롤러 스케이트를 굴려 친구들과 놀기 위해 이웃집으로 달려갔다.

"신유가가 어찌 이런 고통을 감수하고 있어야만 하는지 아무래도 모를 일인데요? 다른 사람은 고쳐 주면서 자신은 못 고치시는군요. 게다가 마리오스까지 수술로 끔찍한 고통을 당하구요. 왜 당신은 자신과 마리오스를 고치지 못하셨습니까? 왜 수술을 해야만 했지요? 미국에 있는 제 친구 하나가, 신유가가 가진 능력의 한계는 어디까지이며, 신유가는 할 수 없는 일이지만 일반의사가 할 수 있는 일은 무엇인가를 알고 싶어합니다만……."

"언젠가 내가 자네에게 한 말을 기억하나? 내가 사위의 카르마를 대신 질 작정이라고 한 말 말이야. 그게 바로 이것일세!" 그는 발을 가리키면서 싱긋 웃었다. "그러지 않았더라면 내 사위는 지금쯤 죽었을 거야. 믿을 수 있겠나? 마리오스가 왜 그런 유별난 수술을 받았을 거라고 생각하나? 그도 역시 아버지의 카르마의 일부를 짊어진 거야. 나는 마리오스의 병을 단번에 알아냈지만 의사는 어린아이가 그런 병에 걸리는 일은 극히 드물다며 가능성을 부인했었지. 그런데 검사 결과 나의 진단이 옳았어. 하지만 나는 아이를 고치기 위해서 아무것도 할 수가 없었네. 카르마의 법칙이 엄연히 존재했기 때문에 그 애는 수술의 고통을 견뎌야만 했다네. 나로 말하자면 다른 사람을 돕기 위해서라면 지금 이 상태에서도 신유능력을 발휘할 수가 있지. 하지만 나 자신을 위해서는 하지 않을 걸세. 카르마의 빚을 완전히 갚기 전에 지금 나 자신을 치유시켜 버린다면 병은 저절로 내 사위에게로 옮아가 버리게 될 거야. 그러니까 자네 친구의 질문에 대답하자면 이렇게 되지. 물현과 환원에 통달한 신유가가 할 수 없는 일을 의사가 할 수는 없네. 그리고 신유가의 한계란 오직 환자의 카르마에 달린 것이야. 신유가가 아무리 능력이 뛰어나다고 할지라도 신의 뜻이 허락하지 않는다면 치유는 불가능한 것이라네. 비슷한 이치로 의사 또한 과학이 자신에게 허락하는 일만 할 수가 있는 것이지. 그 이상은 불가능하지 않은가? 하지만 그 또한 신이 허락하는 한도 내에서만 있을 수 있는 일이라네."

"왜 당신이 사위의 카르마를 져야만 했나요?"

"그의 카르마가 너무나 무거웠거든. 혼자서 감당하기는 불가능해서 그는 아마도 죽었을 거야."

그는 이렇게 대답하면서 이전에 언급했던 몇 가지의 개념에 대해서 되풀이해서 설명해 주었다. 그것은 어떤 상황에서, 어떻게 다른 사람의 카르마를 짊어지는가 하는 것이었다. 그리고 사위의 경우에 그는 사람들이 일반적으로 말하는 심령치료(psychic healing)와 구별하여 '영적 치료(spiritual healing)'를 했다고 말했다. 나는 그러한 구분에 대해서는 알지 못하므로 설명을 청했다.

"심령치료에서는 시술자가 자신의 에테르 복체로부터 환자의 에테르 복체로 에너지를 보내지. 그런 경우에는 환자의 카르마는 대부분 이미 소진되어 있어서 치료가 쉽다네. 심령치료가는 누구나 될 수 있지. 그렇지만 영적인 치료에 있어서는 시술자가 환자의 카르마를 나누어 받아 그 결과 때문에 고통을 당한다네. 마리오는 아버지를 구하기 위해서 수술대에 올랐던 거야. 나는 같은 이유로 6개월 동안을 침대에서 보냈고. 스스로 나서지 않는 한, 사람은 절대로 다른 사람의 빚을 대신 갚게 되지는 않는다네. 다른 사람의 짐을 대신 지도록 재촉하는 힘은 언제나 사랑이지."

"자신이 모르는 사이에 다른 사람의 카르마를 지게 되는 일이 가능할까요?"

"아니, 다른 사람의 카르마는 오직 초의식을 통해서만 나누어 질 수 있다네."

"하지만 사랑하는 사람의 카르마를 잠재의식적으로 질 수 있다고 언젠가 말씀하셨지 않습니까?"

"그래, 그럴 수도 있지. 하지만 치료를 위해서는 불가능해. 영적인 치료를 할 때 신유가는 초의식을 통해서 자신이 하고 있는 일을 완전히 의식하고 있다네."

나의 질문에 몇 가지 더 대답하다가 다스칼로스는 카티나 부인의 경우, 심령치료의 '간단한' 방법들을 쓴 것이라고 설명해 주었다. 그녀의 카르마를 대신 지지는 않았다는 것이다. 나의 친구 스텔리오스의 경우도 마찬가지였다. 그가 암을 일으킬 가능성이 있는 임파선을 다스칼로스가 자신에게로 '옮겼을' 때 그것은 그것을 바로 환원하는 것보다 나은 한 가지 방법이었을 뿐 그 이상은 아니었다는 것이다. 그는 스텔리오스의 카르마를 대신 진 것이 아니었다.

"한 가지 현상을 통해서 내가 말한 것을 실제로 보여 주지." 그가 갑자기 이렇게 말했다. "기억해 두게. 평소에는 현상을 일으키는 것이 허락되지 않지만 이번은 예외로 하지."

나는 다스칼로스의 얼굴에서 마치 나를 혼비백산시켜 놓을 일을 하려는 듯한 장난스러운 표정을 읽었다. 나는 그가 무슨 짓을 하려는 것인지 종잡지 못한 채 그를 쳐다보았다.

"의사들은 내가 침대에 누워 있어야만 하고 어떤 경우에도 오른발을 디뎌서는 안 된다고 했네. 상처가 다 터져 버릴 거라고 말이야." 그의 목소리에는 의사의 말을 비웃는 기색이 역력했다.

"나는 6개월 동안이나 이 지긋지긋한 침대를 벗어나지 못했네. 이제 난 이 카르마를 잠시 동안 벗어 버리겠어."

그는 눈을 감고 깊은 명상에 든 채 천천히 오른손을 다리 위로 지나보냈다. 1분 정도 지나서 그는 눈을 뜨고 눈곱만큼도 불편한 기색 없이 침대에서 일어났다.

"무슨 짓을 하시려는 겁니까?" 나는 그가 어리석은 짓을 하려 하고 있음을 느꼈다. 나의 직감은 틀리지 않았다. 그는 일어서서 내가 말릴 틈도 주지 않고 다친 다리로 온 방 안을 뛰어다니기 시작했다.

"하느님 맙소사! 제발 그만 앉으세요!" 그를 침대로 밀어붙이고 싶은 충동을 느끼며 내가 외쳤다. 그는 무모하기 짝이 없노라고 불평하던 코스타스의 말이 떠올랐다. 나는 이 노인이 아마도 정신이 나간 것이라고 생각했다. 제발 정신 차리라고 비는 나의 안달에는 아랑곳하지 않고 그는 만면에 웃음을 띤 채 30초 정도 계속 방안을 뛰어다녔다. 그리고는 아무 일 없었다는 듯이 침대로 돌아가 누웠다.

"이젠 다시 카르마를 짊어져야겠네." 그는 이렇게 말하면서 눈을 감았다. 잠시 동안 심호흡을 하고 나서 그는 천천히 수술한 다리 위로 손을 지나보냈다. 1분쯤 후에 그가 눈을 떴다.

"걱정하지 말게." 나의 근심어린 표정을 보고 그가 나를 안심시켰다. "내 다리에는 아무 일도 일어나지 않았어. 이젠 카르마가 되돌아왔으니 아까와 같은 짓은 할 수가 없게 됐어. 이해하겠나?"

"저는 죽을 지경이었습니다." 나는 상을 찌푸린 채 다스칼로스의 연극이 끝난 것에 안도감을 느끼며 대답했다. 그의 다리는 이상이 없는 것 같았다.

"해리 에드워드가 우리 모임에 입문해서 영적인 치유를 처음 접했을 때 그의 겁에 질린 꼴을 자네가 봤어야 했어." 그가 그 영국인을 떠올리며 키득거렸다.

나는 어느 날 다스칼로스의 옷장 위에 놓여 있던 옛날 사진첩을 우연히 보다가 해리 에드워드에 대해서 처음으로 알게 되었다. 전형적인 영국인다운 깨끗한 용모의, 땅딸막한 50대 사나이의 모습이 나의 눈을 끌었다. 그는 스토아 안에서 다른 제자들과 함께 다스칼로스 옆에서 명상에 잠긴 듯한 모습으로 서 있었다. 그가 누구인지를 물어보자 다스칼로스는 그가 신비가들 사이에 잘 알려져 있는 영국의 영매라고 했다. 에드워드는 다스칼로스의 내부모임에 입문하기 위해서 섬으로 왔던 것이다. 사진은 의식 도중에 찍은 것이었다. 그것은 1954년 4월 1일 날짜로 되어 있었다. 미국으로 돌아와서 우연히 해리 에드워드의 사진이 있는 책을 한 권 보게 되었다. 그 사진은 다스칼로스의 옛날 사진첩에서 본 모습과 같았다.

"다스칼레, 미국의 제 친구가 당신의 설명을 듣고 싶어하는 의문이 몇 가지 더 있습니다."

"말해 보게."

"그는 당신이 꽃을 지키는 악마에게 했다고 하신 일에 대해서 의아해하고 있습니다. 그는 '악령이 어떻게 신성한 존재로 변화할 수가 있을까?' 하고 묻더군요."

"이전에 내가 말했던 것을 명심하게. 실제로 악이란 것은 존재하지 않는다는 사실을 말이야. 한 가지 예를 들지. 자네가 흙과 물을 섞어 놓았다고 치세. 그러면 그것은 냄새나는 진흙이 될 테지. 그것은 일시적인 현상이야. 물보다 한 단계 높은 수준의 원소인 불은 열을 내어서 이 냄새나는 진흙을 물과 흙으로 다시 되돌려 놓는다네. 냄새나는 진흙은 더 이상 존재하지 않지. 하지만 물과 흙은 여전히 존재하고 있네. 이와 마찬가지로 악도 일시적인 현상이야. 악한 생각이나 악한 감정은 모두가 각기 다른 주파수로 진동하는 '마음'일세. 보다 높은 원소인 사랑과 이성은 악한 생각과 감정을 다시 순수하고 본질적인 마음으로 되돌려 놓을 수가 있지. 실제로 악한 인간은 없다는 것을 명심하게. 그들은 자신들의 육체적인 두뇌로써 생각과 감정을 마치 냄새나는 진흙탕과 비슷하게 혼합시켜 놓은 사람들일 뿐이야. 이성과 사랑은 그 모든 것을 변화시킬 수 있지."

"소위 악령이나 악마의 영역에도 이와 똑같은 원리가 적용된다네. 경전에 의하면 악령은 타락한 천사야. 그것이 가능한 이야기라면 이 악령들이 다시 천사의 세계로 올라갈 수 있다는 사실을 받아들이지 못할 이유가 없지 않겠나? 우리가 인간에게 구원과 부활의 개념을 허락한다면 신에게서 나온 다른 창조물이 왜 그 같은 일을 못하겠나?"

"당신의 설명은 저의 친구를 만족시킬 수 있으리라고 생각합니다. 그에게는 한 가지 또 다른 의문이 있습니다. '왜 악이 필요한가요?'"

다스칼로스는 오른발에 힘이 가해지지 않도록 조심스럽게 일어나 앉아서 나의 질문을 곱씹어 보고 있었다. 잠시 말이 없다가 다시 그가 입을 열었다.

"화가는 2차원의 화면에 3차원 세계의 풍경을 표현하기 위해서 온갖 색깔을 사용하지. 그림에 생동감과 원근감을 주기 위해서 그는 검정색을 사용한다네. 그가 그리는 것은 3차원의 현장에는 존재하지 않지만 검정색은 그림 속에서 3차원적인 현실감을 느낄 수 있게 해준다네. 이와 마찬가지로 악의 개념은 물질과 생명의 3차원 세계에 실제적인 느낌을 부여하기 위해서 필요한 것이야. 처음에 내가 자네에게 지적해 주었던 것처럼 거친 물질계, 심령계, 이지계에서는 오직 상대적인 실재밖에 체험할 수가 없다네. 이들 존재의 차원계들은 우리에게 이해할 수 있는 감각을 제공하지만 동시에 악이라는 개념도 제공하는 것이라네. 악이라는 느낌은 오직 생각과 사념의 세계에만 존재하는 것이야."

그만 일어서려고 하자 그는, 카르마는 이제 다 갚았으며 일주일 후면 다시 걸어다니게 될 것이라고 장담했다. 그는 자신의 말을 증명해 보였다. 엿새 후에 내가 다시 그를 찾았을 때 그는 작업실에서 아프기 전에 시작했던 그림을 완성시키고 있는 중이었다. 그는 오른발에 무리한 힘을 주지 않기 위해서 조심스럽게 걸었다. 며칠 후에 그는 완전히 회복되었다. 그는 여전한 걸음걸이로 다녔고 아테네와 살로니카에 있는 그의 제자들의 모임에서 해마다 갖는 강의를 위해 그리스로 여행할 계획을 세우고 있었다. 사위의 카르마는 소진된 것이다.

나는 그 다음 주일을 섬의 서남단에 있는, 관광객과 콘크리트와 교통 체증으로부터 멀리 벗어나 있는 라라의 해변에서 야영을 하면서 작살 고기잡이를 즐겼다. 나는 예전에 키프로스 사회과학연구소에 근무할 때의 동료였고 미국에서 공부한 사회학자인 네오피토스와 함께 왔다. 서툰 고기잡이에 열중하는 틈틈이 나는 처음으로 그에게 지난 4년 동안 내가 벌인 조사활동에 대해서 털어놓았다. 그는 나의 이야기에 빠져들 듯이 귀를 기울여 듣고 있었다. 그 역시 '스트로볼로스의 마법사'에 대한 이야기를 듣고 있었지만 한 번도 그를 만나본 적은 없었다. 내가 그랬던 것처럼 네오피토스도 과학적 유물론에 환멸을 느끼고 있던 중이었고 이제는 실재에 대한 다른 관점에 대해 기꺼이 귀를 기울일 태세가 되어 있었다.

"말해 보게, 자네는 다스칼로스가 가르치는 내용을 믿는가?" 그가 물었다. "그를 만난 뒤로 자네의 인생이 변했나?"

"내가 그런 질문을 받은 것은 이번이 처음은 아닐세. 그리고 이 질문은 나 스스로도 마음속으로 종종 물어 보곤 하던 것이야. 시원한 대답은 가지고 있지 못하네."

나는 다스칼로스를 만난 이후로 수없이 반복된 우연의 일치들 ― 조금 지난 후에는 그것이 정말 우연의 일치였던지를 의심해 보게 만드는 사건들로 얼마나 어리둥절해했던가를 말해 주었다. 그리고 나를 의문에 빠지게 했던 많은 일화들 중 몇 가지를 그에게 이야기했다.

한번은 다스칼로스가 꿈 속에 나타나 나에게 이야기하는 것을 보았다. 그러다가 그가 갑자기 사라졌다. 고개를 돌리자 그가 내 뒤로부터 걸어오는 모습이 보였다. 다음날 아침 그를 만났을 때 우연히 전날 밤의 꿈 이야기를 꺼내게 되었다. 나는 그를 보았다는 말밖에는 자세한 이야기를 하지 않았다. "아, 맞아." 그가 고개를 끄덕이면서 말했다. "나는 자네에게 4차원 공간의 본질을 깨우쳐 주려고 했었지."

또 한번은 그가 미국에 있는 우리 집의 내부구조를 깜짝 놀랄 정도로 자세히 설명했다. 내가 아는 한 그가 우리 집의 구석구석을 살펴보았을 방법이란 도무지 없었다. 그러나 그는, 특히 내가 그를 깊이 생각하고 있을 때 여러 번 우리를 '방문'했다는 것이었다.

하루는 야코보스와 내가 라르나카를 구석구석 다니며 다스칼로스를 찾고 있었다. 그는 아무 데도 보이지 않았다. 우리는 그가 모임이 열릴 예정이었던 테아노의 집에 이미 가 있을 것이라고 생각했다. 그녀의 집으로 가는 동안 나는 야코보스에게 그가 아마도 숨겨 놓은 여자 집에 가 있으니까 아무리 찾아도 없는 모양이라고 농담을 했다. 테아노의 집에 도착했을 때 그는 몇 명의 제자들과 함께 둘러앉아 있었다. 내가 소리쳤다. "다스칼레, 우리는 온 마을을 뒤졌어요. 도대체 어디가 계셨죠?" "숨겨놓은 여자 집에." 그가 빙글거리면서 대답했다. "자네가 실없는 소리 하는 것 다 들었네." 그는 이러면서 계속 웃어대는 것이었다.

우리가 미국으로 돌아가 있을 때 에밀리가 오른쪽 무릎에 심한 통증을 느끼기 시작했다. 하루는 야코보스로부터 편지를 받았다. 그는 자신과 다스칼로스가 에밀리의 무릎에 이상이 생긴 것을 '보았다'며 병원에 가서 오른쪽 다리를 진찰받아 보는 것이 좋을 것이라고 했다. 그는 다스칼로스와 함께 그녀에 대해서 '작업'을 하고 있으며 그래도 아무튼 의사와 상의해 보아야 할 것이라고 했다. 우리는 에밀리의 병에 대해서 키프로스에 있는 누구에게도 말하지 않았었다. 야코보스의 편지를 받은 지 며칠이 지나자 에밀리의 통증은 사라져 버렸다. 우리는 병원에 가보지도 않았었다.

나는 이어서 내가 키프로스로 향하는 비행기를 타기 하루 전날 일어난 일을 이야기해 주었다. 메인 대학의 동료인 희랍어학과 교수가 내 이름의 어원에 대해 말을 꺼냈다. 나는 그것을 교회에서 예배드릴 때 찬송하는 'Kyrie Eleison'에서와 같이 '주(主)'를 뜻하는 'Kyrie'에서 파생된 말로 생각하고 있었다. "그렇지 않아." 고대 희랍어에 정통한 그 친구가 자신있게 말했다. 그는 나에게 리델 스코트 Liddell & Scott판 희랍어 – 영어 사전을 찾아보라고 했다. 이집트에서 발견된 그리스 마법에 관한 파피루스에 의하면 'Kyriacos'는 '마법에 이끌린 영혼'이라는 뜻이었다.

"내가 다스칼로스에 대해서 한 가지 확신하는 것은 그가 병을 진단하고 고치는 데에는 비범한 능력을 지녔다는 점이라네. 그를 통해서 나는 철학자들과 신비가들, 그리고 몇몇 현대 물리학자들과 두뇌학자들이 말해온 대로, 마음은 물질에 대해서 영향력을 가지고 있다고 하는 말의 의미를 좀더 확실한 방법으로 깨달을 수 있게 되었다네. 하지만 그것은 온갖 정치적, 과학적인 배경을 등에 업은 물질주의자들이 지난 200년 동안 그렇게 광신적으로 광포하게 우겨왔던 식의 그런 방법에 의한 것은 아니었네."

"그의 가르침의 자세한 내용에 대해서 나로서는 뭐라고 말할 수가 없네. 나는 아직도 최소한 스승의 몸에 난 못자국을 만져 보고 그것의 진위를 확인해 보고자 하는 '의심많은 도마'의 태도를 가지고 있네."

"만일 자네가 스스로에게 진실한 사람이라면 오랫동안 그와 마주치지 않고 지낼 수는 없을 거야. 그리고 눈에 보이는 현실세계가 사실은 하나의 환상이며 우리의 일상적인 의식으로부터 감추어져 있는 보다 높은 실재의 한 표현일 뿐인 것이 아닐까 하는 의구심을 품어 보지 않을 수가 없을 걸세."

그리고 나는 신비가로 변신한 사회학자인 필립 슬레이터(Philip Slater)의 말을 인용해서 들려주었다. "마법과 종교, 그리고 신비적 전통들이 저지른 모든 실수와 어리석음에도 불구하고 그들이 담고 있었던 한 가지 위대한 지혜, 즉 이 거대한 우주 속에서 인간은 하나의 유기적인 일원일 뿐이라는 깨우침은 그 모든 것을 재평가하게 만든다." 나는 친구에게 이렇게 덧붙였다. "이러한 인식이 우리 일상의 의식 속에 하나의 동기를 이루고 있다는 것은 피할 수 없는 사실이야. 인류의 생존 그 자체가 여기에 의존하고 있거든."

네오피토스는 우리가 지난 며칠 동안 토론해 온 내용을 곰곰이 되씹는 듯 파이프 담배를 몇 번 뻑뻑 빨고는 바다를 바라보았다.

"나도 다스칼로스를 만나 보고 싶네." 그가 마치 오랜 금기를 갑자기 극복하기라도 한 것처럼 결연히 말했다.

내가 그를 소개시켜 주자 다스칼로스는 한바탕 웃음을 터뜨렸다. 네오피토스는 존경받던 판사였던 돌아가신 아버지가 다스칼로스의 절친한 친구이며 비밀스러운 제자였고, 게다가 다스칼로스의 사촌 형님이었다는 사실을 알고는 잠시 눈을 크게 뜬 채 멍하니 서 있었다. '스트로볼로스의 마법사 께서는 내 친구의 종숙이었던 것이다!
 키프로스를 떠나기 전에 나는 다스칼로스에게 작별인사를 하러 갔다. 그는 나의 이마에 키스해 주고 기도를 중얼거리며 내 머리 위에 십자가를 그었다. "나를 필요로 할 때는 언제든지 나를 강렬하게 생각하게. 그러면 내가 자네와 함께 있을 걸세." 그가 힘있게 말했다.
 "그렇게 하겠습니다." 나는 이렇게 대답하고 택시에 올라 한 시간 거리에 있는 라르나카 공항을 향해 달렸다.

옮긴이의 말

　사회과학자의 눈을 통해서 들여다본 어느 신비가의 세계, 이것이 이 책의 내용이다.
　신비 — 그것은 음침하고 무시무시한 '마법사'의 세계일까, 아니면 경이롭고 환상적인 세계일까? 현실의 세계일까, 백일몽과 같은 세계일까? 그 어느 쪽이든 그것은 우리에게는 낯설고 거리가 멀게만 느껴지는 세계임에 틀림없다.
　신비가란 그러한 세계를 마치 이웃집처럼 예사로이 드나드는 사람들일 것이다. 비단 이 책의 주인공뿐만 아니라 우리 주변에서도 이런 사람들에 대한 이야기는 심심치 않게 들려온다. 그리고 그것은 사람에 따라, 끌리듯이 강한 호기심을 불러일으키기도 한다. 바로 그러한 호기심이 지은이를 한 위대한 신비가의 경이로운 세계로 인도했고, 어떻게든 이 책을 들게 된 독자들 또한 그와 함께 낯선 곳으로 인도될 것이다. 그리고 온갖 의문을 품고 그 실재성을 확인해 보고자 할 것이다.
　우리는 자신이 알고 있는 세계를 '현실'로 인정하고, 그 현실에 부합하는 의미를 쫓아 바쁘게 살아가고 있다. 그리고 알려지지 않은 사실에 대해서는 마음을 굳게 닫아걸고 되도록 부정하려고 한다. 자신이 공들여 구축해 놓은 가치의 세계가 흔들리는 것을 원하지 않기 때문이다.
　그런데 만에 하나, '신비'라는 말이 〈현실〉의 왜곡된 표현에 지나지 않았다는 것이 드러난다면, 다시 말해서 신비가들의 세계가 우리가 흔히 생각하듯이 환상이 아니라 현실의 감추어진 일부라면, 그것은 우리의 삶 전체에 어떤 새로운 의미를 던져줄 수 있을까?

  그 만에 하나의 가능성도 소홀히 지나치지 않고 정직하게, 용감하게 대면하고자 하는 독자는 이 책과 함께 현실의 새로운 영역을 더듬어 보는 흥미로운 탐험길에 나설 수 있을 것이다. 그리고 무엇보다도, 그곳으로부터 돌아보는 세계와 자신의 모습은 이제까지와는 사뭇 다른 얼굴로 다가올지도 모를 일이다.